이론과 실무

정부회계와 관리

이종두

도서출판 대영문화사

머리말

막상 공직에 입문하게 되면 문서의 기안과 결재, 회계 업무 처리 및 컴퓨터 작업 등에 많은 시간을 보내게 된다. 이러한 업무 추진 과정에서 대학 시절 배웠던 행정학이나 회계학 지식만으로는 매끄러운 업무 처리가 곤란함을 느끼게 된다. 아울러 우리 경제가 IMF의 구제금융을 거치면서 공공기관의 예산 집행에도 적잖은 영향을 미쳤으며, 범세계적으로 지식정보 사회가 도래하면서 정부회계 분야에도 많은 변화가 요구되고 있는 실정이다.

그러나 시대적 소명에 따른 변화의 요구에도 불구하고 현직에 있는 공직자들은 정부회계와 관련된 법규가 광범위하여 업무 처리가 용이하지 않고, 현실에 맞도록 관계 법령을 그때그때 개정하지 못하는 부분을 회계예규로써 보충하다 보니 새로운 회계예규가 매일 쏟아져 나오고 있기 때문에 회계 부서 근무를 기피하는 경향이 있다. 또한, 공직 현장에서 정부회계 업무의 중요성이 매우 큰 것에 비하여 각 대학 행정학과의 교육 과정에 정부회계 과목이 제대로 반영되지 못하고 있다.

이러한 현실을 감안하여 필자는 대학에서 행정학도들이 정부회계에 관하여 꼭 배워야 하는 과목이라고 생각되고, 현직 공무원들에게는 회계실무 지침서가 필요할 것으로 판단하면서, 이 과목의 강의를 맡은 교수님들의 고민 해결에 조금이나마 보탬이 될까 하여 25년 여의 현직 회계 실무 경험을 살려서 정부회계의 복잡한 법규 내용과 자주 바뀌는 회계예규 등 애로점이 예상되지만 이 책을 감히 펴내게 되었다.

정부에서는 현재 정부회계에서 사용하는 단식부기 체제를 복식부기 체제로 전환하고 현금주의를 발생주의로 과감하게 바꾸는 국가회계법과 국가재정법을 이미 제정·시행하고 있으며, 이 책에서는 새로이 바뀐 법령을 중심으로 편찬하였고, 이의 가장 핵심이 되는 국가회계 기준에 관한 규칙의 내용과 기업회계에서 사용하는 복식부기의 기초이론을 다루었다.

이 책이 나오기까지 많은 분의 도움이 있었기에 그 고마움을 표하고자 한다. 먼저 학문적으로 부족한 필자를 변함없이 이끌어 주시는 청주대, 충북대 행정학과 교수님들께 감사드린다. 또한 언제 어디서나 따스한 격려와 관심으로 삶의 좌표가 되어 주시는 부산외국어대학교 류선규 총장님, 영동대 이완영 대학원장님, 배재대 박종득 처장님, 늘 넓은 가슴으로 안아 주시며 물심양면으로 도움을 주시는 제일철강 김기용 형님께 진심으로 감사드린다. 아울러 언제나 한마음으로 동행하는 동생 이종신 박사와 조카 관호, 처남들에게 감사함을 전한다. 그리고 관계 법령과 자료 수집을 적극 도와준 장서윤 실장에게도 감사함을 전한다. 특히 가족을 위한 기도로써 늘 함께하는 아내와 귀염둥이 딸 선화와 혜선 그리고 늠름하게 자라서 공군에 복무중인 아들 재호에게 한없는 고마움을 전하고 싶다.

끝으로 이 책의 출판을 흔쾌히 맡아 주신 대영문화사 임춘환 사장님을 비롯하여 함께 수고하는 임직원 여러분께 감사한 마음을 표한다.

2010년 11월

저자 씀

차 례

제 2 편 예산관리

제 3 편 수입 · 지출관리

제5편 물품관리

제 6 편 재산관리

제 7 편 채권 · 채무관리

P·a·r·t

01

정부회계의 기초 이론

Chapter 01

정부회계의 개요

제 1 절 정부회계의 의의

1 회계와 회계학

1) 회계의 개념

'회계(會計, accounting)'라는 말이 갖는 본래의 뜻은 우리말로 '셈'을 일컫는다. 그러므로 '회계하다'라고 하면 '셈하다'라는 말로 표현할 수 있고, 이는 더 나아가 '계산하다', '측정하다'라는 말로 표현할 수 있다. 우리 나라에서는 회계라는 용어와 더불어 유사어로서 '계리', '경리'라는 말이 사용되어 왔으며, 기업회계 업무를 담당하는 전문가를 과거에는 '계리사'라고 칭하였으나 현재는 '공인회계사'라고 칭하고 있다. 따라서 '회계'라는 용어는 '금전을 계산하다', '장부에 기록하다' 등의 의미가 담겨져 있는 것 같다.

또한 우리 나라에서는 회계를 곧 부기(簿記, book keeping)로 보는 경향이 있으나 이는 회계의 일부분, 즉 좁은 의미의 회계라고 할 수는 있어도 오늘날의 광범위한 회계의 개념을 모두 설명하기에는 부족하다고 할 수 있다. 물론 회계에서 부기를 알지 못하면 곤란할 정도로 중요한 위치를 차지하는 것은 사실이다. 회계란 우리가 주위에서 많이 사용하는 용어이지만 개념 정의가 그리 쉽지는 않다. 따라서 체계적으로 정의하고 발달시킨 미국에서의 회계 개념을 살펴보면 다음과 같다.

1970년 미국공인회계사회(American Institute of Certified Public Accountants: AICPA)의 회계원리위원회(Accounting Principle Board: APB)에서는 "회계는 일종의 서비스 활동으로서 그 기능은 경제 주체에 경제적인 의사 결정을 유용하도록 계량화된 재무적 정보를 제공하는 것"이라고 정의하였으며, 미국에서도 회계의 개념 정의가 시대에 따라 변천되어 가고 있는 실정이다(편호범, 1992: 21).

한편, 원사봉(1974: 9)은 "회계란 금전가치의 출납 증감을 기록·계산하여, 사실과 원인을 대조하는 사무"라고 정의하였고, 이종익(1992: 409)은 회계를 "금전의 관점에서 전체적으로 또는 부분적으로 재정적 성질을 가진 업무를 기록·분류·요약·처리하고, 그 결과를 평가하는 기술을 의미하는 것"이라고 정의하였다.

따라서 회계란 "정부나 기업 활동을 돕는 일종의 재무적(財務的) 성질의 서비스를 총칭하는 것으로서 일정한 거래(去來)와 사상(事象)에 의거 발생하는 금전적 가치의 출납과 이의 증감을 기록·계산·분류·처리하여 사실과 원인을 구분하고 평가하는 사무 기술"을 의미한다. 이러한 회계의 궁극적 목적은 결국 정보 이용자의 의사 결정에 유용한 정보를 제공하는 데 있다고 할 수 있다.

2) 회계학의 체계

회계학은 회계를 연구 대상으로 하는 학문이다. 앞에서 살펴본 바와 같이 회계가 경제 활동의 내용을 계수적으로 측정하고 전달하는 문제를 담당하고 있다고 볼 때, 회계학의 내용도 경제학의 분과에 따라 거시회계학(巨視會計學, macro-accounting)과 미시회계학(微視會計學, micro-accounting)의 두 영역으로 구분하여 인식할 필요가 있다(회계학핸드북, 1997: 17).

거시회계학이 취급하고 있는 영역은 국민소득회계, 투입·산출회계, 자금흐름회계, 국제수지회계 등으로 분류할 수 있다. 여기서 가장 핵심을 이루는 회계는 국민소득회계라 할 수 있다.

한편, 미시회계학의 영역은 정부회계, 기업회계, 가계회계 등으로 분류할 수 있다. 전통적으로 회계는 기업이라는 개별 경제 단위의 경제적 정보를 측정하여 전달하는 임무를 담당해 왔기 때문에 통상적으로 회계라 하면 기업회계를 의미하는 것으로 이해하는 경우가 많다. 미시회계는 경우에 따라 영리회계와 비영리회계로 구분하기도 하며, 정부회계와 가계회계는 비영리회계에 속하고 기업회계는 영리회계에 속한다.

2 정부회계의 개념

위에서 살펴본 바와 같이 회계는 여러 가지로 구분해 볼 수 있으나, 그 주체의 경제적 성질에 따라 소비경제회계와 기업회계로 구분할 수 있으며, 이들은 그 목적과 법 적용 및 회계 절차가 크게 다르다. 소비경제회계는 정부나 가계처럼 비영리를 목적으로 하는 경우에 사용되며, 주로 금전의 수입과 지출을 기록·계산하는 금전회계이다. 반면에 기업회계는 영리를 목적으로 하는 사업의 회계이다. 따라서 소비경제회계와 기업회계는 그 목적에서 전혀 별개의 양상을 가진다.

기업회계와는 달리 비영리를 목적으로 하는 소비경제회계인 정부회계(政府會計, governmental accounting)는 관청회계 또는 공공회계라고 불리기도 하며, 이는 국가나 지방자치단체의 세입과 세출, 재산관리, 물품관리 등 경제 활동 관련 사항을 취급하는 것으로서, 주된 내용은 금전수지(金錢收支)에 관한 회계라고 할 수 있다.

한편, 기업회계(企業會計)는 어느 정도 이론적인 체계가 이루어져 있다고 볼 수 있으나 이에 비하여 소비경제회계(消費經濟會計)의 일종인 정부회계는 이론적인 체계가 아직 미숙한 상태이다. 여기에서는 정부회계를 예산관리, 수입·지출관리, 계약관리, 물품관리, 재산관리, 채권·채무관리 등으로 구분해 살펴보고자 한다.

제 2 절 정부회계의 특징

정부회계는 다시 중앙정부회계와 지방정부회계로 구분하고 공기업회계를 포함한다. 미국의 경우는 주 및 지방정부회계가 비영리회계를 선도하고 우리 나라의 경우에는 중앙정부회계가 비영리회계를 선도한다. 정부회계는 여러 면에서 기업회계와 유사하지만 비영리조직으로서 존립 목적상의 차이로 회계상의 독특한 측면이 있다.

사회는 영리를 목적으로 하는 기업에는 자원을 사용하는 데 고도의 재량을 주는 반면, 정부에 대해서는 엄격한 통제를 가한다. 이에 따라 규정된 목적과 용도에 따라 자원을 분리하여 회계를 할 수 있도록 하기 위하여 기금(fund)이라는 개념을 정부나 비영리조직의 활동에 투입하게 되었다. 기금은 정부에서는 법률에 의하여 가능하고 비영리조직에서는 이사회, 사규 등의 규정에 의한다. 정부에서는 이를 통제하기 위하여 예산이라는 메커니즘을 사용한다. 이러한 메커니즘은 예산회계 제도의 특징을 갖도록 하였다. 정부회계는 중앙정부의 경우에 국가재정법, 국가회계법, 국고금관리법, 국가를 당사자로 하는 계약에 관한 법률, 국유재산법, 물품관리법, 국가채권관리법 등의 적용을 받고, 지방정부의 경우는 위의 법률에 기초하되 주로 지방재정법과 공유재산 및 물품관리법의 적용을 받는다.

그러나 우리 나라는 2008년까지 단식부기를 사용함으로써 정부회계 운영의 효율성을 높이지 못하고 있었다. 이를 해결하기 위하여 정부에서는 복식부기 제도를 도입하고 현금주의를 발생주의로 전환하는 것을 주된 내용으로 한 국가재정법과 국가회계법을 제정하여 2009년 1월 1일부터 전격적으로 시행에 들어갔다. 지금은 과도기적인 입장이므로 운영 과정에서 나타나는 문제점을 파악하여 수시로 법규를 보완하여야 할 것으로 보인다.

아울러 이번 기회에 정부회계에 관하여 제도적인 면에서 대폭적인 수정・보완이 됨으로써 우리 나라의 예산회계 제도가 한 단계 업그레이드되었으며, 중앙정부의 예산·회계 관련 법규 명칭을 지방정부회계에 관한 법규가 별도로 존재하기 때문에 중앙정부회계만을 의미하는 '국가회계(國家會計)'로 변경하여 사용하고 있다.

따라서 제2장에서는 변경된 정부회계의 근간이 되는 국가회계 제도에 관하여 '국가회계 처리에 관한 규칙'을 중심으로 살펴보고, 앞으로 정부회계 부문에서 가장 큰 변화를 가져오는 것이 복식부기(複式簿記)의 도입이므로 복식부기를 제대로 알지 못하면 정부가 아무리 정부회계 운용의 효율성을 높이려는 좋은 정책을 만들어도 그것은 모두 무용지물이 될 것이다. 아직까지는 우리 나라 공직사회에서 복식부기에 대한 이해가 부족한 것은 사실이다. 그러므로 제3장에서는 복식부기에 대한 이해를 돕기 위하여 기업회계에서 사용하는 복식부기에 대한 기초적인 이론을 살펴보고자 한다.

Chapter 02

국가회계의 원칙과 기준

제 1 절 국가회계의 원칙

1 국가회계의 원칙

국가회계(國家會計)를 처리할 때에는 다음의 원칙에 따라 처리하여야 한다.

① 국가회계는 신뢰할 수 있도록 객관적인 자료와 증빙에 의하여 공정하게 처리되어야 한다.

② 국가회계는 재정활동의 내용과 그 성과를 쉽게 파악할 수 있도록 충분한 정보를 제공하고, 간단·명료하게 처리되어야 한다.

2 회계책임관 임명

중앙관서의 장은 그 소관에 속하는 회계 업무를 총괄적으로 수행하도록 하기 위하여 회계책임관(會計責任官)을 임명하여야 한다. 회계책임관의 임명은 중앙관서의 장이 소속 관서에 설치된 직위를 지정하는 것으로 갈음할 수 있으며, 회계책임관은 다음의 업무를 수행한다.

① 국가회계법 제24조에 따른 내부통제 등 회계 업무에 관한 사항
② 회계·결산 및 분석에 관한 사항
③ 제1호 및 제2호의 업무와 관련된 공무원에 대한 지도·감독
④ 그 밖에 회계 업무의 수행에 관하여 대통령령으로 정하는 사항

3 국가회계제도심의위원회

국가회계 업무의 수행과 관련하여 다음의 사항을 심의하기 위하여 기획재정부에 국가회계제도심의위원회를 둔다.

① 국가회계 제도와 그 운영
② 국가회계의 처리 또는 결산 관련 법령의 제정·개정 및 폐지
③ 국가와 지방자치단체 및 공공기관(공공기관의 운영에 관한 법률 제4조부터 제6조까지의 규정에 따라 지정·고시된 공공기관) 간 회계 제도의 연계
④ 그 밖에 국가회계 제도의 운영에 관한 사항으로서 대통령령으로 정하는 사항

위원회는 위원장 1인을 포함한 15인 이내의 위원으로 구성하며, 위원회의 위원장은 기획재정부 장관이 지명하는 기획재정부 차관이 되고, 위원은 감사원, 행정안전부 등 관계 부처 3급 공무원 또는 고위공무원단에 속하는 일반직 공무원과 회계 업무에 관한 학식과 경험이 풍부한 사람 중에서 기획재정부 장관이 임명 또는 위촉한다.

제 2 절 국가회계 처리의 기준

1 회계 처리의 일반 원칙

국가의 회계 처리는 복식부기(複式簿記)·발생주의(發生主義) 방식으로 하며, 다음의 원칙에 따라 이루어져야 한다.

① 회계 처리는 신뢰할 수 있도록 객관적인 자료와 증거에 따라 공정하게 이루어져야 한다.

② 재무제표의 양식, 과목 및 회계 용어는 이해하기 쉽도록 간단명료하게 표시하여야 한다.

③ 중요한 회계 방침, 회계 처리 기준, 과목 및 금액에 관하여는 그 내용을 재무제표에 충분히 표시하여야 한다.

④ 회계 처리에 관한 기준 및 추정(推定)은 기간별 비교가 가능하도록 기간마다 계속하여 적용하고 정당한 사유 없이 변경해서는 아니 된다.

⑤ 회계 처리와 재무제표 작성을 위한 계정 과목과 금액은 그 중요성에 따라 실용적인 방법으로 결정하여야 한다.

⑥ 회계 처리는 거래 사실과 경제적 실질을 반영할 수 있어야 한다.

2 재무제표와 부속서류

① 재무제표는 국가회계법 제14조 제3호에 따라 재정상태표, 재정운영표, 순자산변동표로 구성하되, 재무제표에 대한 주석을 포함한다.

② 재무제표의 부속서류는 필수보충정보와 부속명세서로 한다.

③ 재무제표는 국가의 재정 활동에 직접적 또는 간접적으로 이해 관계를 갖는 정보 이용자가 국가의 재정 활동 내용을 파악하고, 합리적으로

의사 결정을 할 수 있도록 유용한 정보를 제공하는 것을 목적으로 한다.

④ 재무제표는 국가가 공공회계 책임을 적절히 이행하였는지를 평가하는 데 필요한 다음의 정보를 제공하여야 한다.

㉮ 국가의 재정 상태 및 그 변동과 재정 운영 결과에 관한 정보

㉯ 국가사업의 목적을 능률적·효과적으로 달성하였는지에 관한 정보

㉰ 예산과 그 밖에 관련 법규의 준수에 관한 정보

3 재무제표의 작성 원칙

재무제표(財務諸表)는 다음의 원칙에 따라 작성한다.

① 재무제표는 해당 회계연도분과 직전 회계연도분을 비교하는 형식으로 작성한다.

② 제1호에 따라 비교하는 형식으로 작성되는 두 회계연도의 재무제표는 계속성의 원칙에 따라 작성하며, 국가회계법에 따른 적용 범위, 회계정책 또는 이 규칙 등이 변경된 경우에는 그 내용을 주석으로 공시한다.

③ 재무제표의 과목은 해당 항목의 중요성에 따라 별도의 과목으로 표시하거나 다른 과목으로 통합하여 표시할 수 있다.

④ 재무제표를 통합하여 작성할 경우 내부거래는 상계하여 작성한다.

제 3 절 재정상태표

1 재정상태표의 의의

재정상태표(財政狀態表)는 재정상태표일 현재의 자산과 부채의 명세 및 상호 관계 등 재정 상태를 나타내는 재무제표로서 자산, 부채 및 순자산으

로 구성되며, 재정상태표의 작성 기준은 다음과 같다.

① 자산과 부채는 유동성이 높은 항목부터 배열한다. 이 경우 유동성이란 현금으로 전환되기 쉬운 정도를 말한다.

② 자산, 부채 및 순자산은 총액으로 표시한다. 이 경우 자산 항목과 부채 또는 순자산 항목을 상계함으로써 그 전부 또는 일부를 재정상태표에서 제외해서는 아니 된다.

2 자 산

1) 자산의 정의와 구분

자산(資産)은 과거의 거래나 사건의 결과로 현재 국가회계 실체가 소유(실질적으로 소유하는 경우를 포함) 또는 통제하고 있는 자원으로서, 미래에 공공 서비스를 제공할 수 있거나 직접 또는 간접적으로 경제적 효익을 창출하거나 창출에 기여할 것으로 기대되는 자원을 말한다. 자산은 유동자산, 투자자산, 일반유형자산, 사회기반시설, 무형자산 및 기타 비유동자산으로 구분하여 재정상태표에 표시한다.

2) 자산의 인식 기준

자산은 공용 또는 공공용으로 사용되는 등 공공 서비스를 제공할 수 있거나 직접적 또는 간접적으로 경제적 효익을 창출하거나 창출에 기여할 가능성이 매우 높고 그 가액을 신뢰성 있게 측정할 수 있을 때에 인식한다. 현재 세대와 미래 세대를 위하여 정부가 영구히 보존하여야 할 자산으로서 역사적, 자연적, 문화적, 교육적 및 예술적으로 중요한 가치를 갖는 자산(이하 "유산자산"이라 한다)은 자산으로 인식하지 아니하고 그 종류와 현황 등을 필수보충정보로 공시한다.

한편 국가안보와 관련된 자산은 기획재정부 장관과 협의하여 자산으로 인식하지 아니할 수 있다. 이 경우 해당 중앙관서의 장은 해당 자산의 종류, 취득 시기 및 관리 현황 등을 별도의 장부에 기록하여야 한다.

3) 유동자산

유동자산(流動資産)은 재정상태표일부터 1년 이내에 현금화되거나 사용될 것으로 예상되는 자산으로서, 현금 및 현금성 자산, 단기금융상품, 단기투자증권, 미수채권, 단기대여금 및 기타 유동자산 등을 말한다. 단기투자증권은 만기가 1년 이내이거나 1년 이내에 처분 예정인 채무증권, 지분증권 및 기타 단기투자증권을 말하고, 기타 유동자산이란 미수수익, 선급금, 선급비용 및 재고자산 등을 말한다.

4) 투자자산

투자자산(投資資産)은 투자 또는 권리 행사 등의 목적으로 보유하고 있는 자산으로서 장기금융상품, 장기투자증권, 장기대여금 및 기타 투자자산 등을 말한다. 장기투자증권은 만기가 1년 후이거나 1년 후에 처분 예정인 채무증권, 지분증권 및 기타 장기투자증권을 말한다.

5) 일반유형자산

일반유형자산(一般有形資産)은 고유한 행정 활동에 1년 이상 사용할 목적으로 취득한 자산(제14조에 따른 사회기반시설은 제외)으로서, 토지, 건물, 구축물, 기계장치, 집기・비품・차량운반구, 전비품, 기타 일반유형자산 및 건설 중인 일반유형자산 등을 말한다. 전비품은 전쟁의 억제 또는 수행에 직접적으로 사용되는 전문적인 군사장비와 탄약 등을 말한다.

6) 사회기반시설

사회기반시설(社會基盤施設)은 국가의 기반을 형성하기 위하여 대규모로 투자하여 건설하고 그 경제적 효과가 장기간에 걸쳐 나타나는 자산으로서 도로, 철도, 항만, 댐, 공항, 기타 사회기반시설(상수도를 포함) 및 건설 중인 사회기반시설 등을 말한다.

7) 무형자산

무형자산(無形資産)은 일정 기간 독점적·배타적으로 이용할 수 있는 권리인 자산으로서 산업재산권, 광업권, 소프트웨어, 기타 무형자산 등을 말한다.

3 부 채

1) 부채의 정의와 구분

부채(負債)는 과거의 거래나 사건의 결과로 국가회계 실체가 부담하는 의무로서, 그 이행을 위하여 미래에 자원의 유출 또는 사용이 예상되는 현재의 의무를 말한다. 부채는 유동부채, 장기차입부채, 장기충당부채 및 기타 비유동부채로 구분하여 재정상태표에 표시한다.

2) 부채의 인식 기준

부채는 국가회계 실체가 부담하는 현재의 의무 중 향후 그 이행을 위하여 지출이 발생할 가능성이 매우 높고 그 금액을 신뢰성 있게 측정할 수 있을 때 인식하며, 국가안보와 관련된 부채는 기획재정부 장관과 협의하여 부채로 인식하지 아니할 수 있다. 이 경우 해당 중앙관서의 장은 해당 부채의 종류, 취득 시기 및 관리 현황 등을 별도의 장부에 기록하여야 한다.

3) 유동부채

유동부채(流動負債)는 재정상태표일부터 1년 이내에 상환하여야 하는 부채로서 단기국채, 단기공채, 단기차입금, 유동성 장기차입부채 및 기타 유동부채 등을 말한다. 기타 유동부채는 미지급금, 미지급비용, 선수금, 선수수익 등을 말한다.

〈표 1-1〉 재정상태표

당기: 20XY년 12월 31일 현재
전기: 20XX년 12월 31일 현재

OO기금, OO부처, 대한민국 정부 (단위:)

		20XY		20XX
자산				
I. 유동자산		XXX		XXX
1. 현금 및 현금성 자산		XXX		XXX
2. 단기금융상품		XXX		XXX
3. 단기투자증권		XXX		XXX
4. 미수채권	XXX		XXX	
미수채권현재가치할인차금	XXX		XXX	
미수채권대손충당금	XXX	XXX	XXX	XXX
5. 단기대여금	XXX		XXX	
단기대여금대손충당금	XXX	XXX	XXX	XXX
6. 기타 유동자산		XXX		XXX
II. 투자자산		XXX		XXX
1. 장기금융상품		XXX		XXX
2. 장기투자증권		XXX		XXX
3. 장기대여금	XXX		XXX	
장기대여금대손충당금	XXX	XXX	XXX	XXX
4. 기타 투자자산		XXX		XXX
III. 일반유형자산		XXX		XXX
1. 토지	XXX		XXX	
토지사용수익권	XXX	XXX	XXX	XXX
2. 건물	XXX		XXX	
건물감가상각 누계액	XXX		XXX	
건물사용수익권	XXX	XXX	XXX	XXX

과목				
3. 구축물	XXX		XXX	
구축물감가상각 누계액	XXX		XXX	
구축물사용수익권	XXX	XXX	XXX	XXX
4. 기계장치	XXX		XXX	
기계장치감가상각 누계액	XXX		XXX	
기계장치사용수익권	XXX	XXX	XXX	XXX
5. 집기 · 비품 · 차량운반구	XXX		XXX	
집기 · 비품 · 차량운반구감가상각 누계액	XXX		XXX	
집기 · 비품 · 차량운반구사용수익권	XXX	XXX	XXX	XXX
6. 전비품	XXX		XXX	
전비품감가상각 누계액	XXX	XXX	XXX	XXX
7. 기타 일반유형자산	XXX		XXX	
기타 일반유형자산감가상각 누계액	XXX		XXX	
기타 일반유형자산사용수익권	XXX	XXX	XXX	XXX
8. 건설 중인 일반유형자산		XXX		XXX
Ⅳ. 사회기반시설		XXX		XXX
1. 도로	XXX		XXX	
도로감가상각 누계액	XXX		XXX	
도로사용수익권	XXX	XXX	XXX	XXX
2. 철도	XXX		XXX	
철도감가상각 누계액	XXX		XXX	
철도사용수익권	XXX	XXX	XXX	XXX
3. 항만	XXX		XXX	
항만감가상각 누계액	XXX		XXX	
항만사용수익권	XXX	XXX	XXX	XXX
4. 댐	XXX		XXX	
댐감가상각 누계액	XXX		XXX	
댐사용수익권	XXX	XXX	XXX	XXX
5. 공항	XXX		XXX	
공항감가상각 누계액	XXX		XXX	
공항사용수익권	XXX	XXX	XXX	XXX
6. 기타 사회기반시설	XXX		XXX	
기타 사회기반시설감가상각 누계액	XXX		XXX	
기타 사회기반시설사용수익권	XXX	XXX	XXX	XXX
7. 건설 중인 사회기반시설		XXX		XXX

V. 무형자산		XXX		XXX
1. 산업재산권		XXX		XXX
2. 광업권		XXX		XXX
3. 소프트웨어		XXX		XXX
4. 기타 무형자산		XXX		XXX
VI. 기타 비유동자산		XXX		XXX
1. 장기미수채권	XXX		XXX	
장기미수채권현재가치할인차금	XXX		XXX	
장기미수채권대손충당금	XXX	XXX	XXX	XXX
2. 기타의 기타 비유동자산		XXX		XXX
자산 계		XXX		XXX
부채				
I. 유동부채		XXX		XXX
1. 단기국채	XXX		XXX	
단기국채할증(할인)발행차금	XXX		XXX	
단기자기국채	XXX	XXX	XXX	XXX
2. 단기공채	XXX		XXX	
단기공채할증(할인)발행차금	XXX		XXX	
단기자기공채	XXX	XXX	XXX	XXX
3. 단기차입금		XXX		XXX
4. 유동성장기차입부채		XXX		XXX
5. 기타 유동부채	XXX		XXX	
기타 유동부채현재가치할인차금	XXX	XXX	XXX	XXX
II. 장기차입부채		XXX		XXX
1. 국채	XXX		XXX	
국채할증(할인)발행차금	XXX		XXX	
자기국채	XXX	XXX	XXX	XXX
2. 공채	XXX		XXX	
공채할증(할인)발행차금	XXX		XXX	
자기공채	XXX	XXX	XXX	XXX
3. 장기차입금		XXX		XXX
4. 기타 장기차입부채		XXX		XXX

Ⅲ. 장기충당부채		XXX		XXX
1. 퇴직급여충당부채		XXX		XXX
2. 연금충당부채		XXX		XXX
3. 보험충당부채		XXX		XXX
4. 기타 장기충당부채		XXX		XXX
Ⅳ. 기타 비유동부채		XXX		XXX
1. 장기미지급금	XXX		XXX	
장기미지급금현재가치할인차금	XXX	XXX	XXX	XXX
2. 기타의 기타 비유동부채		XXX		XXX
부채 계		XXX		XXX
순자산				
Ⅰ. 기본순자산		XXX		XXX
Ⅱ. 적립금 및 잉여금		XXX		XXX
Ⅲ. 순자산조정		XXX		XXX
순자산 계		XXX		XXX
부채와 순자산 계		XXX		XXX

4) 장기차입부채

장기차입부채(長期借入負債)는 재정상태표일부터 1년 후에 만기가 되는 확정부채로서 국채, 공채, 장기차입금 및 기타 장기차입부채 등을 말한다.

5) 장기충당부채

장기충당부채(長期充當負債)는 지출 시기 또는 지출 금액이 불확실한 부채로서 퇴직급여충당부채, 연금충당부채, 보험충당부채 및 기타 장기충당부채 등을 말한다.

4 순자산

순자산(純資産)은 자산에서 부채를 뺀 금액을 말하며, 기본순자산, 적립금 및 잉여금, 순자산 조정으로 구분한다. 기본순자산은 순자산에서 적립금 및 잉여금과 순자산 조정을 뺀 금액으로 표시하며, 적립금 및 잉여금은 임의적립금, 전기이월결손금·잉여금, 재정 운영 결과 등을 표시한다. 순자산 조정은 투자증권평가손익, 파생상품평가손익 및 기타 순자산의 증감 등을 표시한다.

제 4 절 재정운영표

1 재정운영표의 의의

재정운영표(財政運營表)는 회계연도 동안 수행한 정책 또는 사업의 원가와 재정 운영에 따른 원가의 회수명세 등을 포함한 재정 운영 결과를 나타내는 재무제표를 말하며, 중앙관서 또는 기금의 재정운영표는 프로그램 순원가, 재정 운영 순원가, 재정 운영 결과로 구분하여 표시한다.

① 프로그램 순원가는 프로그램을 수행하기 위하여 투입한 원가 합계에서 다른 프로그램으로부터 배부받은 원가를 더하고, 다른 프로그램에 배부한 원가는 빼며, 프로그램 수행 과정에서 발생한 수익 등을 빼서 표시한다.

② 재정 운영 순원가는 프로그램 순원가에서 가호 및 나호의 비용은 더하고, 다호의 수익은 빼서 표시한다.

㉮ 관리운영비 - 기관운영비와 같이 기관의 여러 정책이나 사업, 활동

을 지원하는 비용(정부기업예산법 제3조에 따른 특별회계나 기금의 경우에는 관리업무비를 말한다)

㉯ 비배분비용 - 투입한 비용 중 프로그램과 직·간접적인 대응 관계가 없거나, 프로그램에 배분하는 것이 합리적이지 아니한 비용

㉰ 비배분수익 - 프로그램과 관련 없이 발생하거나 프로그램 외의 업무로부터 발생한 수익

③ 재정 운영 결과는 재정 운영 순원가에서 비교환수익(제28조 제2항 제2호의 비교환수익을 말한다) 등을 빼서 표시한다. 다만, 국고금관리법 시행령 제50조의 2에 따라 통합 관리하는 일반회계 및 특별회계의 자금에서 발생하는 비교환수익 등은 순자산변동표의 재원의 조달 및 이전란에 표시한다.

중앙관서 또는 기금의 재정운영표를 통합하여 작성하는 국가의 재정운영표는 다음과 같이 표시한다.

① 재정운영표 - 내부거래를 제거하여 작성하되 재정 운영 순원가, 비교환수익 등 및 재정 운영 결과로 구분하여 표시

② 재정 운영 순원가 - 각 중앙관서별로 구분하여 표시

③ 재정 운영 결과 - 재정 운영 순원가에서 비교환수익 등을 빼서 표시

재정운영표의 모든 수익과 비용은 발생주의 원칙에 따라 거래나 사실이 발생한 기간에 표시한다.

2 수 익

1) 수익의 정의와 구분

수익(收益)은 국가의 재정 활동과 관련하여 재화 또는 용역을 제공한 대가로 발생하거나, 직접적인 반대급부 없이 법령에 따라 납부 의무가 발생한 금품의 수납 또는 자발적인 기부금 수령 등에 따라 발생하는 순자산의 증가를 말한다. 수익은 그 원천에 따라 다음과 같이 구분한다.

① 교환수익 - 재화나 용역을 제공한 대가로 발생하는 수익
② 비교환수익 - 직접적인 반대급부 없이 발생하는 국세, 부담금, 기부금, 무상이전 및 제재금 등의 수익

2) 수익의 인식 기준

교환수익은 수익창출 활동이 끝나고 그 금액을 합리적으로 측정할 수 있을 때에 인식한다. 비교환수익은 해당 수익에 대한 청구권이 발생하고 그 금액을 합리적으로 측정할 수 있을 때에 인식하며, 수익 유형에 따른 세부 인식 기준은 다음과 같다.

① 신고·납부하는 방식의 국세 - 납세 의무자가 세액을 자진 신고하는 때에 수익으로 인식
② 정부가 부과하는 방식의 국세 - 국가가 고지하는 때에 수익으로 인식
③ 원천 징수하는 국세 - 원천 징수 의무자가 원천 징수한 금액을 신고·납부하는 때에 수익으로 인식
④ 연부연납(年賦延納) 또는 분납이 가능한 국세 - 징수할 세금이 확정된 때에 그 납부할 세액 전체를 수익으로 인식
⑤ 부담금수익, 기부금수익, 무상이전수입 등 - 청구권이 확정된 때에 그 확정된 금액을 수익으로 인식
⑥ 제재금 수익 - 벌금이나 과태료 등이 납부되거나 몰수가 집행된 때에 그 확정된 금액을 수익으로 인식

3 비 용

비용(費用)은 국가의 재정 활동과 관련하여 재화 또는 용역을 제공하여 발생하거나, 직접적인 반대급부 없이 발생하는 자원 유출이나 사용 등에 따른 순자산의 감소를 말하며, 비용은 다음 기준에 따라 인식한다.

① 재화나 용역의 제공 등 국가 재정 활동 수행을 위하여 자산이 감소하고 그 금액을 합리적으로 측정할 수 있을 때 또는 법령 등에 따라 지출

〈표 1-2〉 재정운영표

당기: 20XY년 1월 1일부터 20XY년 12월 31일까지
전기: 20XX년 1월 1일부터 20XX년 12월 31일까지

OO기금, OO부처 (단위:)

	20XY			20XX		
	총원가	수익	순원가	총원가	수익	순원가
Ⅰ. 프로그램 순원가	**XXX**	**(XXX)**	**XXX**	**XXX**	**(XXX)**	**XXX**
1. 프로그램(A)	XXX	(XXX)	XXX	XXX	(XXX)	XXX
2. 프로그램(B)	XXX	(XXX)	XXX	XXX	(XXX)	XXX
3. 프로그램(C)	XXX	(XXX)	XXX	XXX	(XXX)	XXX
4. 프로그램(D)	XXX	(XXX)	XXX	XXX	(XXX)	XXX
......						
Ⅱ. 관리운영비			**XXX**			**XXX**
1. 인건비			XXX			XXX
2. 경비			XXX			XXX
Ⅲ. 비배분비용			**XXX**			**XXX**
1. 자산처분손실			XXX			XXX
2. 기타 비용			XXX			XXX
3.			XXX			XXX
Ⅳ. 비배분수익			**XXX**			**XXX**
1. 자산처분이익			XXX			XXX
2. 기타 수익			XXX			XXX
3.			XXX			XXX
Ⅴ. 재정 운영 순원가 (Ⅰ+Ⅱ+Ⅲ-Ⅳ)			**XXX**			**XXX**
Ⅵ. 비교환수익 등			**XXX**			**XXX**
1. 부담금수익			XXX			XXX
2. 제재금수익			XXX			XXX
3. 사회보험수익			XXX			XXX
4. 채무면제이익			XXX			XXX
5. 기타 비교환수익			XXX			XXX
6. 기타 재원 조달 및 이전			XXX			XXX
Ⅶ. 재정 운영 결과 (Ⅴ-Ⅵ)			**XXX**			**XXX**

〈표 1-3〉 재정운영표

당기: 20XY년 1월 1일부터 20XY년 12월 31일까지
전기: 20XX년 1월 1일부터 20XX년 12월 31일까지

대한민국 정부 (단위 :)

	20XY		20XX	
Ⅰ. 재정 운영 순원가		XXX		XXX
1. 대통령실		XXX		XXX
2. 행정안전부		XXX		XXX
3. 기획재정부		XXX		XXX
4. ……				
Ⅱ. 비교환수익 등		XXX		XXX
1. 국세수익				
(1) 국세수익	XXX		XXX	
(2) 대손상각비	XXX		XXX	
(3) 대손충당금환입	XXX	XXX	XXX	XXX
2. 부담금수익		XXX		XXX
3. 제재금수익		XXX		XXX
4. 사회보험수익		XXX		XXX
5. 채무면제이익		XXX		XXX
6. 기타 비교환수익		XXX		XXX
7. 기타 재원 조달 및 이전		XXX		XXX
Ⅲ. 재정 운영 결과(Ⅰ-Ⅱ)		XXX		XXX

에 대한 의무가 존재하고 그 금액을 합리적으로 측정할 수 있을 때에 비용으로 인식

② 과거에 자산으로 인식한 자산의 미래 경제적 효익이 감소 또는 소멸하거나 자원의 지출 없이 부채가 발생 또는 증가한 것이 명백한 때에 비용으로 인식

제 5 절 자산과 부채의 평가

1 자산의 평가 기준

재정상태표에 표시하는 자산의 가액(價額)은 해당 자산의 취득원가를 기초로 하여 계상(計上)한다. 다만, 무주부동산의 취득, 국가 외의 상대방과의 교환 또는 기부채납 등의 방법으로 자산을 취득한 경우에는 취득 당시의 공정가액을 취득원가로 한다.

국가회계 실체 사이에 발생하는 관리환은 무상 거래일 경우에는 자산의 장부가액을 취득원가로 하고, 유상 거래일 경우에는 자산의 공정가액을 취득원가로 한다.

재정상태표에 표시하는 자산은 이 규칙에서 따로 정한 경우를 제외하고는 자산의 물리적인 손상 또는 시장가치의 급격한 하락 등으로 해당 자산의 회수가능가액이 장부가액에 미달하고 그 미달액이 중요한 경우에는 장부가액에서 직접 빼서 회수가능가액으로 조정하고, 장부가액과 회수가능가액의 차액을 그 자산에 대한 감액손실의 과목으로 재정 운영 순원가에 반영하며 감액 명세를 주석으로 표시한다. 다만, 감액한 자산의 회수가능가액이 차기 이후에 해당 자산이 감액되지 아니하였을 경우의 장부가액 이상으로 회복되는 경우에는 그 장부가액을 한도로 하여 그 자산에 대한 감액손실환입 과목으로 재정 운영 순원가에 반영한다.

한편 군수품관리법에 따라 관리되는 전비품(戰備品) 등의 평가 기준은 국방부 장관이 따로 정하는 바에 따를 수 있다.

2 유가증권의 평가

유가증권(有價證券)은 매입가액에 부대비용을 더하고 종목별로 총평균법(總平均法) 등을 적용하여 산정한 가액을 취득원가로 하며, 유가증권은 자산의 분류 기준에 따라 단기투자증권과 장기투자증권으로 구분한다.

채무증권은 상각후償却後) 취득원가로 평가하고 지분증권과 기타 장기투자증권 및 기타 단기투자증권은 취득원가로 평가한다. 다만, 투자 목적의 장기투자증권 또는 단기투자증권인 경우에는 재정상태표일 현재 신뢰성 있게 공정가액을 측정할 수 있으면 그 공정가액으로 평가하며, 장부가액과 공정가액의 차이 금액은 순자산변동표에 조정 항목으로 표시한다.

유가증권의 회수가능가액이 장부가액 미만으로 하락하고 그 하락이 장기간 계속되어 회복될 가능성이 없을 경우에는 장부가액과의 차액을 감액손실로 인식하고 재정 운영 순원가에 반영한다.

한편 미수채권, 장기대여금 또는 단기대여금은 신뢰성 있고 객관적인 기준에 따라 산출한 대손추산액을 대손충당금으로 설정하여 평가한다.

3 재고자산의 평가

재고자산(在庫資産)은 판매 또는 용역 제공을 위하여 보유하거나 생산 과정에 있는 자산, 생산 과정 또는 용역 제공 과정에 투입될 원재료나 소모품 형태로 존재하는 자산을 말하며, 재고자산은 제조원가 또는 매입가액에 부대비용을 더한 금액을 취득원가로 하고 품목별로 선입선출법(先入先出法)을 적용하여 평가한다. 다만, 실물 흐름과 원가 산정 방법 등에 비추어 다른 방법을 적용하는 것이 좀 더 합리적이라고 인정되는 경우에는 개별법,

이동평균법 등을 적용하고 그 내용을 주석으로 표시한다.

한번 선택된 재고자산의 평가 방법은 정당한 사유 없이 변경할 수 없으며, 평가 방법의 정당한 변경 사유가 발생한 경우에는 이 규칙 제51조에 따라 회계 처리한다. 재고자산의 시가(時價)가 취득원가보다 낮은 경우에는 시가를 재정상태표 가액으로 한다. 이 경우 원재료 외의 재고자산의 시가는 순실현가능가액을 말하며, 생산 과정에 투입될 원재료의 시가는 현재 시점에서 매입하거나 재생산하는 데 드는 현행 대체원가를 말한다.

4 기타 자산 및 부채의 평가

1) 압수품 및 몰수품의 평가

압수품 및 몰수품은 판결이나 법령에 따라 국가에 귀속된 때에 다음과 같이 평가한다.

① 화폐성 자산 - 압류 또는 몰수 당시의 시장가격으로 평가하여 표시

② 비화폐성 자산 - 감정가액 또는 공정가액 등으로 평가하여 표시

2) 일반유형자산의 평가

일반유형자산은 해당 자산의 건설원가 또는 매입가액에 부대비용을 더한 금액을 취득원가로 하고, 객관적이고 합리적인 방법으로 추정한 기간에 정액법(定額法) 등을 적용하여 감가상각한다. 일반유형자산에 대한 사용수익권은 해당 자산의 차감 항목에 표시한다.

3) 사회기반시설의 평가

사회기반시설의 평가에 관하여는 이 규칙 제37조를 준용한다. 이 경우 감가상각은 건물, 구축물 등 세부 구성 요소별로 감가상각하며, 이에 불구하고 사회기반시설 중 관리·유지 노력에 따라 취득 당시의 용역 잠재력을 그대로 유지할 수 있는 시설에 대해서는 감가상각하지 아니하고 관리·유지에 투입되는 비용으로 감가상각비용을 대체할 수 있다. 다만, 효율적인

사회기반시설 관리 시스템으로 사회기반시설의 용역 잠재력이 취득 당시와 같은 수준으로 유지된다는 것이 객관적으로 증명되는 경우로 한정한다. 사회기반시설에 대한 사용수익권은 해당 자산의 차감 항목에 표시한다.

4) 일반유형자산 및 사회기반시설의 재평가 기준

일반유형자산과 사회기반시설을 취득한 후 재평가할 때에는 공정가액으로 계상하여야 한다. 다만, 해당 자산의 공정가액에 대한 합리적인 증거가 없는 경우 등에는 재평가일 기준으로 재생산 또는 재취득하는 경우에 필요한 가격에서 경과 연수에 따른 감가상각 누계액 및 감액손실 누계액을 뺀 가액으로 재평가하여 계상할 수 있다. 재평가의 최초 평가 연도, 평가 방법 및 요건 등 세부 회계 처리에 관하여는 기획재정부 장관이 정한다.

5) 무형자산의 평가

무형자산은 해당 자산의 개발원가 또는 매입가액에 부대비용을 더한 금액을 취득원가로 하여 평가하며, 무형자산은 정액법에 따라 해당 자산을 사용할 수 있는 시점부터 합리적인 기간 동안 상각한다. 이 경우 상각기간은 독점적·배타적인 권리를 부여하고 있는 관계 법령이나 계약에서 정한 경우를 제외하고는 20년을 초과할 수 없다.

6) 부채의 평가 기준

재정상태표에 표시하는 부채의 가액은 이 규칙에서 따로 정한 경우를 제외하고는 원칙적으로 만기 상환가액으로 평가한다.

7) 국채의 평가

국채는 국채 발행 수수료 및 발행과 관련하여 직접 발생한 비용을 뺀 발행가액으로 평가한다. 국채의 액면가액과 발행가액의 차이는 국채 할인(할증) 발행 차금 과목으로 액면가액에 빼거나 더하는 형식으로 표시하며, 그 할인(할증) 발행 차금은 발행한 때부터 최종 상환할 때까지의 기간에 유효이자율로 상각 또는 환입하여 국채에 대한 이자비용에 더하거나 뺀다.

8) 퇴직급여충당부채의 평가

퇴직급여충당부채는 재정상태표일 현재 공무원연금법 및 군인연금법을 적용받지 아니하는 퇴직금 지급 대상자가 일시에 퇴직할 경우 지급하여야 할 퇴직금으로 평가한다. 퇴직금산정명세, 퇴직금 추계액, 회계연도 중 실제로 지급한 퇴직금 등은 주석으로 표시한다.

9) 융자보조원가충당금과 보증충당부채의 평가

융자보조원가충당금은 융자사업에서 발생한 융자금 원금과 추정 회수가능액의 현재가치와의 차액으로 평가하며, 보증충당부채는 보증채무 불이행에 따른 추정 순현금유출액의 현재가치로 평가한다.

10) 채권 · 채무의 현재가치에 따른 평가

장기 연불 조건의 거래, 장기금전대차거래 또는 이와 유사한 거래에서 발생하는 채권 · 채무로서 명목가액과 현재가치의 차이가 중요한 경우에는 현재가치로 평가한다. 현재가치 가액은 해당 채권 · 채무로 미래에 받거나 지급할 총금액을 해당 거래의 유효이자율(유효이자율을 확인하기 어려운 경우에는 유사한 조건의 국채 유통수익률을 말한다)로 할인한 가액으로 한다. 여기서 발생하는 채권 · 채무의 명목가액과 현재가치 가액의 차액인 현재가치할인차금은 유효이자율로 매 회계연도에 환입하거나 상각하여 재정운영 순원가에 반영한다.

11) 외화자산 및 외화부채의 평가

화폐성 외화자산과 화폐성 외화부채는 재정상태표일 현재의 적절한 환율로 평가한다. 비화폐성 외화자산과 비화폐성 외화부채는 해당 자산을 취득하거나 해당 부채를 부담한 당시의 적절한 환율로 평가한 가액을 재정상태표 가액으로 한다. 여기서 발생하는 손익은 외화평가손실 또는 외화평가이익의 과목으로 하여 재정 운영 순원가에 반영하고, 중요한 외화자산과 외화부채의 내용, 평가 기준 및 평가손익의 내용을 주석으로 표시한다.

화폐성 외화자산과 화폐성 외화부채는 화폐가치의 변동과 상관없이 자산과 부채의 금액이 계약 등에 의하여 일정 화폐액으로 고정되어 있는 경우의 자산과 부채를 말한다. 다만, 화폐성과 비화폐성의 성질을 모두 가지고 있는 외화자산과 외화부채는 해당 자산과 부채의 보유 목적이나 성질에 따라 구분한다.

12) 리스에 따른 자산과 부채의 평가

리스(lease)는 일정 기간 설비 등 특정 자산의 사용권을 리스 회사로부터 이전받고, 그 대가로 사용료를 지급하는 계약을 말하며, 다음과 같이 구분한다.

① 금융리스 - 리스자산의 소유에 따른 위험과 효익이 실질적으로 리스 이용자에게 이전되는 리스

② 운용리스 - 제1호 외의 리스

금융리스는 리스료를 내재이자율로 할인한 가액과 리스자산의 공정가액 중 낮은 금액을 리스자산과 리스부채로 각각 계상하여 감가상각하고, 운용리스는 리스료를 해당 회계연도의 비용으로 회계 처리한다.

13) 파생상품의 평가

파생상품(派生商品)은 해당 계약에 따라 발생한 권리와 의무를 각각 자산 및 부채로 계상하여야 하며, 공정가액으로 평가한 금액을 재정상태표 가액으로 한다. 파생상품에서 발생한 평가손익은 발생한 시점에 재정 운영 순원가에 반영한다. 다만, 미래 예상 거래의 현금 흐름의 변동 위험을 회피하는 계약에서 발생하는 평가손익은 순자산변동표의 조정 항목 중 파생상품평가손익으로 표시한다. 파생상품 거래는 그 거래 목적 및 거래명세 등을 주석으로 표시한다. 이 경우 위험 회피 목적의 파생상품 거래인 경우에는 위험 회피 대상 항목, 위험 회피 대상 범위, 위험 회피 활동을 반영하기 위한 회계 처리 방법, 이연(移延)된 손익 금액 등을 표시한다.

14) 우발 상황

우발 상황(偶發狀況)은 진행 중인 소송사건, 타인의 채무에 대한 지급보증 등 중앙관서의 장 또는 기금 관리 주체가 통제할 수 없는 불확실한 미래 사건의 발생 여부에 따라 그 의무나 권리의 존재 여부가 확인되는 것으로서 그 발생 여부가 불확실한 현재의 상태 또는 상황을 말한다. 우발 상황은 다음과 같이 처리한다.

① 재정상태표일 현재 우발 손실의 발생이 확실하고 그 손실 금액을 합리적으로 추정할 수 있는 경우 - 우발 손실을 재정 운영 순원가에 반영하고 그 내용을 주석으로 표시

② 재정상태표일 현재 우발 손실의 발생이 확실하지 아니하거나 우발 손실의 발생은 확실하지만 그 손실 금액을 합리적으로 추정할 수 없는 경우 - 우발 상황의 내용, 우발 손실에 따른 재무적 영향을 주석으로 표시

③ 우발 이익의 발생이 확실하고 그 이익 금액을 합리적으로 추정할 수 있는 경우 - 우발 상황의 내용을 주석으로 표시

제 6 절 순자산변동표

순자산변동표(純資産變動表)는 회계연도 동안 순자산의 변동 명세를 표시하는 재무제표를 말하며, 중앙관서 또는 기금의 순자산변동표는 기초순자산, 재정 운영 결과, 재원의 조달 및 이전, 조정 항목, 기말순자산으로 구분하여 표시한다. 중앙관서 또는 기금의 순자산변동표를 통합하여 작성하는 국가의 순자산변동표는 기초순자산, 재정 운영 결과, 조정 항목, 기말순자산으로 구분하여 표시한다. 중앙관서 또는 기금의 순자산변동표와 국가의 순자산변동표는 <표 1-4>, <표 1-5>의 서식과 같다.

〈표 1-4〉 순자산변동표

당기: 20XY년 1월 1일부터 20XY년 12월 31일까지
전기: 20XX년 1월 1일부터 20XX년 12월 31일까지

OO기금, OO부처 (단위:)

	기본순자산	적립금 및 잉여금	순자산조정	합계
Ⅰ. 기초순자산	XXX	XXX	XXX	XXX
1. 보고 금액	XXX	XXX	XXX	XXX
2. 전기오류 수정손익	XXX	XXX	XXX	XXX
3. 회계 변경 누적 효과	XXX	XXX	XXX	XXX
Ⅱ. 재정 운영 결과		XXX		XXX
Ⅲ. 재원의 조달 및 이전		XXX		XXX
1. 재원의 조달		XXX		XXX
(1) 국고수입		XXX		XXX
(2) 부담금수익		XXX		XXX
(3) 제재금수익		XXX		XXX
(4) 기타 비교환수익		XXX		XXX
(5) 무상이전수입		XXX		XXX
(6) 채무면제이익		XXX		XXX
(7) 기타 재원 조달		XXX		XXX
2. 재원의 이전		XXX		XXX
(1) 국고이전지출		XXX		XXX
(2) 무상이전지출		XXX		XXX
(3) 기타 재원이전		XXX		XXX
Ⅳ. 조정 항목	XXX	XXX	XXX	XXX
1. 납입자본의 증감	XXX	-	-	XXX
2. 투자증권 평가손익	-	-	XXX	XXX
3. 파생상품 평가손익	-	-	XXX	XXX
4. 기타 순자산의 증감	XXX	XXX	XXX	XXX
Ⅴ. 기말순자산(Ⅰ-Ⅱ+Ⅲ+Ⅳ)	XXX	XXX	XXX	XXX

〈표 1-5〉 순자산변동표

당기: 20XY년 1월 1일부터 20XY년 12월 31일까지
전기: 20XX년 1월 1일부터 20XX년 12월 31일까지

대한민국 정부 (단위:)

	기본 순자산	적립금및 잉여금	순자산조정	합계
Ⅰ. 기초순자산	XXX	XXX	XXX	XXX
1. 보고 금액	XXX	XXX	XXX	XXX
2. 전기오류 수정손익	XXX	XXX	XXX	XXX
3. 회계 변경 누적 효과	XXX	XXX	XXX	XXX
Ⅱ. 재정 운영 결과		XXX		XXX
Ⅲ. 조정 항목	XXX	XXX	XXX	XXX
1. 납입자본의 증감	XXX	-	-	XXX
2. 투자증권 평가손익	-	-	XXX	XXX
3. 파생상품 평가손익	-	-	XXX	XXX
4. 기타 순자산의 증감	XXX	XXX	XXX	XXX
Ⅳ. 기말순자산(Ⅰ-Ⅱ+Ⅲ)	XXX	XXX	XXX	XXX

제7절 필수보충정보, 주석 및 부속명세서

1 필수보충정보

필수보충정보(必須補充情報)는 재무제표에는 표시하지 아니하였으나, 재무제표의 내용을 보완하고 이해를 돕기 위하여 필수적으로 제공되어야 하는 정보를 말한다. 필수보충정보는 다음의 정보를 말한다.

① 유산자산의 종류, 수량 및 관리 상태
② 연금보고서
③ 보험보고서
④ 사회보험보고서
⑤ 국세징수활동표
⑥ 총잉여금·재정운영 결과 조정표
⑦ 수익·비용 성질별 재정운영표
⑧ 그 밖에 재무제표에는 반영되지 아니하였으나 중요하다고 판단되는 정보

2 주 석

주석(註釋)은 정보 이용자에게 충분한 회계정보를 제공하기 위하여 채택한 중요한 회계정책과 재무제표에 중대한 영향을 미치는 사항을 설명한 것을 말하며, 이 규칙에서 규정한 주석 사항 외에 필요한 경우에는 다음의 사항을 주석으로 표시한다.

① 중요한 회계 처리 방법
② 장기차입부채 상환계획

③ 장기충당부채
④ 외화자산 및 외화부채
⑤ 우발 사항 및 약정 사항(지급보증, 파생상품, 담보제공자산 명세를 포함한다)
⑥ 전기오류 수정 및 회계 처리 방법의 변경
⑦ 순자산 조정명세
⑧ 제1호부터 제7호까지에서 규정한 사항 외에 재무제표에 중대한 영향을 미치는 사항과 재무제표의 이해를 위하여 필요한 사항

3 부속명세서

부속명세서는 재무제표에 표시된 회계 과목에 대한 세부 명세를 명시할 필요가 있을 때에 추가적인 정보를 제공하기 위한 것으로서, 부속명세서의 종류, 작성 기준 및 서식은 기획재정부 장관이 정하는 바에 따른다.

참고로 정부회계와 기업회계의 재무보고서(재무제표)를 비교해 보면 <표 1-6>과 같다.

〈표 1-6〉 정부회계와 기업회계의 재무보고서 비교

<table>
<tr><th colspan="2">구분</th><th>기업회계</th><th colspan="2">정부회계</th></tr>
<tr><td colspan="2">보고 실체</td><td>기업</td><td>중앙정부</td><td>지방자치단체</td></tr>
<tr><td colspan="2">추구 목적</td><td>이윤 추구</td><td colspan="2">공공성 추구</td></tr>
<tr><td rowspan="6">재무보고서</td><td>재무 상태</td><td>대차대조표</td><td>재정상태표</td><td>재정상태보고서</td></tr>
<tr><td>운영(경영) 성과</td><td>손익계산서</td><td>재정운영표</td><td>재정운영보고서</td></tr>
<tr><td>자본(순자산) 변동</td><td>자본변동표</td><td>순자산변동표</td><td>순자산변동보고서</td></tr>
<tr><td>현금 변동</td><td>현금흐름표</td><td>-</td><td>현금흐름보고서</td></tr>
<tr><td>이익잉여금 처분</td><td>이익잉여금처분계산서</td><td>-</td><td>-</td></tr>
<tr><td>국세 징수 활동</td><td>-</td><td>국세징수활동표</td><td>-</td></tr>
</table>

Chapter

03 복식부기의 이해

제 1 절 복식부기의 의의

1 복식부기의 개념

부기(簿記)는 앞에서 설명하였듯이 회계의 모든 과정에서 이루어지는 많은 사실을 잊지 않고 장부에 기록하고 분류하여 일정한 시기에 이를 마감하여 얼마나 이익을 보았는지 또는 손해를 보았는지를 측정하여 그 결과를 현재의 의사 결정에 활용하고, 나아가 미래의 의사 결정에 활용하려는 중요한 절차이다. 이러한 부기에는 기록·계산 방법에 따라 단식부기와 복식부기로 구분하고, 이용자의 영리성 유무에 따라 영리부기와 비영리부기로 구분한다.

여기서 단식부기(單式簿記, single entry book-keeping)는 일정한 원리가 없이 단순히 재화의 증감만을 기록, 계산하는 방식의 부기로서 불완전 부기 방법을 의미하며, 이에 비하여 복식부기(複式簿記, double entry book-keeping)는 일정한 원리에 따라 재화의 증감은 물론 손익의 발생을 조직적으로 기록, 계산하는 방식의 부기로서 완전 부기 방법을 의미한다. 따라서 단식부기에 비하여 복식부기가 좀 더 과학적이고 체계적으로 재산의

〈표 1-7〉 단식부기와 복식부기의 비교

구분	단식부기	복식부기
기장 원칙	일정한 원리 원칙이 없이 단순한 기록	일정한 원리 원칙에 의한 이중적 기록
기장 대상	현금의 수입과 지출 내용	모든 재산의 증감 및 손익의 발생 내용
자기 검증 기능	재산 증감 및 손익 발생의 파악이 불완전하고 자기 검증 기능이 없음	재산 증감 및 손익 발생의 파악이 완전하여 자기 검증 기능이 있음
적용 대상	비영리단체나 소규모 상점 등	영리단체나 대규모 기업 등
결과 보고서	일정한 보고서 없음	각종 재무제표

증감을 기록하고 일정 기간의 손익을 파악할 수 있는 방식이라고 할 수 있다. 복식부기와 단식부기를 비교해 보면 <표 1-7>과 같다.

또한 영리부기(營利簿記)는 영리를 목적으로 하는 기업에서 사용하는 부기로서 상업부기, 공업부기, 은행부기, 건설업부기 등이 있으며, 비영리부기(非營利簿記)는 영리를 목적으로 하지 않는 가계나 학교, 재단법인 등에서 사용하는 부기로서 가계부, 학교부기, 재단부기 등이 있다.

2 거래와 거래의 이중성

기업이나 정부는 거래가 이루어짐으로써 장부에 기록할 일이 생기고 서로의 관계가 시작되는 것이다. 일상적으로 거래란 영리를 목적으로 하는 경제행위 또는 상인과 고객 사이에 서로 금전을 대차하거나 물건을 매매하는 일을 말한다. 회계학 측면에서 좀 더 구체적으로 살펴보면 거래(去來, transactions)란 회계 기록의 대상이 되는 것으로서 "회계 주체의 재산에 변동을 초래하는 경제적 사상(經濟的 事象, economic events)"을 의미한다.

일상생활에서 발생하는 사건 대부분이 원인과 결과가 있듯이 회계상의 거래에도 원인과 결과가 있다. 예를 들어, 상품을 판매하고 현금 10만 원을 받았다고 가정한다면, '상품을 판매한 것'은 원인에 해당되고, '현금 10만 원을 받은 것'은 결과에 해당된다. 모든 회계상의 거래는 이와같이 하나의 거래에 원인과 결과라는 두 가지가 동시에 발생하게 되어 있는데 이를 거래의 이중성(二重性, duality)이라고 한다.

회계상 이루어지는 모든 거래는 거래의 이중성에 의하여 그 원인과 결과를 인위적으로 왼쪽과 오른쪽으로 나누어 동시에 같은 금액을 기록하게 된다. 이 때에 왼쪽을 차변(借邊, debter: Dr)이라고 하고, 오른쪽을 대변(貸邊, creditor: Cr)이라고 하며, 차변과 대변에 기재되는 요소는 회계 기록의 법칙에 따라 다르다. 그 차변 요소와 대변 요소에 대하여는 거래의 8요소에서 설명하기로 한다.

또한 거래가 발생하여 당해 조직체의 재산에 대한 증감 변화와 손익의 증감 변화를 기록, 계산하는 단위를 계정(計定, account: a/c)이라 한다.

제 2 절 거래의 8요소

모든 거래는 자산의 증가와 감소, 부채의 증가와 감소, 자본의 증가와 감소, 수익과 비용의 발생이라는 여덟 가지 요소로 분류되며, 이를 거래의 8요소라고 한다. 각 거래 요소의 결합 관계를 보면 [그림 1-1]과 같다.

거래의 요소인 자산, 부채, 자본 비용 및 수익에 관하여 구체적으로 살펴보면 다음과 같다.

1 자 산

자산(資産, assets)은 과거의 거래나 사건의 결과로 특정의 실체가 획득하거나 통제하고 있는 가능한 미래의 경제적 효익(效益)을 말하며, 자산은 다음과 같은 특징이 있다(회계학핸드북, 1997: 149).

첫째, 미래효익이나 용역 잠재력에는 어떤 특정의 권리가 존재하여야 한

[그림 1-1] 거래 요소의 결합 관계

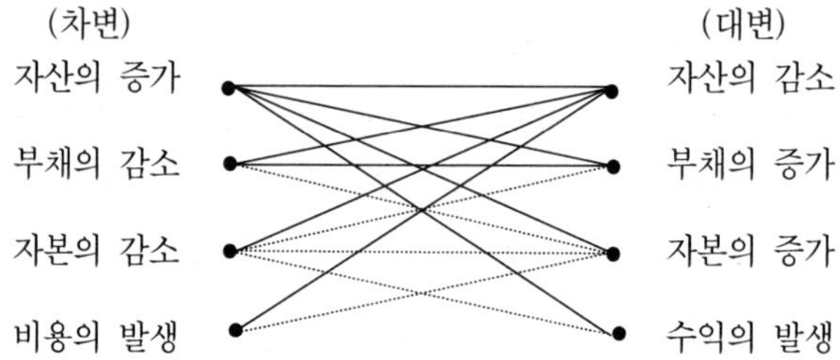

참고: 실선은 자주 발생하는 거래이고, 점선은 자주 발생하지 않는 거래이다.

다. 따라서 소멸된 권리나 용역은 자산이 될 수 없으며, 정(正)의 효익이 아닌 영(0)이나 부(負)의 잠재적 효익을 갖는 권리나 용역도 자산이 될 수 없다.

둘째, 권리는 특정의 개인 또는 기업에 대하여 발생한 것이어야 하며, 특히 타인이 배제된 독점적 통제권을 가지고 있어야 한다.

셋째, 권리 또는 용역에 대하여 법적으로 강제할 수 있는 청구권이 있어야 하며, 미래효익의 증가가 예상되는 어떤 다른 증거가 있어야 한다.

넷째, 경제적 효익은 과거의 거래나 사건의 결과로서 나타나야 한다. 존재하지 않거나 현재로서 실체의 지배하에 있지 않은 것으로서 미래에 가져올 경제적 효익은 자산에 포함될 수 없다.

다섯째, 자산의 효익은 화폐 단위로 계량화 또는 측정될 수 있어야 한다. 따라서 공장의 유리한 입지 조건이나 우수한 인적 자원 등은 기업의 미래 현금 흐름을 증가시켜 줄 수 있음에도 화폐 단위로 계량화되거나 측정될 수 없기 때문에 자산으로 분류되지 않는다.

자산을 여러 가지로 분류할 수 있으나, 기업의 재무 상태에 관한 회계정보를 좀 더 효율적으로 제공하기 위하여 우리 나라의 '기업회계 기준'에서 구분하고 있는 것을 살펴보면 <표 1-8>과 같다.

1) 유동자산

유동자산(流動資産, current assets)이란 1년 또는 기업의 정상 영업주기 내에 현금으로 전환되거나 소비될 것으로 예상되는 자산을 말한다. 이 때

〈표 1-8〉 자산의 종류

대분류	중분류	소분류	계정 과목
자산	유동자산	당좌자산	현금, 예금, 유가증권, 매출채권, 단기대여금, 미수세금, 체납세금, 미수금 등
		재고자산	상품, 제품, 반제품, 재공품, 원재료, 저장품, 미분양 토지 등
	고정자산	투자자산	관계 회사 주식, 장기성 예금, 투자 유가증권, 투자 부동산, 출자금 등
		유형자산	토지, 건물, 구축물, 기계장치, 선박, 차량운반구, 공구기구비품, 입목죽 등
		무형자산	영업권, 특허권, 실용신안권, 의장권, 상표권, 저작권, 프랜차이즈, 광업권, 어업권, 차지권, 컴퓨터 소프트웨어, 개발비, 임차권리금 등

정상 영업주기는 제조 과정에 투입될 재화와 용역을 취득한 시점부터 제조 및 판매를 거쳐 최종적인 현금 회수 시점까지 소요되는 기간을 말한다. 관습상으로 유동자산은 결산일로부터 1년 내에 현금으로 실현되거나 판매될 자원을 나타내는 것이 보통이다.

유동자산을 다시 당좌자산과 재고자산으로 구분한다.

당좌자산(當座資産, quick assets)은 원칙적으로 판매 과정을 거치지 않고 현금으로 전환될 수 있는 자산을 말하며, 당좌자산에 속하는 항목으로는 현금, 예금, 유가증권, 매출채권, 단기대여금 등이 있다. 여기서 현금[1]은 주화, 지폐, 외국 화폐 등의 통화(通貨)와 타인 발행 당좌수표, 자기앞수표, 우편환증서, 전신환증서 등의 통화대용증권(通貨代用證券)을 말하며, 예금

1) 현금 및 현금등가물
① 현금: 지폐, 주화 등의 통화, 타인 발행 수표, 자기앞수표, 가계수표, 송금수표, 송금환, 우편환증서, 우편대체예금환급증서, 공사채만기이자표, 배당금영수증, 국고송금통지서 등의 통화대용증권을 말하며, 당좌예금, 보통예금 등의 요구불 예금도 넓은 의미에서 현금으로 본다.
② 현금등가물: 만기가 3개월 이내인 채권(공·사채, 저축성 예금), 상환일이 3개월 이내인 상환우선주, 환매 조건이 3개월 이내인 환매채, 계약 기간이 3개월 이내인 초단기 수익증권 등과 같이 현금으로 전환이 용이한 것을 말한다.

은 당좌예금, 보통예금, 정기예금 등을 말한다. 유가증권은 시장성 있는 타사의 주식이나 사채, 국·공채 등을 일시 소유 목적으로 투자하는 경우를 말한다.

재고재산(在庫資産, inventories)은 원칙적으로 판매 과정을 거쳐야 현금으로 전환될 수 있는 자산을 말하며, 재고자산에 속하는 항목으로는 상품, 제품, 반제품, 재공품, 원재료, 저장품 등이 있다.

2) 고정자산

고정자산(固定資産, fixed assets)은 하나의 결산일로부터 1년 이후에 현금으로 전환될 것이 예상되는 자산을 말한다. 고정자산을 다시 투자자산, 유형자산, 무형자산, 이연자산으로 구분한다.

투자자산(投資資産, investment assets)은 장기의 이자 및 배당수익을 얻을 목적이나 다른 기업을 지배, 통제할 목적으로 취득한 자산이다. 따라서 투자자산은 기업의 고유 목적인 제품 및 용역을 생산, 판매하는 데 사용되는 자산이 아니라 장기적으로 기업 미래의 현금 흐름을 제공하기 위하여 구입된 것이다. 투자자산에 해당하는 항목으로는 배당이나 자본 이득을 얻기 위하여 취득한 다른 회사의 주식, 장기성 예금, 주식에 투자된 특별 목적의 기금, 투자부동산 등이다.

유형자산(有形資産, tangible asset)은 기업이 영업 활동을 수행하는 수단을 장기간에 걸쳐 사용하기 위하여 소유하는 물리적 실체가 있는 자산이다. 즉 유형자산은 재판매 목적이 아니라 영업 활동의 수단으로 사용함으로써 장기간에 걸쳐 현금 흐름을 창출하기 위하여 취득한 것이다. 유형자산의 특징은 ① 물리적 실체를 가진 자산이다. ② 영업 활동에 사용할 목적으로 구입한 자산으로서 자산의 가치가 이들 자산이 제공하는 용역 잠재력으로부터 나온다. ③ 여러 회계 기간에 걸쳐 기업에 효익을 제공한다. 유형자산에 속하는 항목으로는 토지, 건물, 구축물, 기계장치, 선박, 차량운반구, 공구기구비품, 입목죽 등이 있다.

유형자산은 시간이 갈수록 가치를 잃게 되어 그 가격이 떨어진다. 즉 내용 연수에 가까울수록 그 가치는 무(0)에 가까워진다. 복식부기에서는 이를 감가상각이라고 하여 매년 일정 금액을 차감시킨다. 감가상각(減價償却, depreciation)이란 유형자산의 취득원가에서 잔존 가치를 차감한 금액을 경제적 내용 연수에 걸쳐 비용화하는 과정을 말한다. 즉 자산의 취득원가를 내용 연수에 의거 합리적인 방법으로 배분하는 원가의 배분 과정이다. 감가상각에는 매기 일정한 금액으로 감가상각비를 계산하는 정액법(定額法)과 매기 미상각 잔액에 대하여 일정률을 적용하여 감가상가비를 계산하는 정률법(定率法)이 있다.

정액법에서 감가상각비의 계산 방법은 다음과 같다.

$$\text{감가상각비} = \frac{\text{취득원가} - \text{잔존 가격}}{\text{내용 연수}}$$

또한 정률법에서 감가상각비의 계산 방법은 다음과 같다.

$$\text{감가상각비} = (\text{취득원가} - \text{감가상각 누계액}) \times \text{상각률}(\%)$$

무형자산(無形資産, intangible assets)은 물리적 실체가 없는 자산으로서 장기간에 걸쳐 특정 기업에 효익을 제공할 수 있는 자산이다. 무형자산은 물리적 형태는 없지만 소유주에게 권리나 특권을 부여함으로써 가치를 가지게 되는 자산이다. 무형자산에 속하는 항목으로는 영업권, 특허권, 실용신안권, 의장권, 상표권, 저작권, 프랜차이즈, 광업권, 어업권, 차지권, 컴퓨터 소프트웨어, 개발비, 임차권리금 등을 들 수 있다.

2 부 채

부채(負債, liabilities)는 일반적으로 인정된 회계 원칙에 따라 인식되고 측정된 경제적 의무를 말한다. 더 구체적으로 정의하면, 과거의 거래나 사건의 결과로서 미래에 특정 실체가 다른 실체에게 자산이나 용역을 제공해야 하는 현재의 의무로부터 발생하는 미래의 가능한 경제적 효익의 희생이라고 한다.

부채는 다음과 같은 본질적 특성이 있다. ① 미래에 현금, 재화, 용역 등을 이전할 가능성이 있는 현재의 의무를 나타낸다. ② 이 의무는 회피할 수 없는 의무이다. ③ 의무를 발생시킨 거래나 사건들이 이미 일어났어야 한다.

이러한 부채는 상환 시기에 따라 유동부채와 고정부채로 구분되며, 전통적으로 고정부채와 유동부채를 구분하는 기준으로 1년 기준을 사용하는 경우가 대부분이다.

1) 유동부채

우리 나라의 '기업회계 기준'에서는 1년 기준을 사용하여 대차대조표일로부터 1년 이내에 상환 기일이 도래하는 부채를 유동부채(流動負債, current liabilities)라 한다. 모든 부채는 과거의 거래로 인한 의무로부터 발생한 미래의 가능한 희생이므로 불확실성을 가지고 있다. 따라서 유동부채는 불확실성의 정도에 따라 확정유동부채와 우발부채로 나뉜다.

확정유동부채는 유동부채 중 그 지급 의무나 금액 및 지급 기일이 확실하거나 합리적으로 추정 가능한 부채를 말한다. 확정유동부채의 항목으로는 매입채무, 선수금, 미지급금, 예수금, 미지급비용, 미지급법인세, 미지급배당금, 단기차입금 등이 있다.

우발채무는 특정 의무가 미래의 일정 시점에 가서야 그 금액, 지급 대상, 지급일이 결정되는 부채로 확인되거나 부채가 아닌 것으로 판명될 수 있는 의무를 말한다. 우발채무에 속하는 항목으로는 판매보증충당금, 공사보증충당금 등이 있다.

2) 고정부채

고정부채(固定負債, fixed liabilities)는 현재의 의무로부터 발생하는 미래의 가능한 경제적 효익의 희생 중에서 1년 혹은 1영업 주기 이내에 만기가 도래하지 않는 것을 말한다. 고정부채는 발행 회사의 영업 활동과 관계없이 일정률의 이자만 받으며 회사의 경영에 참가할 권한도 부여되지 않는다. 고정부채에 속하는 항목으로는 사채(社債, bonds), 장기성 지급어음, 장기차입금, 리스(lease), 연금 등이 있다.

3 자 본

자본(資本, capital)은 자산으로부터 부채를 차감하고 남은 잔여 부분으로 회계 주체의 소유자인 주주에게 귀속될 소유자의 몫이다. 따라서 자본을 주주 지분, 소유주 지분 또는 잔여 지분이라고도 한다. 자본 등식(자산 − 부채 = 자본)에 의하면, 자본은 자산에서 부채를 차감한 잔액인 순자산(純資産)을 말하며, 대차대조표 등식(자산 = 부채 + 자본)에 의하면 자산은 부채와 자본을 합한 것을 말한다. 따라서 부채를 타인자본이라 하고 본래의 자본을 자기자본이라고 말하기도 한다.

주식회사의 경우 자본은 자본금(資本金), 자본잉여금(資本剩餘金), 이익잉여금(利益剩餘金), 자본조정(資本調整) 등 네 가지로 분류된다. 자본금은 원시 출자한 투자자본이고, 자본잉여금은 자본 거래로부터 발생한 잉여금이며, 이익잉여금은 손익 거래로부터 발생한 잉여금이다. 자본금은 투자 원본으로서 임의로 처분할 수 없는 핵심 자본이다. 자본잉여금도 자본 거래를 통하여 발생한 잉여금이기 때문에 배당에 제한을 받으며 결손 전보나 자본전입 이외에는 처분할 수가 없다. 이에 반하여 영업 활동의 결과인 이익잉여금은 일정한 요건을 충족시키면 소유주들의 의사에 따라 배당 등으로 처분할 수 있다.

1) 자본금

자본금(資本金)은 법정자본금, 즉 기업이 발행한 주식의 액면 가액의 합계로서 1주당 액면 금액에 발행 주식의 총수를 곱한 금액이며, 기업이 유지하여야 할 최소한의 재산을 의미한다. 설립시 자본금은 5,000만 원 이상으로 하고, 주당 액면 가액은 5,000원 이상 균일하게 한다.

증자(增資)는 자본금의 증가를 의미하는 것으로 실질적 증자와 형식적 증자가 있다. 실질적 증자(實質的 增資)는 자본금의 증가로 인하여 회사의 자산이 증가하는 증자이다. 반면에 형식적 증자(形式的 增資)는 자본금은 증가하지만 회사의 자산은 증가하지 않는 증자로 자본의 전입, 전환사채의 전환, 전환주식의 전환, 주식 배당 등이 있다. 여기서 자본의 전입은 법정자본금인 자본준비금, 이익준비금 등을 자본금에 전입하는 것이다.

한편 감자(減資)는 자본금의 감소를 의미하는 것으로 실질적 감자와 형식적 감자가 있다. 실질적 감자는 자본금의 감소로 인하여 회사의 자산이 감소하는 감자로 기업 규모를 축소하거나 합병시 재산 상태를 조정할 때 행해진다. 형식적 감자는 자본금은 감소하지만 회사의 자산은 감소하지 않는 감자로 거액의 결손으로 장기간 이익 배당을 할 수 없거나 주가 하락의 우려로 신주 발행을 할 수 없을 때 행해진다.

2) 자본잉여금

자본잉여금(資本剩餘金)은 증자 활동, 감자 활동 및 기타 자본과 관련된 거래에서 발생된 잉여금으로 영업과 관련하여 발생된 이익잉여금과 구별되며 손익계산서를 거치지 않고 직접 자본 계정에 가감된다. 자본잉여금은 자본준비금과 재평가적립금으로 구성된다.

자본준비금에는 주식발행초과금, 감자차익, 합병차익, 채무면제이익, 자기주식처분이익, 그 밖의 기타 자본잉여금이 있으며, 재평가적립금은 사업용 고정자산을 자산재평가법에 의거 재평가하는 경우에 그 재평가한 고정자산의 장부가액과 재평가액과의 차액 즉 재평가차액을 적립한 금액을 말한다.

3) 이익잉여금

이익잉여금(利益剩餘金)은 회사의 정상적인 영업 활동, 고정자산 및 투자자산의 처분 및 기타 일시적인 손익 거래에 의하여 발생하는 이익을 원천으로 하여 회사 내에 유보되어 있는 잉여금을 말하며, 이익준비금, 기타 법정적립금, 임의적립금, 차기이월이익잉여금(당기순이익)으로 세분된다.

이익준비금은 상법이 규정에 의하여 주식회사가 강제적으로 기업 내부에 유보하여야 하는 법정준비금이다. 이익준비금은 매 결산기의 금전에 의한 이익배당금의 10분의 1 이상을 적립하는 금액으로 한다. 단, 이익준비금 총액이 자본금의 2분의 1에 달한 경우에는 그 이상 적립할 수 없다. 기타 법정적립금은 상법 이외의 법령에 의하여 의무적으로 적립하는 적립금으로서 기업합리화 적립금, 재무구조개선 적립금, 세법상 준비금 등이 있다.

임의적립금은 법적 규정에 의하여 강제로 적립하는 것이 아니라 정관의 규정 또는 주주 총회의 결의에 따라 임의로 적립하는 적립금이다.

4) 자본조정

자본조정(資本調整) 항목은 당해 항목의 특성상 소유자 지분에서 가감되어야 하거나 또는 아직 최종 결과가 미확정인 상태여서 자본의 구성 항목 중 어느 것에 가감하여야 하는지 알 수 없어 회계상 자본 총계에서 가감하는 형식으로 기재하는 항목을 말한다. 이에는 주식할인발행차금, 배당건설이자, 미교부주식배당금, 투자주식평가이익(손실), 해외사업환산차 항목 등이 있다.

4 수익과 비용

현대 회계에서는 기간 수익과 기간 비용 계산을 중요시하고 있는데 이를 파악하는 논리에는 현금주의와 발생주의가 있다. 현금주의(現金主義, cash basis)는 현금의 수입과 지출을 근거로 수익과 비용을 인식하는 것을 말하며, 발생주의(發生主義, accrual basis)는 수익과 비용으로 인식할 만한 경제적 사실의 발생을 근거로 수익과 비용을 인식하는 것이다. 따라서 발생주의에 의한 수익 및 비용은 현금의 수입 및 지출과 같지 않고, 현금의 수입이 없어도 수익이 발생하고 지출이 없어도 비용이 발생할 수 있으며, 반대로 현금의 수지가 있더라도 수익과 비용이 발생하지 않는 경우가 있게 된다. 현금주의와 발생주의를 비교해 볼 때 발생주의 논리가 기업의 진실한 기간 이익 측정에 좀 더 잘 부합된다는 사실이 널리 인정되고 있어서 일반적으로 발생주의를 채택하고 있다.

1) 수 익

수익(收益, revenue)의 본질에 관하여는 몇 가지 견해가 있다.

첫째, 자산의 유입액 개념이다. 여기서 수익이란 재화와 용역을 판매한 결과로서 기업에 유입되는 자산이라고 보는 견해이다. 이 경우 수익은 기업이 고객에게 제공한 재화 또는 용역에 대하여 교환으로 받은 화폐유입액(貨幣流入額)이 된다. 일반적인 회계 실무에서 받아들이는 수익의 정의는 이 견해에 입각하고 있다.

둘째, 자본(주주 지분)의 증가분 개념이다. 수익이란 주주 지분을 증가시키는 것으로 보는 견해이다. 즉 수익은 기말에 손익 계정을 거쳐 이익잉여금으로 대체됨으로써 주주 지분을 증가시키게 된다는 것이다. 그러나 주주 지분의 증가는 수익 이외에 자본 거래에 의할 수도 있으므로 이러한 견해가 타당하다고 보기는 어렵다.

셋째, 기업의 생산물 개념이다. 수익이란 기업의 생산물로서 기업이 일정 기간 동안 창출한 재화와 용역의 창조물이라고 보는 견해이다. 이 견해는 수익을 흐름의 과정으로 보아 수익이 기업의 생산 및 판매 과정을 거치는 모든 과정을 통하여 획득된다고 하는 것을 전제로 한다.

넷째, 재화 및 용역의 유출액 개념이다. 수익이란 재화 및 용역이 기업에서 유출될 때 이들을 화폐액으로 표시한 유출액이라고 보는 견해이다. 즉 수익이란 기업이 일정 기간 동안 고객에게 이전한 재화 및 용역의 총계를 화폐액으로 계산한 것이라고 보는 것이다.

위의 네 가지 견해를 살펴보면 자산의 유입액 개념과 재화 및 용역의 유출액 개념으로 크게 나눌 수 있다. 특히 재화 및 용역의 유출액 개념은 수익의 본질적 성격을 잘 나타내고 있다.

따라서 수익이란 "일정 기간 동안에 기업이 고객에게 인도한 재화나 용역의 가격의 총계"라고 이해하는 것이 좋을 것 같다.

2) 비 용

비용(費用, expense)은 일정 기간 동안의 수익을 획득하는 과정에서 나타나는 재화의 소비나 용역의 사용, 즉 수익을 창출하기 위하여 희생된 자원들의 원가로 정의된다(회계학핸드북, 1997: 135). 이와같이 정의되는 비용의 성격은 다음의 두 가지 측면에서 분석해 볼 수 있다.

첫째, 비용은 일정 기간의 수익과 관련된 재화와 용역의 사용이므로 시간을 변수로 하여 인식되는 경제적 자원의 사용량으로서 흐름(flow)의 개념임을 알 수가 있다.

둘째, 비용은 수익을 얻기 위하여 사용 또는 소비된 것이므로 수익과 관련성을 가지고 정의되고 있다. 사용 또는 소비란 말은 제품의 생산이나 판매와 직접·간접으로 관련되어 요소 용역이 소멸되는 것을 말한다.

또한 비용의 본질에 관하여는 다음과 같은 여러 측면에서 정의되고 있다.

첫째, 비용은 소멸원가(消滅原價)이다. 이는 비용을 일정 기간 동안 소멸된 원가로 보는 것이다. 즉 비용은 수익을 얻기 위하여 일정 기간 동안 재화와 용역을 사용, 소비함으로써 발생한 원가의 소멸이다. 미국회계학회의 회계기준보고서에서는 "소멸원가란 미래의 기업 활동에 효익이 되지 않는 것으로 비용과 손실로 나누고 있다. 비용은 소멸원가로서 직접·간접으로 특정의 회계 기간과 관련을 맺고 있는 것으로 재화 또는 용역의 시장으로 유출되는 경우와 그와 관련된 모든 활동에 수반되어 소멸되는 원가도 있다"고 정의하였다.

둘째, 비용은 주주 지분(株主持分)의 감소이다. 이는 비용이 주주 지분(순자산)을 감속시키는 성향을 갖는 것 또는 불리한 영향을 주는 것이라는 관점에서 정의한 것이다. 수익은 주주 지분에 유리한 영향을 미치는 데 반하여, 비용은 주주 지분에 불리한 영향을 미친다는 것이다. 미국공인회계사회 회계원리위원회에서는 "비용은 순자산의 감소분으로서 자산의 감소액 또는 부채의 증가액으로 측정되며, 이러한 증감은 재화의 생산, 인도나 용역의 제공과 관련하여 발생하며, 수익과 관계 없이 발생될 수도 있다"고 정의하였다.

셋째, 비용은 자산의 유출이다. 이는 자산이 비용으로 되는 것은 수익의 인식에 의하여 최종적으로 자산이 소비된 때, 즉 자산이 기업을 떠난다는 유출 개념인 것이다. 미국공인회계사회에서는 "비용은 일정 기간 동안 실체의 계속적이고 주요한 활동으로 인한 재화의 생산이나 인도, 용역의 제공, 기타의 활동으로 나타나는 자산의 유출액이나 사용액 또는 부채의 발생액"으로 정의한다.

5 분개와 전기

거래가 이루어질 때마다 해당 계정 과목과 금액을 결정하고 이를 차변과 대변으로 구분하여 기록하는 회계 절차상의 행위를 분개(分介, journalizing)라고 한다. 회계 절차 중 가장 먼저 이루어지는 단계이며, 이 결과를 기재하는 장부를 분개장(分介帳, journal)이라 한다. 이를 이해하기 쉽게 기업회계에서의 사례를 하나 들어 보자.

<예> 상품 100,000원어치를 현금을 주고 구입하였다고 가정하자. 이를 분개하면 다음과 같다.

(차변) 상품 100,000 (대변) 현금 100,000

위의 경우를 거래의 8요소로써 설명하면 차변의 상품 100,000원은 상품이 들어왔으므로 상품이라는 자산의 증가를 의미하고, 대변의 현금 100,000원은 현금이 지출되었으므로 현금이라는 자산의 감소를 의미한다. 이렇게 거래가 형성될 때마다 언제나 차변과 대변이 동일한 금액으로 처리되어야 하는 것이 복식부기의 기본 원리이며, 이처럼 차변의 합계액과 대변의 합계액이 언제나 일치하는 것을 대차 평형의 원리(貸借平衡의 原理, principle of equilibrium)라고 한다.

분개의 절차는 대체로 다음과 같다.

첫째, 거래 내용을 검토하여 계정 과목을 결정한다.

둘째, 당해 계정 과목의 거래 금액을 결정한다(특히 하나의 거래가 여러 계정 과목에 해당되는 복합 거래시 금액 배정에 유의한다).

셋째, 차변이냐 대변이냐를 정확히 구분하여 기록한다.

<예> 상품 500,000원어치를 매입하고 그 대금으로 현금 300,000원을 지급하고 잔액은 외상으로 하였다고 가정하자.

첫째, 계정 과목으로 상품, 현금, 외상매입금의 과목을 설정한다.

둘째, 하나의 거래가 여러 계정 과목을 발생시키므로 계정 과목별 금액에 유의하여 결정하여야 한다. 여기서는 상품 500,000원, 현금 300,000원, 외상매입금 200,000원이다.

셋째, 상품 500,000원이 들어왔으므로 자산의 증가로서 차변에 상품 500,000원, 상품 대금으로 현금 300,000원이 지급되었으므로 자산의 감소로서 대변에, 잔액 200,000원은 외상매입이므로 부채의 증가로서 대변 과목으로 결정하면 된다.

(차변) 상품 500,000 (대변) 현금 300,000
외상매입금 200,000

따라서 거래가 발생하면 먼저 분개를 하여야 하고 분개의 결과를 분개장에 옮겨 적는다. 각 계정 과목마다 당해 계정의 총괄적인 내용을 파악하기 위하여 총계정원장(總計定元帳, general ledger)이라는 장부가 있다. 이 장부는 분개장이 작성된 다음에 그 내용을 하나씩 옮겨 적는 데 사용하며, 분개장에서 총계정원장의 당해 계정 계좌에 옮기는 절차를 전기(轉記, posting)라고 한다. 즉 전기란 분개장의 분개 내용이 각 계정 계좌에 옮겨지는 것을 말한다.

분개장에 기입된 모든 거래의 분개가 총계정원장에 정확하게 전기되었는가를 검증하기 위하여 작성하는 표를 시산표(試算表, trial balance: T/B)라고 한다. 시산표에는 합계시산표, 잔액시산표, 합계잔액시산표가 있다.

제 3 절 장부와 재무제표

1 장 부

회계상 장부(帳簿, books)란 재산의 변동을 조직적이고 계속적으로 기록하여 재산의 보전과 운용 과정을 계산적으로 관리하는 서류를 말한다. 따라서 장부는 매일 발생하는 거래를 계속적으로 기록, 계산하여 재산과 자본의 변동을 기록, 표시함은 물론 재산 계산과 손익 계산의 자료가 되며, 경영 활동의 증거 자료가 된다.

장부에 기재하는 것을 기장(記帳)이라고 하는데, 장부에 기장할 때의 유의 사항과 기장에 필요한 기호와 약호를 알아보면 다음과 같다.

① 장부는 가로쓰기로 기장하는 것이 원칙이다.

② 숫자는 아라비아 숫자를 사용하고, 원 이상의 세 자리마다 콤마(,)를 찍어 단위를 구별하고, 가감 계산에 편리하도록 자릿수를 맞추어 쓴다.

③ 적요란에는 한글로 간단 명료하게 기입하고, 관습상의 약자를 사용하는 것이 좋다.

④ 문자의 크기는 행간의 1/2, 숫자의 크기는 행간의 1/3 정도로 한다.

⑤ 장부의 여백은 반드시 횡단선을 긋고 추가 기입을 방지한다.

⑥ 한글의 정정은 오자만 정정하고, 숫자는 전부를 정정한다. 정정시에는 적색으로 두 선을 긋고 정정하며, 면도날이나 약품 등은 사용하지 않는다.

⑦ 매면마다 최후의 행에서 다음 면으로의 이월 절차를 밟는다.

⑧ 기장상 필요한 기호와 약호

a/c ; account, 계정

Dr ; debtor, 차변

Cr ; creditor, 대변

\# 또는 No. ; number, 번호

〃 ; ditto, 위와 같음

% ; percent, 백분비(百分比)

‰ ; per mille, 천분비(千分比)

√ ; check mark, 대조표, 기장 끝남

L.F. ; ledger folio, 원장 면수

J.F. ; journal folio, 분개장 면수

₩ ; won, 한국의 원

$; dollar, 미국의 달러

¥ ; yen, 일본의 엔

장부의 종류는 여러 가지로 분류할 수 있으나 대체로 회계적 기능에 따른 분류, 형태에 따른 분류, 법적 강제에 따른 분류, 기장의 순서에 따른 분류, 기술적 기능에 따른 분류 등으로 나눌 수 있다(김연수 외, 2005: 83-84).

1) 회계적 기능에 따른 분류

회계적 기능에 따른 장부는 주요부(主要簿, main books)와 보조부(補助簿, subsidiary books)로 나뉜다. 주요부 또는 주요 장부는 회계장부의 기본이 되는 장부로서 앞에서 설명한 바 있는 분개장과 원장(총계정원장)이 있다. 분개장은 거래를 처음 기록하는 장부로서 원시 기록이 된다는 점에서 중요하고, 총계정원장은 분개장에 기록된 거래를 계정 과목별로 기록함으로써 대차대조표, 손익계산서 등 재무제표 작성의 기초가 된다는 점에서 중요하다. 분개장과 총계정원장은 서로 성격과 기능이 다르지만 복식부기에서 없어서는 아니 되는 가장 기본적인 장부라는 점에서 주요부라고 한다.

보조부 또는 보조장부는 주요부에 대한 보충적인 장부로서 주요부의 부족한 부분을 보충하거나 주요부 내의 어떤 금액의 내역을 상세하게 표시하는 장부이다. 보조부는 다시 보조기입장과 보조원장, 그리고 기타의 보조부로 구분된다. 보조기입장에는 매입장, 매출장, 현금출납장, 당좌예금출납장, 소액현금출납장, 받을어음기입장, 지급어음기입장 등이 있으며, 보조원장에는 상품재고장, 매입처원장, 매출처원장, 고정자산대장 등이 있다. 기타의 보조부에는 주문수령장, 외상매출금연령장, 어음기일장 등이 있다.

2) 형태에 따른 분류

이는 장부의 서식을 중심으로 하여 분류한 것인데, 이를 장정장부(bound books)와 비장정장부(unbound books)로 구분한다. 장정장부는 주요부 이외에 현금출납장, 당좌예금출납장, 매입장, 매출장 등이 있으며, 비장정장부는 카드식(card system)과 루스리프식(loose leaf system)이 있다.

3) 법적 강제에 따른 분류

이는 장부의 기입이 법규에 의하여 강제되어 있는지 아닌지를 기준으로 하는 분류인데, 이를 강제장부(compulsory books)와 임의장부(optional books)로 구분한다. 강제장부는 법규에 반드시 비치하도록 강제하고 있는 장부이며, 임의장부는 비치 여부를 강제하지 않고 임의로 하는 장부이다.

4) 기장의 순서에 따른 분류

이는 거래가 발생한 경우 일차적으로 기록되는지 아닌지를 기준으로 하는 분류인데, 이를 원시부(原始簿)와 전기부(轉記簿)로 구분한다. 원시부는 일차적으로 기록되는 장부이며 분개장이 이에 해당한다. 전기부는 원시부를 기초로 하여 기재되는 장부이며 총계정원장이 이에 해당한다.

5) 기술적 기능에 따른 분류

이는 장부가 가진 기술적 기능에 따라 분류한 것으로서 거래명세부(매입장, 매출장, 현금출납장), 거래분류부(총계정원장), 전기매개부(분개장) 등으로 구분된다.

2 장부조직과 거래의 기장 순서

거래가 발생하여 결산 서류가 작성되기까지의 기장 순서를 간단히 예시

해 보면 다음과 같다.

(분개) (전기) (결산)

거래 발생 → 분개장 → 총계정원장 → 대차대조표

→ 손익계산서

3 재무제표

재무제표는 기업의 재무정보를 전달하기 위하여 가장 널리 사용되고 있으며 가장 광범위한 수단이기도 하다. 이러한 재무제표는 기업에 관한 정보를 주주, 채권자 그리고 다른 이해관계자들에게 전달하는 기능을 수행하고, 이는 기업 경영자가 그에게 위탁된 재산을 얼마나 능률적으로 운영하였으며, 재산에 대한 관리보전 임무를 얼마나 충실하게 수행하였는가를 보여 주는 수단이기도 하다.

재무제표에는 다음과 같은 사항을 포함하여야 한다.

첫째, 기업의 재무 상태를 요약하는 대차대조표

둘째, 일정한 기간 동안의 영업 성과 결과를 요약하는 손익계산서

셋째, 기업의 유보이익 변화를 기술하는 이익잉여금처분계산서 및 결손금처리계산서

넷째, 영업 활동, 재무 활동, 그리고 투자 활동으로부터의 현금 흐름을 요약하는 현금흐름표

재무제표 중에서 가장 기본적으로 알아야 할 재무제표의 양대 지류라고 할 수 있는 대차대조표와 손익계산서, 그리고 현금흐름표에 관하여 살펴보고자 한다.

1) 대차대조표

대차대조표(貸借對照表, balance sheet: B/S)는 일정 시점에서 기업의 재무 상태를 나타내고 있다. 즉 대차대조표는 기업이 소유하고 있는 가치

있는 것으로 인식하는 자산, 기업이 외부에 대한 채무인 부채, 내부 소유주의 자본 등 세 가지 요소로 구성되어 있다.

이를 공식화해 보면 자산 = 부채 + 자본, 즉 모든 자산의 합계는 부채와 자본의 합계와 일치하여야 한다.

(1) 대차대조표의 종류

대차대조표는 작성 시기에 따라 개업대차대조표, 청산대차대조표, 파산대차대조표, 결산대차대조표, 중간대차대조표 등으로 구분되며, 이용 목적에 따라 경영대차대조표, 신용대차대조표, 법률대차대조표, 세무대차대조표, 복수화폐단위 대차대조표, 연결대차대조표, 작성 서식에 따라 계정식 대차대조표, 보고식 대차대조표 등으로 구분된다.

(2) 대차대조표의 서식과 항목의 배열

대차대조표의 서식에는 자산과 부채 및 자본과 그 각각의 항목을 좌우 대조적으로 나타내는 계정식(計定式, account form)과 자산, 부채, 자본의 각각의 항목을 위에서 아래로 순차적으로 기재하는 보고식(報告式, report form)의 두 가지가 있다. 보고식에는 다음과 같은 것이 있다.

① 자산 합계에서 부채 합계를 공제하고 그 차액과 자본 금액을 대조시키는 것

② 자산 합계와 부채 및 자본 합계를 대조시키는 것

기업회계 기준에서는 보고식과 계정식을 모두 인정하고 있으나 공시할 경우에는 계정식을 채택하도록 규정하고 있다.

또한 대차대조표의 자산과 부채에 속하는 항목의 배열 방법에는 유동성 배열법과 고정성 배열법이 있다. 유동성 배열법이란 자산의 배열을 유동자산부터 시작해서 순차적으로 고정적인 것으로 이동하며, 부채에 관해서도 유동부채에서 고정부채의 순으로 배열하는 방법을 말한다. 이 배열 방법은 기업의 지불 능력을 명확하게 하는 데 편리하다. 유동성 배열법은 미국·일본 등지에서 채택하고 있으며, 국제적으로도 널리 사용된다. 이에 비하여 고정성 배열법은 자산의 배열을 고정자산부터 시작해서 유동적인 것의 순으로 이동하며 부채에 관해서도 고정부채, 유동부채의 순으로 배열하는 방

〈표 1-9〉 (계정식) 대차대조표

대차대조표
× 년 × 월 × 일 현재

자산 항목	×××	부채 항목	×××
		자본 항목	×××
	×××		×××

〈표 1-10〉 (보고식) 대차대조표

대차대조표
× 년 × 월 × 일 현재

자산 항목	×××	
자산 합계		×××
부채 항목		
부채 합계		×××
자본 항목		
자본 합계		×××
부채 및 자본 합계		×××

〈표 1-11〉 (유동성 배열법) 대차대조표

대차대조표
× 년 × 월 × 일 현재

유동자산		유동부채	×××
당좌자산	×××	고정부채	×××
재고자산	×××		
고정자산		자본	
투자자산	×××	자본금	×××
유형자산	×××	자본잉여금	×××
무형자산	×××	이익잉여금	×××
이연자산	×××	자본조정	×××
	×××		×××

〈표 1-12〉 (고정성 배열법) 대차대조표

대차대조표
× 년 × 월 × 일 현재

고정자산		고정부채	× × ×
유형자산	× × ×	유동부채	× × ×
투자자산	× × ×		
무형자산	× × ×	자본	
이연자산	× × ×	자본금	× × ×
유동자산		자본잉여금	× × ×
재고자산	× × ×	이익잉여금	× × ×
당좌자산	× × ×	자본조정	× × ×
	× × ×		× × ×

법이다. 고정성 배열법은 고정자산을 많이 보유하고 있는 기업에 적합한 배열법이며, 이는 영국계 국가들에서 사용하는 방법이다.

2) 손익계산서

손익계산서는 기업이 일정 기간 동안 달성한 경영 성과를 나타내는 표이다. 손익계산서는 수익과 비용이라는 경영 활동의 흐름을 일정 기간 동안 집적하여 나타낸 흐름 개념의 계산서로 기업 성과를 동태적으로 파악하는 흐름표이다.

손익계산서의 종류는 그 성격에 따라 여러 가지로 나누어 볼 수 있다. ① 작성 단계의 수에 따라 일단계 손익계산서와 다단계 손익계산서, ② 연결 여부에 따라 개별손익계산서와 연결손익계산서, ③ 작성 서식에 따라 계정식 손익계산서와 보고식 손익계산서, ④ 기타 종류로 비교손익계산서, 중간 손익계산서, 부문별 손익계산서, 구성비 손익계산서, 합병손익계산서, 청산 손익계산서 등이 있다.

위의 종류 중 계정식 손익계산서와 보고식 손익계산서의 양식에 관하여 살펴보고자 한다.

매출총이익(賣出總利益, gross sales profit)은 매출액에서 매출원가를 차

〈표 1-13〉 보고식 손익계산서

손익계산서

× × 주식회사

제 × 기 × × × 년 × 월 × 일 − × × × 년 × 월 × 일

Ⅰ. 매출액	× × ×
Ⅱ. 매출원가	× × ×
Ⅲ. 매출총이익	× × ×
Ⅳ. 판매비와 관리비	× × ×
Ⅴ. 영업이익	× × ×
Ⅵ. 영업외수익	× × ×
Ⅶ. 영업외비용	× × ×
Ⅷ. 경상이익	× × ×
Ⅸ. 특별이익	× × ×
Ⅹ. 특별손실	× × ×
Ⅺ. 법인세 비용 차감 전 순이익	× × ×
Ⅻ. 법인세 비용	× × ×
XⅢ. 당기순이익	× × ×

〈표 1-14〉 계정식 손익계산서

손익계산서

× × 주식회사

제 × 기 × × × 년 × 월 × 일 − × × × 년 × 월 × 일

비 용	금 액	수 익	금 액
매출원가		매출액	
매출 총이익			
판매비와 관리비		매출 총이익	
영업이익			
영업외비용		영업이익	
경상이익		영업외수익	
특별손실		경상이익	
법인세 비용 차감 전 순이익		특별이익	
법인세 비용		법인세 비용 차감 전 순이익	
당기순이익			

감한 것으로 상품 또는 제품의 판매 활동을 통하여 획득한 수익인 매출에서 판매된 상품의 구매 또는 제품의 제조 활동에서 발생한 원가를 차감한 것이다. 여기서 매출원가는 기초상품재고액+당기상품매입액-기말재고액에 의하여 산출된다.

영업이익(營業利益, operating income)은 매출총이익에서 판매비와 일반관리비를 차감한 것으로 영업 활동에서 창출한 이익이 얼마인가를 나타낸다. 판매비와 일반관리비는 판매 활동과 관리 활동에 들어가는 비용으로서 급여, 복리후생비, 여비, 교통비, 임차료, 광고선전비, 접대비, 통신비, 보험료, 세금 등을 말한다.

매출총이익 − 판매비와 일반관리비 = 영업이익

3) 현금흐름표

현금흐름표(cash flow statement)는 한 회계 기간 동안의 재무 상태가 어떻게 변화하였는가를 보여 주는 보고서로서, 현금의 원천과 사용을 영업 활동, 투자 활동 및 재무 활동으로 세분하여 보여 준다. 대차대조표는 특정 시점의 재무 상태를 나타내는데 전기의 재무 상태에서 당기의 재무 상태로의 변화의 세부 내역은 보여 주지 못한다. 재무 상태 변화의 일부는 한 기간 동안의 영업 활동의 성과인 순손익에 의하여 나타나지만, 순손익은 발생주의 회계 개념에 근거하여 측정한 흐름 개념이므로 현금 흐름의 변화는 나타내지 못한다.

따라서 손익계산서상의 당기순손익에 현금 유출을 수반하지 않는 비용은 가산하고, 현금 유입을 수반하지 않는 수익은 차감하는 방법으로 영업 활동으로 인한 현금을 구해야 한다. 또한 현금의 유출입에 중대한 영향을 미치는 활동이 투자 및 재무 활동인데, 이에 대한 정보는 손익계산서나 대차대조표에 나타나지 않는다.

손익계산서

× × 주식회사

P·a·r·t

02

예산관리

Chapter 01

예산의 개요

제1절 예산의 개념

정부에서 어떠한 사업을 하고자 할 때에는 먼저 예산이 뒷받침될 수 있는가를 파악해 보아야 한다. 왜냐하면 아무리 좋은 정책이나 사업계획을 구상하였다고 하더라도 예산이 없으면 그 자체가 실행될 수 없기 때문이다. 그럼 예산(豫算)[1]이란 무엇을 의미하는가? 이에 대한 대표적인 학자들의 견해를 살펴보면 다음과 같다.

버크헤드(Burkhead, 1956: 59)는 예산을 "국가가 수행하는 집단적 활동의 종류를 금전으로 표현한 것"이라고 하였으며, 그 후 마이너(J. Miner)와의 공동 저서(Burkhead & Miner, 1971: 12)에서는 예산을 "일정 기간 동안의 수입·지출의 예정적 계산"이라고 정의하였다.

---

1) 예산은 영어로 budget란 단어를 사용하고 있다. 이 단어의 어원을 살펴보면 예산의 의미를 쉽게 이해할 수 있을 것 같다. 어원에 대하여는 다소 이론(異論)이 있긴 하지만 고대 불어(古代佛語)의 bougette(가죽으로 된 여행용 가방의 뜻)에서 유래된 말이라고 한다. 이것은 또한 영국에서 재무장관이 의회에서 재정 연설을 할 때에 필요한 서류를 넣어 가지고 다니는 가방을 뜻하기도 하였다. 그리고 재무장관이 재정 연설을 하는 것을 opening the budget라고 하였으며, 이 후 budget라는 단어의 뜻도 가방 속에 든 서류, 즉 오늘날의 예산을 의미하게 되었다(Stourm, 1917: 2-3; Buck, 1934: 4-5; 김규정, 1986: 650; 유훈, 1991: 684; 유종해, 1992: 603).

한편, 화이트(White, 1958: 268)는 예산을 "사업계획의 집행에 필요한 자금의 수입·지출을 견적한 것"이라고 했으며, 백완기((1992: 535)는 예산은 "어떠한 기관의 활동에 필요한 경비를 예정된 수입·지출로 표현한 것"이라고 정의하였다.

그리고 유훈(1991: 683)과 유종해(1992: 604)는 예산을 "1회계연도에 있어서 세입·세출의 예정적 계산"이라고 정의하였다.

앞에서 주장한 학자들의 예산에 대한 견해는 거의 유사하다. 이에 따라 예산의 개념을 정의해 보면 예산이란 "1회계연도의 국가의 수입·지출에 대한 예정적 계획표"라고 말할 수 있다. 여기서 말하는 1회계연도는 당해 회계연도의 1년 동안을 의미한다.

우리 나라의 회계연도 사용 역사를 살펴보면, 1949년부터 1954년까지는 4월 1일부터 다음 해 3월 말일까지를 사용하다가, 1955년과 1956년은 7월 1일부터 다음 해 6월 말일까지를 사용하였으며, 1957년 이후부터 현재에 이르기까지는 1월 1일부터 12월 말일까지를 회계연도로 하고 있다.

회계연도도 국가에 따라 다르게 정하고 있으나 주로 많이 사용하는 회계연도의 구분과 주요 국가를 살펴보면 다음과 같다.

① 1월 1일 ~ 그 해 12월 말일: 한국, 프랑스, 독일, 이탈리아, 스위스, 러시아, 말레이시아, 인도네시아, 브라질, 벨기에, 노르웨이, 멕시코 등
② 4월 1일 ~ 다음 해 3월 말일: 일본, 영국, 캐나다, 이스라엘, 인도, 덴마크, 뉴질랜드, 리비아 등
③ 7월 1일 ~ 다음 해 6월 말일: 필리핀, 호주, 이집트, 스웨덴, 대만, 우간다, 푸에르토리코 등
④ 10월 1일 ~ 다음 해 9월 말일: 미국, 태국, 미얀마, 스리랑카, 라이베리아 등

제 2 절 예산과 회계의 관계

정부 예산은 대체로 각 기관의 회계 부서에서 집행하고 있다. 따라서 예산 부서에서 예산을 아무리 잘 편성하였다 하더라도 회계 부서의 담당자들이 집행 과정에서 효과적으로 사용하지 않으면 아무 소용이 없다. 이처럼 예산과 회계가 밀접한 상호 관계에 있기 때문에 이를 특별히 별개로 분리하지 않고 예산회계를 함께 설명하고 있는 경우가 많다. 따라서 관계 법령도 예산회계를 동시에 규율할 수 있도록 예산회계법(중앙정부 예산의 경우)과 지방재정법(지방자치단체 예산의 경우)으로 되어 있었다. 그러나 최근에 국가재정법과 국가회계법으로 구분하여 제정・시행하고 있다.

예산과 회계의 차이를 살펴본다면, 정부회계가 정부의 재정적인 역사를 보고하는 것이라면 예산은 미래 운영에 대한 재정적인 계획이다. 따라서 회계 자료는 재정 상태를 분석하고, 수입 및 지출을 예측하며, 예산의 집행을 통제하여 예산 과정에 유용한 정보를 제공하는 데 반하여 예산은 회계 자료를 비교하는 근거가 된다(Berne & Schramm, 1986: 14; 이종수 외, 1996: 501).

또한, 예산과 그 집행 내역에 관한 적정 여부는 회계연도별 예산서, 중기사업계획서, 수입징수액계산서, 지출계산서, 관서운영경비 출납계산서, 기금수입계산서, 수입금출납계산서, 세입세출외 현금출납계산서, 선사용자금출납계산서, 수입대체경비 출납계산서 등 각종 회계보고서를 통하여 알 수 있으며, 담당자나 담당기관의 회계책임성도 함께 확보할 수 있다.

제 3 절 한국의 예산회계 제도

우리 나라의 예산회계 제도를 문헌상으로 파악할 수 있는 것은 대체로

조선 시대 이후로 볼 수 있다. 그러나 조선 시대로부터 정부 수립 이전까지는 생략하고 정부 수립 이후 재정법 시대와 현재 사용하고 있는 예산회계법이 처음 등장한 5·16 이후를 중심으로 하여 살펴보고자 한다.

정부 수립 후 1951년 9월 24일 법률 제217호로 최초의 재정법이 탄생하였다. 이 재정법은 일본의 재정법과 회계법을 모방하였을 뿐만 아니라 짧은 기간 내에 만든 탓에 많은 결함을 지니고 있다. 이 재정법에서 지적되고 있는 문제점은 대체로 다음과 같다.

① 지나치게 형식적이고 후진적이며 통제 중심
② 제도의 완전성 결여
③ 예산 집행상의 신축성 부족
④ 국가 목표 달성을 위한 효율적 재정관리의 미흡

상기와 같은 문제점이 많이 거론되었고, 또한 5·16 이후 국가정책의 효율적인 수행을 위하여 정부가 기본운영 계획제도를 도입하였으며, 그 목표 달성에 필요한 예산회계적인 적극적인 지원이 요구됨에 따라 새로운 예산회계법이 1961년 12월 19일 법률 제849호로 제정되었다.

기업예산회계법(企業豫算會計法)은 당시 예산회계법 제13조에 근거하여 제정된 것으로서 재무부안을 토대로 하여 재정회계제도개혁위원회가 심의 결정한 안이 1961년 12월 17일 법률 제928호로 제정되었다. 이후 정부기업예산법이 2009년 1월 1일부터 제정·시행되어 현재 사용되고 있다.

정부투자기관예산회계법(政府投資機關豫算會計法)은 당시 예산회계법 제14조에 근거하여 제정된 것으로서 경제기획원에 설치된 예산회계제도심의회의 검토를 거쳐 1962년 8월 13일 제정·공포되었다. 그 후 이를 폐지하고 1983년 12월 31일 정부투자기관관리기본법(政府投資機關管理基本法)이 제정·공포되어 이를 사용하고 있었으나 최근 이를 폐지하고 2007년 4월 1일부터 공공기관의 운영에 관한 법률이 제정·시행되어 현재 사용되고 있다. 한편, 지방자치단체에 적용되는 예산회계법은 별도로 지방재정법과 지방공기업법이 있다.

이 때 제정된 예산회계법의 특징을 요약하면 다음과 같다.

① 중앙관서의 내부통제 제도(內部統制制度) 신설
② 성과주의(成果主義) 예산 제도의 채택
③ 기업회계 제도에 의한 사업별 특별회계의 운영 가능
④ 예산의 계획적인 배정과 중앙관서에 대한 자금의 일괄 배정
⑤ 계속비(繼續費) 제도의 신설
⑥ 예산회계심의회의 신설

그 후 여러 차례의 개정을 거친 예산회계법은 어느 정도 현실을 고려하여 개정한 바 예산회계 제도면에 많은 발전을 가져왔으며, 특히 특징적인 것은 계약에 관한 사항은 예산회계법과는 별도로 국가를 당사자로 하는 계약에 관한 법률(1995. 1. 1. 법률 제4868호)을, 수입과 지출에 관한 사항은 국고금관리법(2002. 12. 30. 법률 제6836호)을 제정하여 사용하도록 한 것을 지적할 수 있다.

지금까지 국가회계 제도상 나타난 문제점을 대폭 수정·보완하기 위하여 예산회계법 및 동 시행령이 폐지되고, 국가재정법이 2006년 10월 4일 새로이 제정되어 2007년 1월 1일부터 시행되어 오고 있으며, 국가회계법이 2007년 10월 17일 새로이 제정되어 2009년 1월 1일부터 시행됨으로써 우리나라 예산·회계 제도에 많은 변화를 가져왔다.

새로이 제정된 국가재정법과 국가회계법의 특징을 요약하면 다음과 같다.

① 성과계획서, 성과보고서 및 성과검사보고서 제출
② 성인지(性認知) 예산서, 성인지 결산서 작성·제출
③ 조세지출예산서의 작성·제출
④ 중기사업계획서 작성·제출
⑤ 복식부기, 발생주의 방식의 회계제도 채택
⑥ 국가회계제도개선실무위원회의 설치
⑦ 재무보고서 작성·제출

Chapter 02

예산의 성격

제 1 절 예산의 기능

예산안을 편성하고 집행하는 과정에서 예산은 정부의 여러 기능에 영향을 미치게 된다. 이러한 예산의 기능은 학자[1]에 따라 다소 견해의 차이가 있으나 일반적으로 다음과 같다.

1 정치적 기능

윌다브스키(Wildavsky, 1964: 4-5)는 예산은 국가정책을 결정하는 과정에서 나타나는 투쟁 결과의 기록이라고 하여 예산을 정치적인 것이라고 지적하였다. 이와 같은 주장은 윌다브스키(A. Wildavsky) 이전에도 여러 학

---

1) 예산의 기능에 대한 대표적인 학자들의 견해를 살펴보면 다음과 같다(이종익, 1992; 126).
   ① 노이마르크(Neumark), (1929)는 ㉠ 재정정책적 기능, ㉡ 재정통제적 기능, ㉢ 행정부 통제적 기능, ㉣ 법적 기능 등 네 가지를 들고 있다.
   ② 슐츠(Schultze), (1968)는 ㉠ 재정적 통제, ㉡ 관리적 통제, ㉢ 전략계획 등으로 구분하여 제시하였다.
   ③ 쉬크(Schick), (1971)는 ㉠ 통제 기능, ㉡ 관리 기능, ㉢ 계획 기능 등 세 가지를 들고 있다.

자들이 주장해 온 바이다. 버크(Buck, 1934: 70)는 예산을 "정치적 프로그램"이라고 하였고, 스미스(Smith, 1945: 81)도 예산을 입법부나 행정부를 통하여 그들의 주장을 관철하려는 정치적 · 경제적 · 사회적인 세력들의 산물이라고 규정하였다.

이와같이 예산은 재정적 욕구를 가진 정당, 정부, 국회의원, 이익집단 등 이해관계자들의 투쟁의 결과이며, 타협 · 조정의 산물이다. 또한 예산은 정치 활동의 초점으로서 정치 과정을 통하여 현실적으로 가치를 배분하고 국민의 이해 관계를 조정하는 기능을 가진다.

따라서 예산의 정치적 기능은 의회가 예산 심의결정권, 결산 승인권, 기채 동의권 등을 통하여 행정부를 통제하는 수단으로서의 역할을 의미한다.

2 법적 기능

예산은 정부의 세입과 세출에 대한 예정적 계획의 표시이지만 예산의 다른 기능을 원만히 수행하기 위하여는 예산의 집행 과정이 제도적으로 보장되어야 한다. 특히 세출의 집행면에서는 엄격한 구속력이 요구된다.

따라서 우리 나라에서도 세출예산 과목의 과목 해소를 세밀하게 규정하여 세출예산 집행시 엄격히 적용시키고 있으며, 예산의 변경시 입법 과목(장, 관, 항)은 의회의 의결을 거치도록 하는 등 법적인 강제력이 부여되고 이를 통하여 행정부를 구속하는 기능을 한다.

예산은 엄격한 구속력을 갖기 때문에 미국 · 독일 · 영국처럼 법률과 같이 (세출)예산법으로 의결하는 나라도 있고, 일본이나 우리 나라처럼 법률과 별개의 예산안으로 의결하는 나라도 있다. 그러나 예산은 법률과 같이 의회의 의결을 성립 요건으로 하지만 다음과 같은 서로 다른 성격을 가지고 있다(차병권, 1973: 40-41).

① 법률은 국민에 대한 국가의 의사 표시이지만 예산은 정부에 대한 의회의 의사 표시이다.

② 법률은 영속성이 있지만 예산은 당해 회계연도에 한하여 그 효력이

인정된다.

③ 법률은 모든 국민에게 효력을 가지며 쌍방의 권리·의무를 구속하지만 예산은 행정부와 의회 간에 효력이 발생하고 의회와의 관계에서 정부가 구속된다고 볼 수 있다.

이상과 같이 법률과 예산의 차이점이 지적되고 있으나 현실적으로 예산 성립 후 집행 과정에서 이미 편성된 예산서의 내용에 따르지 않을 경우 회계직 공무원이 책임을 면하기 어렵다. 따라서 예산의 법률적 성격을 부인할 수는 없다고 본다.

3 행정적 기능

민간 부문에 비하여 경쟁성이 훨씬 떨어지는 공공 부문에서도 예산은 목표 달성을 위하여 가장 효율적으로 인적·물적 자원을 조직하고 배분하는 관리 기능으로서 가장 유효한 수단이다. 따라서 행정관리 수단으로서의 예산 기능은 매우 중요하다.

이러한 행정적 기능을 계획 기능, 관리 기능, 통제 기능 등으로 세분하여 볼 수 있다. 정부는 관리 기능을 통하여 중요 시책의 진행 관리를 행할 수 있다. 예산은 사정, 배정, 집행의 여러 단계에서 정책이나 사업의 효과를 측정하고 조정을 도모하여 능률성을 향상시키는 데 기여한다. 한편, 예산은 정책 결정 내지 사업계획의 수립과 불가분의 관계를 가지며 계획의 수단이다. 예산을 책정하는 것은 곧 계획의 행위이다. 또한 수입과 지출의 적정화를 기하고 세출에서의 부당 지출을 방지하여 낭비를 방지할 수 있는 기능이 곧 행정적 기능이다.

4 경제적 기능

예산은 크게 세입과 세출로 구분된다. 세입은 국민경제의 민간 부문에서 사용할 수 있는 자원의 일부를 공공 부문으로 투입시키는 것이고, 세출은 국민경제의 민간 부문으로 되돌려 주는 것이다.

이 과정에서 국민경제의 여러 면에 영향을 미치게 된다. 예산의 경제적 기능으로는 경제 안정 기능, 경제 성장 촉진 기능, 자원 배분 기능, 소득재분배 기능 등을 들 수 있다.

1) 경제 안정 기능

국민경제의 여건, 즉 호황기, 불황기 등 경기 변동에 따라 정부는 예산을 통하여 적절한 경제정책을 추진한다. 즉, 호황기에는 지출 규모를 축소·억제하고, 경기 과열을 막으며, 불황기에는 지출 규모를 확대하고, 경기 회복을 활성화시킴으로써 경제의 안정을 도모한다.

2) 경제 성장 촉진 기능

정부는 사회간접시설을 포함한 경제 기반시설에 예산을 투자함으로써 국민경제의 구조적 변화와 성장에 기여하게 된다. 이는 선·후진국을 막론하고 해당되지만, 특히 개발도상국에서는 예산이 경제 성장 촉진 기능의 중요한 역할을 담당한다.

3) 자원배분 기능

자유시장경제는 시장이 자원배분 기능의 큰 구실을 하나 항상 바람직한 성과를 얻는 것은 아니다. 특히 국방, 치안 유지 등에 필요한 공공재의 수요 공급은 시장에만 맡길 수 없으며, 정부가 개입할 수밖에 없다. 즉, 조세를 징수하여 공급할 수밖에 없는 것이다.

자원의 배분에는 여러 가지 방법이 있겠으나 한정된 자원량을 전제로 하여 사회복지를 최대화하는 배분 방법이 가장 좋을 것이고, 그와 같은 최적의 자원 배분이 가장 좋은 예산의 내용일 것이다.

4) 소득재분배 기능

예산의 세입면에서 조세정책, 즉 상속세나 소득세를 징수할 때에 누진세를 적용하는 경우, 또는 세출면에서 사회보장 부문의 지출, 국채 이자 등은 소득재분배의 기능에 크게 기여한다고 할 수 있다. 소득재분배 기능은 특히 자유주의 경제 체제에서 흔히 나타날 수 있는 부(富)의 지나친 편재 현상을 감소시켜 줄 수 있는 예산의 중요한 기능의 하나이다. 예를 들면, 생활보호 대상자로서 소득이 일정액보다 적어서 세금을 내지 않는 사람은 세입에 기여한 바는 없다고 볼 수 있다. 그러나 이 사람이 세출예산에 편성된 생활보호 대상자에 대한 각종 혜택을 받게 된다면 이는 곧 예산 제도에 의거 소득재분배의 현상이 나타난 하나의 예가 된다.

제 2 절 예산의 원칙

예산을 편성, 집행하는 데에는 일정한 원칙이 있어야 의회나 국민들이 행정부의 독주를 막고 효과적으로 감독할 수 있다. 여기서는 예산의 원칙을 입법부 중심의 전통적 예산 원칙과 행정부 중심의 현대적 예산 원칙으로 나누어 살펴보고자 한다.

1 입법부 중심의 예산 원칙

입법부 중심의 예산 원칙 또는 전통적 예산의 원칙은 예산의 과정에서 국민의 감독권을 국회가 대신하여 철저하게 해 줌으로써 행정부의 독주를 사전에 예방하려는 것이 목적이다. 스미스(Smith, 1945: 84-85)는 이러한 전통적 예산의 원칙으로 공개의 원칙, 명료의 원칙, 포괄성의 원칙, 예산통일성의 원칙, 명세의 원칙, 사전 승인의 원칙, 한정성의 원칙, 정확성의 원칙 등 여덟 가지를 제시하였으나 입법부 중심의 전통적 예산의 원칙으로 가장 많이 인용되는 노이마르크(Neumark, 1929)의 주장을 중심으로 살펴보면 다음과 같다.

1) 예산 공개성의 원칙

국가의 재정 상태를 국민에게 공개해야 한다는 원칙을 말하며, 이를 통하여 행정부에서 예산 집행시 부정과 낭비의 초래를 예방하고 담당 공무원의 책임 소재를 확실하게 할 수 있다. 정부는 예산이 성립되면 이를 국민에게 알리도록 되어 있다.[2)]

2) 예산 명료성의 원칙

예산의 내용은 모든 국민이 이해할 수 있도록 뚜렷하게 편성하여야 한다는 원칙을 말하며, 이는 예산의 수입과 지출이 명백하지 않고 모호하게 편성되면 앞의 예산 공개의 원칙에 의거 예산이 공개되더라도 국민이 예산의 내용을 파악할 수가 없기 때문에 아무 소용이 없다는 것이다.

3) 예산 사전 의결의 원칙

예산은 집행하기 전에 의회의 의결을 거쳐야 한다는 것이다. 따라서 예산의 집행도 의회에서 의결된 범위 내에서 이루어져야 한다. 대부분의 국가는 이 원칙을 헌법에 규정하고 있으며, 우리 나라도 헌법 제54조 제2항[3)]에 이 원칙을 정해 놓고 있다.

4) 예산 엄밀성의 원칙

예산상 세입의 추계와 세출은 가능한 한 정확하여야 한다는 원칙이다. 세입예산의 편성시 세출예산의 과대 편성을 위하여 편의상 과대 계상한다든지 추가경정예산을 미리 예측하여 과소 계상하는 등 조작을 한다면 결산시 많은 차이가 생길 것이다. 이는 공개성의 원칙이나 사전 의결의 원칙의

2) 국가재정법 제9조(재정정보의 공표)에 정부는 예산, 기금, 결산, 국채, 차입금, 국유재산의 현재액 및 통합재정수지 그 밖에 대통령령이 정하는 국가와 지방자치단체의 재정에 관한 중요한 사항을 매년 1회 이상 정보통신매체·인쇄물 등 적당한 방법으로 알기 쉽고 투명하게 공표하여야 한다고 정하고 있다.

3) 헌법 제54조 제2항에서는 정부는 회계연도마다 예산안을 편성하여 회계연도 개시 90일 전까지 국회에 제출하고, 국회는 회계연도 개시 30일 전까지 이를 의결하여야 한다고 규정하고 있다.

필요성을 반감시키는 원인이 된다. 따라서 세입과 세출은 정확히 계상되어야 한다.

5) 예산 완전성의 원칙

예산에는 모든 세입·세출이 빠짐없이 계상되어야 한다는 원칙이다. 이는 예산총계주의를 의미한다. 우리 나라도 국가재정법[4]에 의거 모든 세입·세출을 예산에 편입시키고 있다. 예를 들면, 세입에 편입시켜야 할 금액이 10억 원이고 그 중 일부인 3억 원을 되돌려 주어야 하는 경우에는, 되돌려 주어야 하는 3억 원을 공제하고 그 나머지인 7억 원을 세입으로 계상하기 쉬우나 그렇게 하지 않고, 10억 원 전액을 세입으로 계상하여야 하고 되돌려 주어야 하는 3억 원을 세출예산에 편성하여 지출하여야 한다는 것이다.

6) 예산 한정성의 원칙

예산은 사용 목적, 사용 범위, 사용 기간에서 서로 명확한 한계가 있어야 한다는 원칙이다. 다시 말해서, 이 원칙은 예산이 정해진 목적 이외에는 사용될 수 없다는 질적(質的) 한정, 예산에 계상된 금액 이상을 지출할 수 없다는 양적(量的) 한정, 예산은 회계연도를 경과하여 사용될 수 없다는 시간적 한정을 의미하는 것이다. 이 원칙은 우리 나라의 경우 국가재정법[5]에 규정하고 있으나 예산의 이월, 이용, 전용, 예비비, 계속비, 과년도 수입, 과

---

4) 국가재정법 제17조(예산총계주의 원칙)에서는 한 회계연도의 모든 수입은 세입으로 하고 모든 지출은 세출로 하되 모두 예산에 계상하여야 한다고 규정하고 있다. 다만, 국가재정법 제53조(예산총계주의 원칙의 예외)에서 수입대체경비의 경우에는 예산 대비 초과수입은 초과지출이 허용되며, 국가가 현물로 출자하는 경우 및 외국 차관을 도입하여 전대하는 경우에는 이를 세입세출예산 외로 처리할 수 있고, 또한 차관물자대의 경우 전년도 인출 예정분의 부득이한 이월 또는 환율의 변동으로 인하여 세입이 예산을 초과하게 되는 경우에는 당해 세출예산을 초과하여 지출할 수 있다고 규정하고 있다.

5) 국가재정법 제45조, 제47조에서는 각 중앙관서의 장은 세출예산이 정한 목적 이외에 경비를 사용하거나 예산이 정한 각 기관 간, 각 장·관·항 간에 상호 이용할 수 없다. 다만, 예산 집행상 필요에 의하여 미리 예산으로서 국회의 의결을 얻었을 때에는 기획재정부 장관의 승인을 얻어 이용할 수 있다고 규정하고 있다.

년도 지출 등의 예외[6]도 함께 규정하고 있다. 따라서 이 원칙에는 다른 원칙에 비하여 예산 집행의 신축성을 기하기 위하여 예외를 많이 인정하고 있다고 할 수 있다.

7) 예산 단일성의 원칙

국가의 예산은 하나로 존재하여야 한다는 원칙이다. 복수의 예산으로 존재하면 통제력도 약화되고 명료하지 않기 때문이다. 이 원칙의 예외로는 특별회계예산과 추가경정예산[7]이 있다.

8) 예산 통일성의 원칙

특정한 세입과 세출을 직접 연관시켜서는 안 되며, 모든 세입은 국고로 수납되어야 하고, 모든 세출은 국고에서 지출되어야 한다는 것이다. 즉, 특정의 수입으로 특정의 지출을 할 수 없다는 것을 의미한다. 이를 목적 구속 금지의 원칙 또는 수지간 비연결성(收支間 非連結性)의 원칙이라고도 한다. 이 원칙의 예외로서 특별회계와 목적세가 있다. 우리 나라의 경우 목적세로 국세에는 교육세가 있고 지방세로는 도시계획세가 있다.

2 행정부 중심의 예산 원칙

현대 사회가 복잡 다양하게 변화되어 감에 따라 행정부의 기능도 과거에 비하여 한층 확대됨으로써 행정부의 재량이 점점 커질 수밖에 없다. 따라서 종래의 행정부의 통제에 중점을 둔 입법부 중심의 전통적인 예산 원칙

---

6) 국가재정법 제22조(예비비), 동법 제23조(계속비), 동법 제47조(예산의 이용·이체), 동법 제46조(예산의 전용), 동법 제48조(세출예산의 이월)에 예산 한정성의 원칙의 예외 규정을 두고 있다.

7) 국가재정법 제4조(회계 구분)에서는 국가가 특정한 사업을 운영할 때, 특정한 자금을 보유하여 운용할 때, 기타 특정한 세입으로 특정한 세출에 충당함으로써 일반회계와 구분하여 계리할 필요가 있을 때에 법률로 설치할 수 있도록 규정하고 있으며, 동법 제89조(추가경정예산안의 편성)에서 정부는 예산 성립 후 생긴 사유로 인하여 변경을 가할 필요가 있을 때에는 추가경정예산안을 편성할 수 있도록 규정하고 있다.

으로는 효율적인 행정관리가 어렵기 때문에 행정부 중심의 새로운 예산 원칙이 제기되었다.

여기서는 스미스(Smith, 1945: 90-94)의 주장을 중심으로 살펴보고자 한다.

1) 행정부 사업계획의 원칙

예산은 정부의 행정 활동에 대한 사업계획을 반영한 것이며, 이는 사업계획과 집행에 편리하도록 편성되어야 한다.

2) 행정부 책임의 원칙

정부는 예산을 가장 경제적으로 사용하여야 하며, 공공복리를 증진하도록 운용하여야 할 책임이 있다.

3) 보고의 원칙

예산의 맹목적·자의(恣意)적 편성을 방지하기 위하여 예산의 모든 과정은 각 기관으로부터 제출받는 각종 업무 보고나 재정 관련 보고에 기초하여야 한다.

4) 적절한 수단 구비의 원칙

예산을 좀 더 책임 있고 효율적으로 운용하려면 적절한 법적·제도적인 수단을 구비하여야 한다. 예를 들면, 중앙예산기관의 설치, 정기적인 예산 배정의 권한, 예산회계에 관한 특례규정 등을 말한다.

5) 다양한 절차의 원칙

현대에는 행정 현상이 매우 다양하므로 예산의 절차도 다양화를 요구한다. 사업에 따라 신축성을 가진 절차가 필요하다는 것이다. 따라서 다양한 종류의 예산 내용을 하나의 형식과 절차로서 운용한다면 매우 비효율적인 결과를 초래할 것이다.

6) 행정부 재량의 원칙

행정부의 예산이 의회에 제출되면 의회는 총괄예산으로 의결하여 행정부의 예산에 대한 재량의 여지를 부여하여야 하며, 예산의 운용시에도 너무 통제 위주로 하지 말고 사업의 효율성을 높이기 위하여 재량권이 부여되어야 한다.

7) 시기적 신축성의 원칙

예산은 경제 상황이나 정세 변화에 신속히 적응할 수 있도록 관련 사항을 규정하여야 하며, 사업 집행의 시기도 현실 여건에 따라 신축성 있게 조절할 수 있어야 한다.

8) 상호 교류적 예산기구의 원칙

중앙예산기관과 각 부처의 예산 담당기관이 전체적인 정책 방향이나 세부적인 사업계획 등 예산에 관련된 각종 정보의 상호 교류가 원활하게 적극적으로 이루어져야 효율적인 예산의 운용이 가능할 것이다.

제 3 절 예산의 종류

1 일반회계예산, 특별회계예산

1) 일반회계예산

일반회계예산(一般會計豫算)은 일반적 국가 활동에 관한 세입·세출을 포괄하는 예산으로서 보통 예산이라고 하면 일반회계예산을 칭하는 경우가 많다. 일반회계예산은 국가 고유의 기능을 수행하는 데 필요한 예산이기 때문에 정부 예산의 근간이 된다. 세입은 조세수입이 기본 재원이며, 세출은 주로 국가의 존립과 유지를 위한 기본적 경비 지출로 구성된다.

2) 특별회계예산

특별회계예산(特別會計豫算)은 일반회계예산과 독립시켜 편성한 예산으로 국가에서 특정한 사업을 운영할 경우, 특정한 자금을 보유하여 운영할 경우, 기타 특정한 세입으로 특정한 세출에 충당함으로써 일반의 세입·세출과 구분하여 계리할 필요가 있는 경우에만 법률에 의거 설치할 수 있도록 정하고 있다.[8] 이 원칙은 예산 단일의 원칙에는 위배되지만, 정부의 특정 사업에 대한 수지(收支) 관계를 좀더 명백히 밝힐 수 있고 행정기관의 재량권을 확대시켜 줌으로써 능률성이 향상되고 사업 성과를 높이는 결과를 가져온다.

2 본예산, 수정예산, 추가경정예산

1) 본예산

본예산(本豫算)은 당초에 편성되어 국회에서 의결·확정된 예산으로 당초예산이라고도 한다. 본예산이 성립된 후 특별한 사정으로 인하여 변경되는 경우도 있으나 당해 회계연도의 예산 중 가장 기본이 되는 예산이다. 정부는 회계연도마다 예산안을 편성하여 회계연도 개시 90일 전까지 국회에 제출하여야 하며, 국회는 이를 회계연도 개시 30일 전까지 의결하여야 한다.[9]

2) 수정예산

수정예산(修正豫算)은 정부가 예산안을 국회에 제출한 후 부득이한 사유로 인하여 그 내용의 일부를 수정하여 제출하는 예산을 말한다.[10] 수정예산안을 제출하고자 할 때에는 국무회의의 심의를 거쳐 대통령의 승인을 얻

8) 국가재정법 제4조 제3항.
9) 헌법 제54조 제2항, 국가재정법 제33조.
10) 국가재정법 제35조.

은 후 국회에 제출하여야 한다. 수정예산안의 제출은 이미 국회에 제출된 예산안이 의결되기 전에만 가능하다. 그러므로 이미 국회에서 예산안이 의결된 후이면 수정예산의 성립은 불가능하다.

3) 추가경정예산

추가경정예산(追加更正豫算)은 예산이 국회의 의결을 거쳐 확정된 후에 생긴 사유로 인하여 이미 성립된 예산에 변경을 가할 필요가 있는 경우에 추가로 편성하게 되는 예산을 말한다.[11] 추가경정예산은 예산안이 국회의 의결을 거쳐 예산으로 확정된 후에 그 내용을 변경하는 것이고, 수정예산은 예산안이 국회에 제출되었으나 국회에서 의결이 되기 전에 그 내용을 변경하는 것이다. 따라서 이들 두 예산의 다른 점은 예산을 변경하고자 하는 시점이 이미 제출된 예산안이 국회에서 의결되기 전이냐 또는 의결된 후이냐의 문제이다.

3 잠정예산, 가예산, 준예산

1) 잠정예산

잠정예산(暫定豫算)은 예산안이 회계연도 개시 전까지 의회를 통과하지 못할 경우에 일정 기간(최초 몇 개월 동안)의 일정 금액(필요적 경비)에 대하여 국고에서 지출하도록 허용하는 예산을 말한다. 본예산이 성립되는 경우에는 잠정예산으로 집행한 것은 모두 자동적으로 본예산에서 집행된 것으로 처리된다. 우리 나라에서는 잠정예산 제도를 채택한 적이 없으며, 영국, 캐나다, 미국, 일본이 이 제도를 채택·활용하고 있다.

2) 가예산

가예산(假豫算)은 예산안이 부득이한 사정으로 인하여 회계연도 개시 전

11) 국가재정법 제89조.

에 의결되지 못하는 경우에 약 1개월 정도의 예산을 편성·의결하여 운용할 수 있도록 한 한시적인 예산을 말한다. 이 제도는 우리 나라의 제1공화국과 프랑스의 3, 4공화국에서 채택하여 사용한 바 있다.

3) 준예산

준예산(準豫算)은 예산안이 회계연도 개시 전까지 국회에서 의결되지 못하는 경우에 의결될 때까지 헌법이나 법률에 정하는 범위[12] 내에서 정부가 전년도 예산에 준하여 지출할 수 있는 예산을 말한다. 준예산에 의거 집행된 예산은 당해 연도의 예산이 성립되면 그 성립된 예산에 의거 집행된 것으로 간주하도록 국가재정법[13]에서 규정하고 있다.

제 4 절 예산의 형식

예산이라고 하면 흔히 세입·세출만을 말하는 경우가 많다. 그러나 세입·세출이 예산의 핵심이라는 점을 부인하지는 않지만 우리 나라의 경우 국가재정법 제20조에서 예산은 예산총칙, 세입세출예산, 계속비, 명시이월비와 국고채무부담행위를 총칭한다고 하여 예산의 형식을 규정하고 있다.

12) 헌법 제54조 제3항에 다음의 목적을 위한 경비는 전년도 예산에 준하여 집행할 수 있도록 규정하고 있다.
1. 헌법이나 법률에 의하여 설치된 기관 또는 시설의 유지·운영
2. 법률상 지출 의무의 이행
3. 이미 예산으로 승인된 사업의 계속
또한, 국가재정법 제55조 제1항에 국회에서 부득이한 사유로 회계연도 개시 전까지 예산안이 의결되지 못할 때에는 헌법 제54조 제3항에 의하여 예산을 집행하도록 규정하고 있다.

13) 국가재정법 제55조 제2항.

1 예산총칙

예산총칙(豫算總則)은 보통 조문 형식으로 예산서 앞에 표시되므로 예산에 대한 법조문이라 할 수 있다. 국가재정법 제20조에서 예산총칙에는 세입·세출예산, 계속비, 명시이월비와 국고채무부담행위에 관한 총괄적 규정과 이외에 ① 국채 또는 차입금의 한도액, ② 재정증권의 발행과 일시차입금의 최고액, ③ 기타 예산 집행에 관하여 필요한 사항을 규정하고 있다.

2 세입·세출예산

세입세출예산(歲入歲出豫算)은 예산의 가장 핵심적인 것으로서 1회계연도의 모든 수입과 지출의 예정액을 나타내며 예산의 실질적인 내용을 표시한 본체이다. 우리 나라의 경우 품목별 예산이 편성되고 있으며, 최근 들어 지방정부에서는 사업별로 품목별 예산을 편성하고 있다.

3 계속비

국가재정법 제23조에서 완성에 수년도를 요하는 공사나 제조 및 연구개발사업은 경비의 총액과 연부액(年賦額)을 정하여 미리 국회의 의결을 얻은 범위 안에서 수년도에 걸쳐 지출할 수 있도록 규정하여 계속비(繼續費) 제도를 인정하고 있다.

한편, 국가가 지출할 수 있는 연한은 당해 회계연도로부터 5년 이내로 하며, 필요하다고 인정할 때에는 국회의 의결을 거쳐 다시 그 연한을 연장할 수 있도록 하고 있다.

4 명시이월비

국가재정법 제24조에서 세출예산 중 경비의 성질상 연도 내에 그 지출을 끝내지 못할 것이 예측될 때에는 특히 그 취지를 세입세출 예산에 명시하여 미리 국회의 승인을 얻어 다음 연도에 이월하여 사용할 수 있도록 규정하여 명시이월(明示移越) 제도를 인정하고 있다.

5 국고채무부담행위

국가재정법 제25조에서 법률에 의한 것과 세출예산 금액 또는 계속비의 총액의 범위 안의 것 이외에 국가가 채무를 부담하는 행위를 할 때는 미리 예산으로서 국회의 의결을 얻어야 한다고 규정하고 있다.

국고채무부담행위(國庫債務負擔行爲)는 사항마다 그 필요한 이유를 명백히 하고 그 행위를 할 연도 및 상환 연도와 채무 부담의 금액을 표시하여야 한다.[14]

14) 국가재정법 제25조 제3항.

Chapter

03 예산의 과정

예산의 과정은 예산안의 편성에서부터 결산에 이르기까지 여러 단계의 절차, 즉 예산의 동태적인 과정을 의미한다. 예산의 과정에는 일반적으로 예산안 편성,[1)] 예산안 심의 · 의결, 예산 집행, 결산과 회계검사 등 4단계가 있다.

제 1 절 예산안 편성

예산안 편성을 위하여 미국의 관리예산처(Office of Management and Budget: OMB)처럼 특별한 기관을 설치하는 나라도 있으나 우리 나라는 기획재정부 장관이 예산안을 편성하고 있다. 기획재정부에서 주관하여 편성하는 과정에서 주무 부처에서 이에 필요한 지침 등을 시달하고 그에 따라 하부기관으로부터 예산안을 요구하게 되는, 즉 '위에서 아래로(top-down)' 그리고 '아래에서 위로(down-top)' 의사 결정이 순환적으로 이루어지고 있다. 우리 나라의 예산안 편성에 관한 절차를 살펴보면 다음과 같다.

1) 예산안과 예산의 용어 비교:
일반적으로 국회의 심의 · 의결을 거친 후에야 예산(豫算)이라고 할 수 있기 때문에 그 전에는 예산안(豫算案)이라고 부르는 것이 타당할 것으로 보인다.

1 예산안의 요구

1) 중기사업계획서의 제출

각 중앙관서의 장은 예산 요구에 앞서 국가재정법 제28조에 의하여 매년 1월 말일까지 다음 연도 신규 사업 및 기획재정부 장관이 정하는 주요 계속사업에 대한 중기사업계획서를 기획재정부 장관에게 제출한다.

2) 예산안편성지침 시달

기획재정부 장관은 국가재정법 제29조 제1항에 의하여 매년 4월 30일까지 국무회의의 심의를 거쳐 대통령의 승인을 얻은 다음 연도의 예산안 편성지침을 각 중앙관서의 장에게 시달한다.

예산안편성지침을 작성하는 과정은 대체로 다음과 같다.

첫째, 자료의 수집 과정이다. 주로 대통령의 지시 사항, 연두 기자회견의 내용 및 여당과 관계 부처로부터 자료를 수집한다.

둘째, 시안(試案) 작성의 과정이다. 수집된 자료와 당해 연도의 경제 동향과 전망 및 당면 과제를 파악하고 이를 근거로 하여 시안, 즉 예산 편성의 방향, 예산요구서 작성지침 등을 마련한다. 시안 작성의 과정에는 수차에 걸친 수정작업이 따르게 된다.

셋째, 관계 기관과의 협의 과정이다. 여당, 예산자문위, 청와대, 국무총리실을 포함한 관계 기관과의 협의를 거치고 있으나 주로 청와대와 여당과의 협의에 중점을 두게 된다.

넷째, 국무회의의 심의와 대통령의 승인 과정이다. 이 과정에서는 이미 실무진과의 사전 협의 과정을 거쳤기 때문에 크게 수정되지는 않는다고 볼 수 있다.

이와같이 여러 과정을 거쳐 작성된 예산안편성지침에는 예산안을 편성하는 데 기초가 되는 각종 정보, 즉 정책 및 재정 운영의 기본 방향, 공무원 급여 기준, 예산 산정에 필요한 정부 노임 단가, 수당 등을 포함하는 단위・단가, 세입세출 과목 해소, 예산안 요구서의 작성 요령 등의 내용이 포괄적으로 언급되어 있다.

3) 예산요구서의 제출

각 중앙관서의 장은 국가재정법 제31조 제1항에 의하여 그 소관에 속하는 다음 연도의 세입세출예산, 계속비, 명시이월비 및 국고채무부담행위요구서를 예산안편성지침에 따라 작성하여 매년 6월 30일까지 기획재정부 장관에게 제출한다.

2 예산안 사정

1) 예산 규모의 추정

각 중앙관서에서 예산요구서를 제출하면 기획재정부 예산실에서는 이를 취합・정리하여 전체적으로 요구된 예산액을 집계해 본다. 집계된 예산요구액과 총세입 규모, 방위비, 교부금 등 재정 수요를 정확히 판단하여 국가재정 규모를 추정하여야 하고, 이에 따라 각 중앙관서에서 요구한 세출예산안을 여러 면에서 신중히 검토하여야 한다.

2) 예산안 시안 작성

각 중앙관서에서 요구된 예산액의 집계 및 재정 수요에 의거 전체 예산규모가 추정되면 기획재정부는 각 중앙관서의 예산요구액을 좀더 합리적으로 배분하도록 노력하여야 한다. 이 때에 부처별로는 전년도 예산, 신규 사업, 주요 사업계획 등이 중요한 기준이 된다. 각 중앙관서의 예산요구액을 살펴보면 예산안 시안 작성 과정에서 삭감될 것을 미리 감안하여 과대 요구를 하는 경우가 많다. 그러므로 각 중앙관서의 예산요구액을 그대로 예산에 반영하기는 현실적으로 매우 어려운 실정이다.

따라서 기획재정부 예산실 내의 각 담당관들은 예산요구 사정의 일반 원칙과 각 중앙관서 예산 담당자들의 예산요구서에 대한 설명을 토대로 하여 수차례의 수정 작업을 거쳐 예산 사정을 마친 후에 예산안 시안을 작성한다.

3) 관련 기관과의 협의

예산안 시안, 즉 기획재정부안이 작성되면 여당, 청와대, 관계 부처의 담당자들과 여러 차례의 협의를 거쳐 조정된다. 이 협의 과정이 법적인 절차는 아니지만 이 과정에서 기획재정부의 당초 예산안이 수시로 변경·조정되기도 한다.

특히, 기획재정부 장관이 국회, 대법원, 헌법재판소, 감사원, 중앙선거관리위원회 등 독립기관의 예산안을 조정할 때에는 재정상 독립성을 존중해주는 의미에서 요구액의 감액 이유, 예산액과 요구액의 비교표, 기타 심의에 필요한 서류를 첨부하여 국무회의에 상정하도록 하고 있다.

3 예산안의 확정 및 국회 제출

1) 국무회의 심의 및 대통령의 승인

관련 부처와의 협의·조정을 거쳐 작성된 예산안은 먼저 차관회의를 거치고, 국가재정법 제32조에 의거 국무회의에 상정하여 심의를 거친 다음, 대통령의 승인을 얻음으로써 정부안으로 확정된다.

2) 국회 제출

정부의 예산안이 확정되면 국가재정법이 정한 예산의 형식을 갖추어 국가재정법 제33조에 의하여 회계연도 개시 90일 전까지 국회에 제출하여야 한다.[2] 국회에 제출하는 예산안에는 국가재정법 제34조에 의하여 다음 서류를 첨부하여야 한다.

---

2) 정부예산안을 국회에 제출하여야 하는 회계연도 개시 90일 전은 10월 2일이며, 정기국회가 매년 9월 1일에 개회되기 때문에 정기국회가 개회된 후에 정부예산안이 국회에 제출되는 것이다.

① 세입세출예산 총계표 및 순계표
② 세입세출예산사업별 설명서
③ 계속비에 관한 전년도 말까지의 지출액 또는 지출추정액, 당해 연도 이후의 지출예정액과 사업 전체의 계획 및 진행 상황에 관한 명세서
④ 국고채무부담행위 설명서
⑤ 국고채무부담행위로서 다음 연도 이후에 걸치는 것에 있어서는 전년도 말까지의 지출액 또는 지출추정액과 당해 연도 이후의 지출예정액에 관한 명세서
⑥ 예산정원표와 예산안편성 기준단가
⑦ 국유재산의 전전년도 말의 현재액과 전년도 말과 당해 연도 말의 현재액 추정에 관한 명세서
⑧ 국가재정법 제8조 제2항의 규정에 따른 성과계획서
⑨ 성인지예산서
⑩ 조세지출예산서
⑪ 독립기관의 세출예산요구액을 감액하거나 감사원의 세출예산요구액을 감액한 때에는 그 규모 및 이유와 감액에 대한 당해 기관장의 의견
⑫ 회계와 기금 간 또는 회계 상호간 여유재원의 전입·전출 명세서 그 밖에 재정의 상황과 예산안의 내용을 명백히 할 수 있는 서류

제 2 절 예산안의 심의·의결

1 예산안 심의·의결의 의의

행정부에서 확정된 예산안이 국회에 제출되면 국회에서는 일정한 절차에 따라 이를 심의·의결하게 된다. 예산안의 심의는 정부의 정책과 주요 사업계획을 검토하고 국가의 재정 규모를 결정하는 정치 과정이다. 입법부는 예

산안의 심의·의결 과정을 통하여 행정부를 통제하는 기능을 가지게 된다.

2 예산안 심의·의결 절차

우리 나라의 예산 심의·의결 과정은 국회의 국정감사 실시로부터 시작된다. 국정감사는 국정 전반에 걸쳐 소관 상임위원회별로 통상 매년 정기국회 개회 다음 날부터 20일간 실시된다. 국정감사는 4, 5공화국때 폐지되었다가 6공화국 때 다시 부활되었다. 시기적으로 대통령의 시정연설보다 국정감사가 먼저 실시된다. 국정감사는 예산안 심의와 직접적으로 관련된 것은 아니지만 이를 통하여 예산 심의에 반영할 각종 정책자료를 수집함으로써 예산 심의 과정에서 큰 도움이 된다.

다음으로 본격적인 예산 심의 과정으로서 대통령의 시정연설이 있고, 해당 상임위원회의 예비심사, 예산결산특별위원회의 종합심사를 거쳐, 본회의 의결로써 예산 심의·의결 과정을 마치게 된다. 이에 대한 자세한 내용을 살펴보면 다음과 같다.

1) 시정연설

정부의 예산안이 국회에 제출되면 정기국회가 열리고 예산안이 상정된다. 먼저 대통령은 예산과 관련하여 정부의 주요 정책과 예산 편성의 기본 방향 및 시정 방침을 밝히는 시정연설을 하는데, 대개 국무총리가 대신하여 대독하는 것이 관례로 되어 있다.

2) 정책질의 및 예비심사

상임위원회별로 각 중앙관서의 장이 제안 설명을 하고, 각 상임위원회의 전문위원으로부터 예산안에 대하여 예비 검토한 내용을 보고받는다. 그 다음에 정책 질의를 하는데, 이 때에는 국무총리를 비롯하여 각 부처 장관이 참석하여 질의에 답변하여야 한다. 정책 질의가 끝나면 부별 심의에 들어가게 되며, 필요시 부별 심의나 계수 조정을 위하여 소위원회를 구성하여 심의한다. 소위원회에서 결정된 안을 상임위원회 전체회의에 부쳐 찬반 토론을 하고 여기서 결정된 안을 상임위원회안으로 하여 예비심사를 마친다.

3) 종합심사

상임위원회의 예비심사 결과를 예산결산특별위원회에 상정하면 ① 기획재정부 장관의 예산안 제안설명, ② 예산결산특별위원회 소속 전문위원의 예산안에 대한 종합 검토 보고, ③ 종합 정책질의 및 관계 장관 답변, ④ 부처별 질의 응답 및 분과별 심의, ⑤ 계수조정소위원회의 계수 조정, ⑥ 예산결산특별위원회 전체회의에서 소위원회의 조정안 승인 등의 순으로 종합심사가 진행된다.

4) 국회본회의 상정 및 의결

예산결산특별위원회의 종합심사가 끝나면 예산안은 본회의에 상정된다. 본회의에서는 정부측의 예산안에 대한 설명과 예산결산특별위원장으로부터 예산안 심사 경과와 그 결과를 보고받고 정책 질의를 한다. 정책 질의가 끝나면 부문별로 토론·표결을 거쳐 최종적인 예산으로 의결·확정된다. 1953년 이후 현재까지 예산결산특별위원회안이 약간 수정 통과된 경우도 있었으나 거의 원안 그대로 가결되었다.

이와 같은 과정을 거쳐 국회가 의결한 예산이 정부에 이송되면 대통령이 공고한다. 예산의 공고는 전문을 붙여 대통령이 서명하고 국무총리와 관계 국무위원이 부서(副署)한 다음 관보에 게재하면 된다.

제 3 절 예산의 집행

1 예산 집행의 의의

정부는 국회에서 의결된 예산의 범위 내에서 그대로 집행하여야 한다.

예산 집행(豫算執行)은 세입예산에 따라 수입을 조달하고 세출예산에 따라 사안이 발생할 때 지출하는 모든 활동, 즉 예산에 관한 실행을 의미한다. 이와 같은 예산의 집행으로 인하여 곧 예산의 효력이 나타나는 것이다.

예산의 과정 중 예산의 집행이 가장 중요하다고 할 수 있다. 왜냐하면 예산 집행은 예산의 효력이 나타나는 활동이며, 또한 예산의 편성이나 결산, 그리고 회계검사가 모두 예산의 집행을 중심으로 이루어지기 때문이다.

2 예산 집행의 절차

1) 예산 배정

예산을 집행하려면 우선 편성된 예산의 범위 안에서 예산이 배정(配定)되어야 한다. 국가재정법 제43조에서 규정하고 있는 예산 배정 절차를 살펴보면 다음과 같다.

① 예산이 성립되면 각 중앙관서의 장은 사업운영계획 및 이에 의한 세입세출예산·계속비와 국고채무부담행위를 포함하여 예산배정요구서를 기획재정부 장관에게 제출하여야 한다.

② 기획재정부 장관은 각 중앙관서의 장이 제출한 예산배정요구서와 기획재정부의 월별 자금계획에 의거하여 4분기별 예산 배정계획을 작성하고 국무회의의 심의를 거쳐 대통령의 승인을 얻어야 한다.

③ 기획재정부 장관은 각 중앙관서의 장에게 예산을 배정한 때에는 감사원에 통지하여야 한다.

④ 기획재정부 장관은 필요한 경우에는 대통령령이 정하는 바에 의하여 회계연도 개시 전에 예산을 배정할 수 있다.

⑤ 각 중앙관서의 장은 예산에 총액으로 계상된 사업으로서 대통령령으로 정하는 사업에 대하여는 예산 배정 전에 사업시행계획을 수립하여 기획재정부 장관과 협의하여야 한다.

2) 예산의 재배정

중앙예산기관에서 각 중앙관서의 장에게 예산이 배정되면 중앙관서의 장은 산하기관에 재무관별로 예산의 재배정(再配定)이 이루어진다. 각 중앙관서의 장은 세출예산을 재배정한 때에는 이를 지출관에게 통지하여야 하며, 필요한 경우에는 상급 관서의 재무관으로 하여금 재배정받은 세출예산의 범위 안에서 그 하급관서의 재무관에게 이를 재배정(이 경우 '재재배정'이 된다)하게 할 수 있다.[3] 예산의 재배정은 중앙관서의 장이 산하기관의 예산 집행 상황을 감독·통제함으로써 세출예산의 한도 내에서 예산 집행의 효율화를 기하도록 하는 데 그 목적이 있다.

3) 세입예산의 집행

세입예산의 결손을 예방하기 위하여 과목별 미징수 현황을 수시로 파악하여야 하며 세입원(歲入源)을 정확히 포착하여 세입 업무를 처리하여야 한다. 흔히 세출예산에만 신경을 쓰고 세입예산은 소홀히 다루는 경우가 있다. 그러나 모든 예산에서 세입결손이 생기면 그만큼 세출예산을 집행하지 못하기 때문에 사업 추진에 차질이 생긴다. 그러므로 세출예산 집행에 충실을 기하기 위해서는 세입예산의 결손을 최소화시키는 것이 선결 과제일 것이다.

4) 세출예산의 집행

세출예산의 집행은 수요 부서의 물품요구서나 기안에 의한 내부 품의를 근거로 하여 재무관이 계약 체결(중앙관서의 장이 계약사무에 관하여 계약담당 공무원, 즉 계약관에 위임시는 계약관이 담당한다) 등 지출원인행위를 하고 납품이나 준공 등 당초의 계약 목적이 달성된 후 일정한 형식을 갖추는 등 회계 절차에 따라 지출관이 지출한다. 재무관과 지출관은 서로 겸임하지 못하도록 국가재정법에서 규정하고 있다.

---

3) 국가재정법시행령 제17조 제1항, 제4항.

3 예산 집행의 신축성 유지 방안

예산을 집행하는 데 계획대로 진행되지 못하고 예기치 못한 천재지변, 국제적인 경제 상황의 급변, 국회의 사정 등으로 인하여 부득이 예산을 변동시키지 않으면 안 되거나 예비적인 조치를 취하게 될 경우에 대비하여 예산회계에 관한 법규에서는 예산 집행의 신축적인 제도를 몇 가지 규정하고 있다. 이에는 예산의 이용과 전용, 이체, 이월, 예비비, 계속비, 수입대체경비, 국고채무부담행위, 회계연도 개시 전 예산 배정, 추가경정예산, 수입지출의 특례 등이 이에 해당한다. 여기서는 주요한 몇 가지만 살펴보고자 한다.

1) 예산의 이용과 전용

예산의 이용(移用)은 예산이 정한 각 기관 간, 입법 과목(장, 관, 항) 간의 예산액을 상호 융통하는 것을 말한다. 예산의 이용은 미리 예산으로서 국회의 의결을 얻었을 경우에 한하여 기획재정부 장관의 승인을 얻어 허용된다.[4] 다시 말해서 예산의 이용은 의회에서 사전 의결이 있어야 한다.

예산의 전용(轉用)은 행정 과목(세항, 목) 간의 예산을 상호 융통하는 것을 의미한다. 예산 과목 중 세항과 목을 행정 과목이라고 부르는 것은 국회의 의결을 거치지 않고 변경 사용할 수 있는 과목이기 때문이다. 예산의 전용은 기획재정부 장관의 승인을 얻어야 한다.[5] 기획재정부 장관은 예산의 전용을 승인한 때에는 그 전용명세서를 중앙관서의 장과 감사원에 송부하여야 한다.[6] 그러나 중앙관서의 장은 회계연도마다 기획재정부 장관이 정한 범위 내에서 각 세항 또는 목의 금액을 전용할 수 있다.[7] 이 때에 중앙관서의 장은 그 전용을 한 과목별 금액 및 이유를 명시한 명세서를 기획재

4) 국가재정법 제47조 제1항.
5) 국가재정법 제46조 제1항.
6) 국가재정법 제46조 제3항.
7) 국가재정법 제46조 제2항.

정부 장관과 감사원에 송부하여야 한다. 전용한 모든 경비의 금액은 세입세출결산보고서에 이를 명백히 하고 그 이유를 기재하여야 한다.

2) 예산의 이체

예산의 이체(移替)는 정부조직 등에 관한 법령의 제정·개정 또는 폐지로 인하여 그 직무와 권한에 변동이 있을 때에 예산의 책임 소관을 변경시키는 것을 말한다. 예산의 이체는 이체받을 중앙관서의 장이 이체하여야 할 중앙관서의 장과 협의하여 과목과 금액을 명백히 하고 관계 서류를 기획재정부 장관에게 제출하여 승인을 얻어야 한다. 기획재정부 장관은 이를 승인한 때에는 당해 중앙관서의 장과 감사원에 이체의 내용을 통지하여야 한다.[8]

3) 예산의 이월

예산의 이월(移越)은 예산을 다음 회계연도로 넘겨서 사용하는 것을 말한다. 이는 회계연도 독립의 원칙의 예외가 된다. 다음 회계연도로 이월하여 사용할 수 있는 경비는 다음과 같다.[9]

① 명시이월비

② 연도 내에 지출원인행위를 하고 불가피한 사유로 인하여 연도 내에 지출하지 못한 경비와 지출원인행위를 하지 아니한 그 부대경비

③ 지출원인행위를 위하여 입찰공고를 한 경비 중 입찰공고 후 지출원인행위까지 장기간이 소요되는 경우로서 대통령령이 정하는 경비

각 중앙관서의 장은 상기 사항에 의하여 예산을 이월하는 때에는 대통령령이 정하는 바에 의하여 이월명세서를 작성하고 이를 다음 연도 1월 31일까지 기획재정부 장관과 감사원에 송부하여야 한다.

한편, 각 중앙관서의 장이 예산을 이월하는 때에는 그 이월하는 과목별 금액은 다음 연도의 이월예산으로 배정된 것으로 본다.

예산의 이월은 앞에서 지적한 내용과 같이 명시이월과 사고이월로 구분

---

8) 국가재정법 제47조 제3항.

9) 국가재정법 제48조 제2항.

하여 볼 수 있다. 먼저, 명시이월(明示移越)은 세출예산 중 당해 회계연도 내에 그 지출을 필하지 못할 것이 예측될 때에는 미리 국회의 승인을 얻어 다음 회계연도로 이월하여 사용할 수 있는 것을 말한다. 다음으로 사고이월(事故移越)은 당해 연도에 지출원인행위를 하고 불가피한 사유로 인하여 연도 내에 지출하지 못한 경비와 지출원인행위를 하지 아니한 그 부대경비를 이월하여 사용할 수 있는 것을 말한다.

4) 예비비

예비비(豫備費)는 예측할 수 없는 예산외 지출이나 예산 초과 지출에 충당하기 위한 목적 외 예산으로서, 종전의 예산회계법에서는 일반회계의 경우 세출예산의 1/100 이상의 금액을 예비비로 계상하도록 하였다가, 그 후에는 상당하다고 인정되는 금액을 계상할 수 있다고 변경하였으나, 현행 국가재정법 제22조에서는 1/100 이내의 금액을 예비비로 계상할 수 있으며, 지방재정법 제43조에서는 상당하다고 인정되는 금액을 세입세출에 계상할 수 있다고 규정하고 있다.

예비비의 관리는 기획재정부 장관이 하도록 하고 있다. 각 중앙관서의 장은 예비비의 사용을 필요로 할 경우에는 그 이유, 금액과 추산의 기초를 명백히 한 명세서를 작성하여 기획재정부 장관에게 제출하여야 하며, 기획재정부 장관은 이 요구를 심사한 후 필요하다고 인정하는 때에는 이를 조정하고 예비비 사용명세서를 작성하여 국무회의의 심의를 거쳐 대통령의 승인을 얻어야 한다.

또한, 예비비를 사용 후에는 각 중앙관서의 장은 예비비로 사용한 금액의 명세서를 작성하여 기획재정부 장관에게 제출하여야 하며, 기획재정부 장관은 이에 대한 총괄표를 작성하여 국무회의의 심의를 거쳐 대통령의 승인을 얻어야 한다. 기획재정부 장관은 상기 작성된 총괄표를 감사원에 제출하여야 한다. 아울러 예비비로 사용한 총괄표를 다음 연도 5월 31일까지 국회에 제출하여 그 승인을 얻어야 한다.[10]

10) 국가재정법 제52조 제4항.

제 4 절 예산 결산 및 회계검사

1 결산의 의의

1) 결산의 개념

예산이 1회계연도의 수입·지출의 예정적 계수라고 보면, 결산은 예산을 집행한 결과에 의한 수입·지출의 확정적 계수이다(심정근, 1983: 310). 다시 말하면 결산(決算)이란 예산과 그 집행 실적을 대비하는 것으로서 예산에 대한 일종의 사후적 재정보고를 말한다.

결산의 목적은 국회에서 심의·의결한 예산과 행정부에서의 예산 집행 결과를 대비하여 세입세출의 과다 또는 결손 사유를 파악하고, 이를 다음 예산 편성이나 집행에 반영하여 효율적인 예산 집행이 되도록 하고자 하는 데 있다. 또한 사기업에서는 결산을 통하여 1영업 기간 동안의 경영 성과와 재정 상태를 파악하여 차후 경영 활동에 반영시킴으로써 이윤의 극대화를 꾀하고 있다.

2) 결산의 기능

결산은 다음과 같은 기능을 가지고 있다(이종익, 1992: 280-281).

① 정부가 예산의 범위 안에서 재정 활동을 했느냐를 확인할 수 있다. 이와 같은 확인을 위하여는 결산보고서가 객관적 사실에 입각하여 정확한 계수로써 작성되어야 하며 회계검사기관의 확인을 받아야 한다.

② 장래에 있어 예산의 편성·심의와 재정계획의 좀더 효율적인 운용을 위한 자료로서 기능한다. 그것은 결산의 내용을 검사함으로써 얻은 과거의 경험을 토대로 효율적인 재정 운용의 참고 자료로 활용할 수 있기 때문이다.

2 결산의 절차

1) 출납의 완결

결산을 위한 첫 단계는 출납사무의 완결이다. 원칙적으로 출납사무의 완결 시기, 즉 출납 기한은 당해 회계연도 말인 12월 말이다. 그러나 국고금관리법시행령에서는 다음 연도 1월 15일까지를 출납정리기한으로 정하고 있으므로 늦어도 이 날까지는 출납사무를 마쳐야 하며, 최종적으로는 국고금관리법 제4조의2에 의하여 1회계연도에 속하는 세입세출의 출납에 관한 모든 사무를 다음 연도 2월 10일까지 완결하여야 한다.

현행 국고금관리법에서는 출납정리기한을 총세입부와 총세출부 마감 기한과 일치시켰다. 소관별로 각급 기관의 관계 장부를 마감한 후 기획재정부 장관에게 보고하고 기획재정부 장관이 총세입부와 총세출부를 마감함으로써 출납사무가 완결된다. 여기서 말하는 총세입부와 총세출부는 국가세입·세출의 출납사무 일체를 회계별, 소관별, 계정별·목별 그리고 집행 월별로 구분하여 정리하는 기획재정부가 관리하는 주된 장부이다.

국고금관리법시행령 제5조 내지 제7조에서 규정하고 있는 출납정리기한은 다음과 같다.

① 수입금의 경우

㉠ 출납공무원은 매 회계연도 소속의 수입금을 그 회계연도 말일까지 수납하여야 한다.

㉡ 한국은행 등은 매 회계연도의 수입금을 당해 회계연도 말일까지 수납하여야 한다. 다만, 다음의 경우에는 다음 회계연도 1월 15일까지 수납할 수 있다.

- 출납공무원이 당해 회계연도에 수납한 수입금을 한국은행 등에 납입하는 경우
- 지방세에 부가되어 징수된 수입금을 납입하는 경우

② 지출금의 경우

㉠ 지출관은 매 회계연도의 경비를 당해 회계연도 말일까지 지출하여야 한다. 다만, 다음과 같은 경우에는 다음 회계연도 1월 15일까지 지출할 수 있다.

- 정부 계정 상호간의 국고금 대체를 위하여 지출하는 경우
- 선사용자금의 지급 금액을 대체 납입하기 위하여 지출하는 경우

㉡ 관서운영경비 출납공무원은 매 회계연도의 경비를 당해 회계연도 말일까지 지급하여야 한다. 다만, 당해 회계연도에 사용한 정부 구매카드의 사용 대금을 지급하는 경우에는 다음 회계연도 1월 15일까지 지급할 수 있다.

㉢ 한국은행 등은 매 회계연도의 경비를 당해 회계연도 말일까지 지급하여야 한다. 다만, ㉠항 단서의 규정에 해당하는 경우에는 다음 회계연도 1월 15일까지 지급할 수 있다.

③ 지출금 반납의 경우

이미 지출된 국고금을 당해 지출 과목에 반납하고자 하는 경우에는 당해 회계연도 말일까지 반납하여야 한다. 다만, 관서운영경비 출납공무원이 교부받은 관서운영경비를 반납하는 경우에는 다음 회계연도 1월 15일까지 반납할 수 있다.

2) 결산서류의 작성 제출

출납이 완결되면 장부를 마감하고 결산 관계 서류를 작성한다. 국가재정법 제42조에 의하여 각 중앙관서의 장은 ① 세입세출결산의 분석에 관한 서류, ② 수입대체경비의 세입세출결산보고서, ③ 세입세출결산의 개요설명서, ④ 기타 세입세출결산의 내용을 명백히 하는 데 필요한 서류 등을 첨부하여 매 회계연도마다 그 소관에 속하는 세입세출의 결산보고서, 계속비 결산보고서 및 국가의 채무에 관한 계산서를 작성하여 다음 연도 2월 말일까지 기획재정부 장관에게 제출하여야 한다.

세입세출의 결산은 세입세출예산과 동일한 구분에 의하여 이를 작성하

며 다음 사항을 명백히 하여야 한다.

① **세입의 경우:** 세입예산액, 이체 등 증가액, 세입예산현액, 징수결정액, 수납액, 불납결손액, 미수납액

② **세출의 경우:** 세출예산액, 전년도 이월액, 예비비 사용액, 전용 등 증감액, 수입대체경비의 초과지출액, 세출예산 현황, 지출액, 불용액

기획재정부 장관은 세입세출결산서에 각 중앙관서의 세입세출결산보고서, 계속비결산보고서 및 국가의 채무에 관한 계산서를 첨부하여 이를 다음 연도 4월 10일까지 감사원에 제출하여야 한다.

3) 회계검사 및 결산의 확인

기획재정부로부터 결산 서류가 감사원에 제출되면 감사원에서는 결산에 대한 확인, 즉 회계검사가 실시된다. 감사원에서 회계검사가 끝나면 결산검사보고서를 작성하여 5월 20일까지 기획재정부 장관에게 송부하고 동시에 국회에도 제출한다. 여기서는 주로 합법성에 의한 예산의 집행 여부와 계수의 정확성 등을 검토하게 된다.

결산검사는 기획재정부에서 제출한 결산 서류와 각급 기관에서 매월 제출하는 각종 계산증명서류, 그리고 한국은행에서 작성한 국고금출납계산서를 상호 대조하여 비교·검토함으로써 이루어지며, 결산검사를 토대로 하여 결산검사보고서가 작성된다.

헌법 제99조에서 감사원은 세입·세출의 결산을 매년 검사하여 대통령과 차년도 국회에 그 결과를 보고하여야 한다고 검사하여 감사원의 결산검사에 대한 권한을 헌법에서 인정하고 있다.

4) 국무회의의 심의와 대통령의 승인

기획재정부 장관은 국가회계법에서 정하는 바에 따라 회계연도마다 작성된 국가결산보고서와 감사원의 결산검사보고서 등을 첨부하여 국무회의에 제출한다. 국무회의의 심의가 끝나면 대통령의 승인을 얻은 후 국회에 제출한다. 국가재정법 제61조에서 정부는 감사원의 검사를 거친 국가결산보고서를 회계연도마다 다음 연도 5월 31까지 국회에 제출하도록 규정하고

있다.

5) 국회의 결산 심의

결산에 대하여 이미 독립기관인 감사원의 결산검사를 거쳤으나 이중적으로 다시 국회의 결산 심의를 받는 이유는 행정부의 예산 집행에 더욱 신중을 기하도록 통제하는 의미가 있다.

국회의 결산 심의는 예산 심의와 동일한 절차를 밟는다. 먼저 각 상임위원회에 회부하여 심사를 거치게 되며, 그 심사 결과를 첨부하여 예산결산특별위원회에 회부하여 심사를 마친 후 본회의에 상정하게 된다. 본회의에 상정된 결산안이 심의·의결되면 비로소 결산으로 확정된다.

Chapter 04

주요국의 예산 제도

우리 나라의 예산 제도를 좀더 명확히 이해하기 위하여 미국, 일본, 캐나다. 독일 등 선진국의 예산 제도를 살펴보고자 한다(김동건 외, 1992).

제1절 미국의 예산 제도

1 개 요

1) 예산 성립의 기본적 형식

미국의 세출예산은 우리 나라와 달리 법률로서 성립한다. 즉 세출예산법(Appropriation Acts)이다. 세출예산법은 소관별로 13개의 세출예산법이 있다. 세출예산법안은 통상 하원 세출예산위원회 담당 소위원장으로터 작성되어 제출된다. 헌법에 "국고로부터의 지출은 모두 법률로 정하여지는 세출예산에 따라서만이 행하여진다"고 규정되어 있다. 세입에 관하여서는 세법이 제정될 뿐이고 의회의 의결 대상도 아니다. 다만, 세입의 추계는 국회 심의 자료로서 대통령이 제출하는 예산서에 기재되는 데 불과하다. 예산서에 기재하는 내용은 법률로 규정하고 있으나 형식에 대하여는 대통령의 자유 재량에 맡겨져 있기 때문에 형식은 그때그때의 대통령에 따라 변경된다.

세출예산에는 연차예산과 항구예산이 있다.

첫째, 연차예산(年次豫算, annual appropriations)은 매년 입법 조치를 요하는 것을 말하며, 세출예산법의 대상이 된다.

둘째, 항구예산(恒久豫算, permanent appropriations)은 세출예산법 이외의 일반법의 법률로 정하여지는 것을 말하며, 한번 입법화되면 매년 자동적으로 지출이 허용된다.

2) 회계연도

1977년 이래 10월부터 익년 9월까지를 회계연도로 사용하고 있다. 연도 명칭은 후반 연도의 명칭을 쓴다. 예를 들어 2010년 10월부터 2011년 9월까지면 2011 회계연도 예산이라고 한다.

3) 잠정예산 제도

13개의 세출예산법이 제정되지만 이들 법률이 성립하는 시기가 늦어 잠정예산을 사용하게 된다. 법률 제정이 늦어지고 본예산이 회계연도 개시까지 성립할 가능성이 없으며 지출의 지연을 허용할 수 없는 경우에는 기(旣) 회계연도 세출예산을 기준으로 잠정예산법안(Continuing Appropriation Act)을 작성하여 양원의 합동 결의를 거친다. 이는 본예산 성립시까지 유효하다. 잠정예산의 예산액은 전년도 수준, 대통령 요구액, 상하 양원의 승인액 중 낮은 금액으로 제정된다.

2 예산안의 편성과 심의

미국에서는 행정부와 입법부 양쪽에서 연중 계속적으로 동시에 이루어지고 있다. 행정부에서 다음 다음 연도의 예산안 준비 작업이 진행 중인 가운데 입법부에서는 차년도 예산안 심의 작업이 이루어진다. 예를 들어 2010년도 예산이 집행 중인 가운데 행정부는 2012년도 예산안 준비 작업을, 입법부는 2011년도 예산안 심의가 이루어지고 있다.

1) 예산안 편성

예산안의 편성은 회계연도 개시 19개월 전부터 개시된다. 3단계로 나누어 살펴보면 첫째 전전년도 3월부터 6월까지 예산정책 개발 단계, 둘째 전전년도 7월부터 9월 15일까지 각 부처 예산요구서 작성 및 제출 단계, 셋째 전전년도 9월 16일부터 전년도 1월까지 OMB의 사정 및 대통령 재가 단계로 구분된다.

(1) 예산정책 개발 단계

각 기관은 이 기간에 현행 시책 및 장래계획의 검토를 행한 뒤 관리예산처(OMB: Office of Management & Budget)에 요구계획을 제출한다. OMB는 재무부 및 경제자문위원회와 협력하여 경제적 가정 및 경제 전망을 작성하고 대통령은 OMB 처장, 관계 각료와 예산 전망 및 예산정책에 대하여 협의한다. OMB는 정책 가이드라인을 작성하고 세입세출 전망을 하며 대통령에 대하여 재정정책, 예산 규모, 개별 시책을 보고하며, 대통령은 예산의 일반적 지침 및 각 기관별 계획 목표를 결정한다. OMB는 각 기관에 예산안의 작성 요령을 시달하고 대통령이 결정한 일반적 지침을 제시한다.

(2) 각 부처 예산요구서 작성 및 제출 단계

각 기관은 본격적으로 상세한 예산 견적을 작성하여 9월 15일까지 OMB에 제출한다. OMB는 각 기관의 예산안 작성에 대하여 조언과 지도를 한다.

(3) OMB의 사정 및 대통령 재가 단계

OMB는 각 기관의 예산 견적을 검토하고 재무부 및 경제자문위원회와 경제 전망과 경제정책을 재검토한다. 그리고 이어서 대통령에게 예산권고(budget recommendation)를 준비한다. 이에 따라 대통령은 예산을 결정하고 OMB는 각 기관의 장에게 대통령의 결정을 통지한다. 또한 OMB는 대통령 예산교서, 예산 관계서를 작성 인쇄한다. 그리고 대통령은 1월 중순에 의회에 대하여 예산권고를 한다.

2) 예산안 심의

미국의 예산 심의는 의회예산법에 의해 예산위원회(Budget Committee)와 의회예산처(Congressional Budget Office: CBO)가 설치됨으로써 매우 복잡한 절차를 거치게 된다.

주요 예산 심의 절차를 살펴보면 다음과 같다.

① 2. 15까지 — CBO의 예산위원회에 대한 대통령 예산안 보고

② 2. 15까지 — 예산위원회에 대한 각 상임위원회의 검토평가서 제출

③ 4. 1까지 — 상원 예산위원회의 예산결의안 보고

④ 4. 15까지 — 의회의 예산합동 결의안 종료(제1차 예산 결의)

⑤ 5. 15까지 — 하원의 세출예산법안 준비

⑥ 6. 10까지 — 하원 세출위원회의 최종 세출예산법안 보고

⑦ 6. 15까지 — 의회의 세입세출예산의 조정 입법 종결

⑧ 6. 30까지 — 의회의 세출예산법안 종결

⑨ 7. 1.~9. 31까지 — 필요한 경우에 세입세출예산의 조정

⑩ 10. 1. — 회계연도 개시

3 예산 담당기관

1) OMB(관리예산처)

OMB 처장은 대통령으로부터 위임을 받아 예산 편성 사무를 관장한다. 관리예산처의 기본적 기능은 예산안 편성 및 연방정부 재정사업에서 대통령을 보좌하는 것으로 예산 집행 감독과 통제, 행정조직 구조 및 관리절차 검토, 사업 성과 평가, 기관 간 및 정부 간 협조와 조정 증진 등을 담당하고 있다.

2) CBO(의회예산처)

CBO는 의회의 예산 관련 업무가 효율적으로 수행되도록 하기 위한 기능을 수행하고자 1974년에 설치된 기관이다. 의회 내의 예산위원회나 각 상임위원회에 예산 관련 정보의 제공 및 분석 기능을 행하고 있으나 예산과 관련된 정책 결정을 하지 않고 있다. 예산 심의 초기부터 종결까지 모든 과정을 정리, 통합하고 있으며 재정정책 방향과 정책의 우선순위에 관한 보고서를 상하 양원에 제출해 오고 있다. 여기서 OMB는 집권당의 입장을 견지하게 되지만, CBO는 야당의 입장까지도 감안하여야 하므로 좀더 객관적이고 중립적인 입장을 취하게 된다.

제 2 절 일본의 예산 제도

1 예산의 일반 원칙

예산의 기본 구조에 대하여 헌법에서 규정하고 있다.

첫째, 예산의 편성권과 국회에 대한 제출권을 내각의 전속 권한으로 규정하고 있다.

둘째, 조세의 부과, 예산의 심의, 결산의 심의 등은 반드시 국회의 의결에 의해서만 결정 실시될 수 있도록 규정하여 예산에 대한 의회주의 원칙을 명시하고 있다.

셋째, 결산에 대한 회계검사원 심사의 원칙을 규정하고 있다.

넷째, 재정 상황을 국회와 국민에게 반드시 공개 보고하도록 의무화하여 공개성의 원칙을 규정하고 있다.

다섯째, 중의원(衆議院)의 예산선의권(豫算先議權)과 우월권을 명시하여 예산 결의에서 참의원과 의견이 일치되지 않거나 일정 기간 내에 참의원이 의결하지 않으면 중의원의 의결대로 예산이 자연 성립됨을 명시하여 중의원의 의결 우선 원칙을 규정하고 있다.

여섯째, 회계연도는 1886년 이래 4월 1일부터 익년 3월 31까지로 한다.

2 예산의 편성, 집행, 결산

1) 예산의 내용

예산의 내용은 다음과 같다.

① **예산총칙:** 예산의 총괄적 사항 외에 공채 발행의 한도액, 대장성(大藏省) 증권 및 일시차입금의 최고액과 예산 집행에 관한 사항

② **세입세출예산액:** 예산의 본체

③ **계속비:** 공사 등 완성에 수개년이 소요되는 경비의 총액과 각년도의 지출 예상액을 제시한다. 단, 5개년 이내로 한정한다.

④ **이월비:** 예산 중 그 성질상 연도 내에 지출행위가 끝나지 않을 것으로 예상되는 경비 세목이다.

⑤ **국고채무부담행위:** 지출의 전부 또는 일부가 후년도에 이루어질 사업, 공사 등에 대하여 계약 등으로 국가가 채무 부담을 하게 되는 경우

2) 예산안의 편성

예산을 편성하고 국회에 제출하는 것은 내각의 전속권이며, 내각의 예산 제안권으로 불리기도 한다. 내각내에서 실제 예산 편성의 사무를 담당하는 곳은 대장성의 주계국(主計局)이다.

주계국에는 국장과 국장을 보좌하는 차장이 있고, 그 밑에 각 성청의 예산을 분담하는 12명의 주계관이 배치되어 있다.

예산안 편성 절차를 개략적으로 살펴보면 다음과 같다.

① 4~5월경-익년도 예산 견적 작업 개시[각 성청(省廳)]

② 7월-예산의 대략적인 규모와 개산 요구의 작성 지침을 내각에서 승인받아 각 성청에 제시

③ 8월 말-각 성청에서는 이 지침에 따라 개산요구서 작성 제출

④ 9~12월경-주계국에서 각 성청의 설명과 자료 제시를 받아 개별 경비의 사정

⑤ 12월 중-대장성안이 작성되어 각 성청에 제시되어 부활 또는 절충

⑥ 12월 말-각의에서 의결

⑦ 다음 연도 1월 말-국회에 제출

3) 예산안의 심의

정부예산안은 매년 1월 하순에 중의원의 예산선의권(豫算先議權)에 따라 중의원에 먼저 제출된다. 예산안이 제출되는 같은 날에 총리대신의 시정방침 연설과 대장대신의 예산 편성 방침과 그 내용 및 재정정책의 방침과 현황 등에 관한 재정 연설이 있게 된다. 같은 절차가 참의원에 대해서도 같은 날 되풀이된다.

중의원에서의 심의는 통상 아래와 같은 일정에 따라 예산위원회의 심의 표결과 본회의에서의 토론 및 표결이라는 순서로 진행된다.

먼저 예산위원회의 심의 절차는 다음과 같다.

① 정부측 제안 이유 설명

② 총괄 질문(약 1주간)

③ 일반 질문(3~4일)

④ 공청회(2일)

⑤ 분과회의 심의(약 1주간)

⑥ 결말을 짓는 총괄 질문(1일)

⑦ 토론 표결

이어서 본회의 심의 절차로서 예산위원장의 보고 후 토론과 표결에 부쳐진다.

중의원에서 가결된 예산안은 통상 3월 초에 참의원에 회부되어 거의 비슷한 절차를 거쳐 3월 말에 가결 성립된다. 양원의 의결 내용이 일치하지 않을 때는 양원협의회를 개최하게 된다. 양원협의회에서도 의견이 일치되지 않거나 참의원에 회부된 후 30일 이내에 의결되지 않을 때는 중의원의 의결이 국회의 의결이 되며 예산이 성립된다. 이를 예산의 자연 성립이라

하며, 최근에는 1991년도 예산 성립 과정에서 참의원의 부결로 예산의 자연 성립이 되었다.

4) 예산의 집행

국회의 의결에 따라 예산이 성립되면 내각은 각 성청의 장에게 집행할 세입, 세출예산을 배부하게 된다. 세출예산의 집행 절차는 우리 나라와 비슷하며 지출의 원인이 되는 지출부담행위와 지불 단계로 나누어 이루어진다.

예산의 집행시에 각 성청의 장은 지출부담행위의 실시계획과 4분기별 지불계획을 작성하여 대장대신의 승인을 받은 후 예산을 집행하게 된다. 승인된 지불계획은 일본은행에 통지되어 원만한 현금 지불이 이루어질 수 있게 한다. 지불은 지출관이 일본은행 앞으로 국고수표를 발행함으로써 행해진다.

5) 결 산

당해 회계연도의 예산 집행이 완료되면 각 성청의 장은 소관 세입세출의 결산보고서를 작성하여 익년도 7월 31까지 대장대신에게 송부한다.

송부된 각 성청의 결산보고서를 근거로 대장대신은 결산서를 작성하여 각의 의결을 거쳐 11월 30일까지 회계검사원으로 송부하여야 한다. 그러나 최근에는 재정 감독상의 효과를 높이기 위하여 10월 중순까지 회계검사원에 송부되고 있다.

회계검사원은 결산을 검사한 후 검사보고서와 함께 12월 중순까지 내각으로 반송하게 된다. 내각은 결산서와 검사보고서를 차기 정기국회에 제출하여 심의를 받게 된다.

결산의 심의는 양의원에서 독립적으로 이루어지고 각 원의 결산위원회의 심의를 거쳐 본회의에 보고되어 심의 결과 결산 승인이 이루어진다.

제 3 절 캐나다의 예산 제도

1 공공 부문의 구조

캐나다의 정부 부문은 연방, 주, 지방의 삼중 구조로 되어 있다. 그리고 캐나다 연금계획, 퀘벡연금계획 등 두 개의 연금 부문과 병원 부문(의료보험 제도)으로 구성되어 있다.

이를 재정 비율로 나누어 보면, 연방정부는 전체 재정의 약 41%, 주정부는 약 33%, 지방정부는 약 17%, 병원 부문이 약 6%, 연금 부문이 약 3% 정도이다. 기능별로 살펴보면 사회복지가 약 24%, 부채 관련 부문이 약 16%, 보건과 교육이 각각 13%씩, 국방과 치안이 약 8%, 교통과 통신이 약 4%를 차지하고 있다.

캐나다의 회계연도는 4월 1일부터 다음 연도 3월 31일까지이다.

2 예산 담당기관

1) 의회의 역할

의회 상하원의 승인 없이는 연방정부가 세입기금을 전혀 사용할 수 없다. 승인은 법에 의하여 규정된 권한에 의하여 주어지거나 매년의 예산 과정에 의하여 이루어진다. 전자는 노년연금과 가족수당 제도처럼 특정한 법의 규정에 의하여 그 법규가 개정되기 전까지는 계속 유효한 영구적 프로그램과 관련된 지출을 의미한다. 매년 받아야 하는 연방정부의 지출은 전체 연방지출의 약 30% 정도이다.

예산안은 두 가지 종류의 지출을 모두 포함한다. 의회의 승인 없이는 정부가 조세를 부과할 수 없다. 의회가 예산안을 부결하면 이것은 정부에 대한 불신임이 되며, 수상과 내각의 사퇴 또는 총독에 의한 재선거 요구가 있게 된다. 본예산이 하원에 제출되면 즉시 각 상임위원회에 회부된다. 각 상임위원회는 5월 말일까지 심의를 마치고 그 결과를 보고한다. 전 회계연도 3월 26일 이전에, 6월 말까지의 지출에 충당할 임시예산을 승인할 수 있다.

하원에서 3차에 걸친 독회를 마치면 상원으로 보내져서 거기서도 3차의 독회를 거친다. 이 때 상하원의 의원들로 구성된 여러 위원회에서 자세한 내용이 검토된다. 상하원의 승인을 얻고 총독에 의한 승인(royal asent)이 이루어지면 예산안은 법률로 된다.

2) 행정부의 역할

캐나다의 중앙기구로는 PCO(Privy Council Office), 재무위원회 사무국, 총통제관실(Office of the Comptroller General), 재무부 등이 있다. 이를 간략히 설명하면 다음과 같다.

(1) PCO(Privy Council Office)

이 기구는 관료조직 전체의 조정 기능을 담당한다. Secretary of the Cabinet이 PCO의 책임자가 되며, 공무원의 임용, 전보, 임용 조건 등에 관하여 수상을 자문하는 역할을 한다. 아울러 모든 내각위원회에 대한 비서 기능을 담당하며, 각 부서의 관리들 또는 자문관들을 총괄하여 정책건의서를 준비하는 책임을 진다.

(2) 재무부(Department of Finance)

재무부는 장관 밑에 안정화정책과 금융 문제를 전담하는 차관과 조세정책, 재정 및 경제 프로그램, 국제무역 및 금융 등의 업무를 관장하는 수석차관보를 두고 있다.

재무부가 각 프로그램의 지출 수준을 제안하는 것은 아니지만 각종 재정정책 및 지출관리 제도에서 각 지출처에 배정되는 자금의 규모를 제안하기 때문에 예산 규모의 결정에 매우 중요한 역할을 담당한다고 할 수 있다.

(3) **재무위원회**(Treasury Board)

내각의 각 각료위원회 중 가장 오래된 것이며, 그 기능이 재정법에 규정되어 있다는 점에서 다른 위원회와 다르다. 각료급인 의장과 사무국을 별도로 두고 있다. 이 위원회는 지출예산안을 준비하며 각 부처의 예산 추정치 내에서 주요 부문 간의 배정을 통제하고 각 부처의 계약을 승인하거나 계약 조건을 정해 주며 왕립회사의 재산 처분을 관장하고 부처에 대한 인력배정권을 갖는다. 공무원노조와의 협상에서는 사용주로서의 역할을 하며 공무원의 정년퇴직 관계 규정을 집행한다.

이 중 특히 재무부 장관과의 협의하에 재정지출 총규모와 주요 지출처 간의 배정안을 정책 및 계획위원회에 제안하는 기능을 갖는다. 각료인 이 위원회의 의장 직속으로 총통제관이 있으며 사무국에는 8개의 브랜치가 있는데 이 중 프로그램 브랜치(Program Branch)가 가장 중요한 역할을 한다.

(4) **총통제관**(Comptroller General)

재무위원회 의장 밑에 있는 총통제관은 정부 각급 기관에서 효율적이고 책임 있는 관리가 이루어지도록 하는 책임을 지고 있다. 이 기구는 예산서 및 결산서의 형식과 내용에 관한 여러 가지 기준을 설정하고 예산안의 제3부의 각 권(부처별 세부예산안)을 작성하며 예산회계방침 및 정보 유통 체제 등을 작성하는 데 중심적인 역할을 담당한다. 특히 여기에서 회계 및 감사 절차가 재무위원회, 각 내각위원회들 및 의회의 요구에 합치되는가를 체크한다.

(5) **총감사관**(Auditor General)

총감사관실의 주된 기능은 정부의 각종 프로그램과 기타 재정 활동을 감사하고 그것을 하원에 보고하는 일이다. 총감사관은 의회에 속하며 내각에 대하여 책임을 지지 않는다. 이 기구가 의회에 보고하는 분야는 재정 활동 전반에 관한 것이므로 매우 광범하고 다양하다.

매년 총감사관은 캐나다 연방정부 및 왕립회사들의 재무제표를 감사하고 이에 관한 보고서를 결산서에 포함시켜 의회에 보고한다. 하원의 결산위원회는 감사보고서와 피감사기관 관리들의 증언을 청취하기 위하여 여러 번의 모임을 갖는다.

3 예산안 편성 및 심의 절차

1) 예산안 편성

캐나다의 회계연도는 4월 1일부터 익년 3월 31일이다. 여름 중 각 부처는 차기 회계연도의 사업계획을 검토하며 각 부처별 재정 5개년계획을 작성한다. 이것은 10월 중에 재무위원회와 동 사무국에 의하여 검토되며 11월 말까지 재무위원회는 부처별 예산 배정과 본예산안의 각 항목을 확정한다.

같은 기간 중에 내각의 계획위원회는 재무부에서 작성한 세입 및 세출 추정치와 기타 거시경제적 고려에 바탕을 둔 다음 회계연도의 전반적인 재정전략을 결정한다.

1월 중에 재무부는 예산서 작성을 준비하고 재무위원회는 본예산안의 I 부 및 II부를 작성한다. 각 부처는 본예산안의 제III부를 준비하고 내각 계획위원회는 예산의 여러 세부 사항을 확정한다.

예산서와 본예산안은 2월에 의회에 제출된다. 한편 동월 중 재무위원회는 당 회계연도의 마지막 보정예산안을 승인한다.

2) 예산안의 심의 절차

의회 및 의회의 각 위원회들이 본예산안을 검토하고 있는 3월 중에 당회계연도 마지막 보정예산안과 차회계연도 6월까지의 임시예산안이 의회에 제출된다. 5월 말일까지 하원의 각 위원회는 이 본예산안의 심의를 마친다. 6월 말까지 이 안은 대개 통과되며 이에 따라 정부는 지출예산을 집행할 수 있게 된다.

의회가 여름 휴가를 마칠 때까지 재무위원히는 새로운 보정예산안을 마련하며 동시에 전년도의 결산서와 감사보고서가 준비된다. 동시에 각 부처는 다음 회계연도의 예산 작업에 착수하게 된다.

예산과 관련하여 의회에 제출되는 서류는 예산서, 예산안, 결산서, 감사보고서이다. 이 중 결산서와 감사보고서는 10월 중에 제출되며, 예산서는 예산에 관한 정부의 제안연설 같은 것이다. 여기서 예산안이 가장 중요하다. 예산안은 대개 3부분으로 나뉘어 있다.

첫째, 제Ⅰ부는 정부지출계획이다. 본예산에 포함되어 있는 법정비 규모와 의회에서 승인되는 지출의 규모이다.

둘째, 제Ⅱ부는 본예산이다. 이 부분이 예산안의 가장 공식적인 부분이다.

셋째, 제Ⅲ부는 각 부처별 예산안이다.

제 4 절 독일의 예산 제도

1 개 요

독일의 재정 제도에 관한 법적 근거는 독일연방공화국기본법, 예산기본법, 연방예산규칙, 경제안정성장촉진법 등을 들 수 있다.

예산은 총예산과 개별예산으로 구성되며, 총예산에는 개별예산의 수입, 지출 및 채무부담수권의 총괄을 표시하도록 하고 있다.

독일의 회계연도는 매년 1월 1일부터 12월 31일까지로 한다. 그리고 독일에서는 계속비 제도를 두지 않고 있다. 본예산이 회계연도 개시 전까지 성립하지 못한 경우에는 예산안이 발효될 때까지 필요한 지출을 할 수 있도록 준예산 제도를 시행하고 있다.

연방예산은 연방재무부에서 수립하고, 연방정부가 이를 의결하며, 연방의회에서 법률로써 확정한다. 연방 재무부는 예산 기능과 수입을 관장하는 회계 기능을 모두 지니고 있다. 예산정책과 조세정책의 입안 책임은 재무부가 진다.

조세의 징수에 관하여는 정부 단위와 관계 없이 연방세나 지방세를 모두 세무청(Finanzamt)이 담당한다.

1990년에 동·서독이 통일된 이후 독일의 예산은 주로 동독에서의 비능률적인 사회주의 경제 체제를 서독의 사회적 시장경제 체제로 전환과 정착시키는 데 많은 부분이 투입되고 있는 실정이다. 그리고 동독 경제 질서의 전환시에 기본적인 서독 마르크(DM)에 의한 양독의 통화 통합을 단행한 바 있다.

2 예산의 구조

1) 예산의 구분

연방예산은 각 회계연도의 세입전망액, 세출전망액 및 채무부담 수권액 등 모든 항목에서 일반회계와 특별회계의 구분은 없다.

특별재산(연방우편, 연방철도, 부담조정기금, ERP특별재산 등)에 대하여는 보조금 또는 교부금만을 예산에 계상하고 특별재산의 세입, 세출, 채무부담 수권액에 대하여는 예산의 부속표로서 일람표를 첨부하든가 설명 사항을 기재하게 된다.

2) 예산의 형식

독일의 연방예산안은 예산법안, 총예산, 개별예산 및 부속자료로 구성된다. 예산법은 세입, 세출총액, 공채발행 한도액, 채부보증 한도액 등을 명시하고, 이용(移用), 기타 예산 집행 등에 관한 규정들을 포함한다.

첫째, 총예산에는 개별예산의 세입, 세출 및 채무부담 수권액, 수지 차액의 계산, 신용수입 및 상환 지출(신용자금계획) 등이 나타나 있다.

둘째, 개별예산은 관, 항으로 구분되는데 각각 관마다 항별 목적 규정과 금액을 표 형식으로 나타내며, 이에 설명을 덧붙이고 있다.

셋째, 부속자료로는 분류예산, 기능별 예산, 분류예산과 기능별 예산의 총괄표, 세입 및 세출상의 별도 계정과 예산정원표가 있으며, 각 개별예산의 마지막에는 연방철도, 연방우편, 부담조정기금, ERP 특별재산 등의 예산이 첨부되어 있다.

그 밖의 재정보고서가 예산 심의의 참고 자료로서 의회에 제출된다. 재정보고서에는 예산 편성의 배경이 되는 경제 정세·재정 정책상의 문제점, 세입세출예산의 개요, 중기재정계획, 지방재정과의 관계, EC와의 관계, 세제개혁, 연방 자산 및 부채 현황 등에 관하여 설명되어 있다.

3 예산안의 편성

독일의 예산안 편성은 다음과 같이 18단계로 나뉜다.

1) 제1단계

조세추계위원회(연방정부, 주정부, 자치단체, 연방통계청 및 학술기관의 전문가들로 구성됨)는 연방 경제부에서 추정한 경제 전망치를 토대로 예상되는 조세수입의 총액을 추정한다.

2) 제2단계

연방 각 부처는 사업계획에 따라 예산요구서를 작성하여 재무부 장관에게 제출한다. 예산안은 총 29개 부처 및 기관의 개별 예산안으로 구성된다.

3) 제3단계

연방 재무부 장관은 제출된 예산요구서를 검토하여 예산안을 작성하여, 관계 부처와 협의한 후 예산 요구를 변경할 수 있다. 이러한 조정을 한 후 재무부 장관은 전체 예산 총액이 추정된 세입을 초과하지 않도록 하여야 한다. 또한 재무부 장관은 연방정부, 주정부, 자치단체의 재정경제적 활동을 중재하고 예산 조정을 자문하는 재정계획자문위원회의 견해도 고려하여야 한다.

4) 제4단계

연방 재무부 장관이 수립한 예산안 및 예산법안(정부측 안)은 연방정부의 각료회의에 의하여 의결된다. 예산 의결은 관행상 회계연도의 상반기에 완료된다.

5) 제5단계

의결된 예산법안 및 예산안은 통상 늦어도 9월 1일 이후 최초로 연방의회가 열리는 주(週)에 연방상원 및 연방하원에 동시에 제출된다.

6) 제6단계

연방 상원은 예산안 제출 이후 6주 이내에 예산안에 관한 견해를 표명할 수 있다. 연방 상원의 견해 표명은 이 견해 표명에 대한 연방정부의 견해와 함께 연방 하원에 이관된다. 한편 각 주정부는 연방 상원을 통하여 연방예산에 대한 영향력을 행사한다.

7) 제7단계

연방 상원에서의 토의와 병행하여 연방 하원에서는 본회의에서의 재무부 장관의 예산안 제안설명 후 제1독회(일반 토론)가 개최된다. 제1독회(讀回)의 소요 일수는 2~3일이다. 연방 하원의 각 정당 의원들은 이 때 처음으로 예산안에 대한 견해를 표명할 수 있다.

8) 제8단계

제1독회 후 예산안은 39명의 의원으로 구성된 연방 하원 예산위원회로 이송된다. 예산위원회는 모든 사항을 검토하고, 경우에 따라서는 예산안을 변경하여 의결한다. 예산위원회의 결정은 각 정당 출신 의원 각 1명씩으로 구성되는 간사들에 의하여 준비되며, 이 때 간사들은 예산요구서의 삭감, 증액, 사업의 변경을 위하여 관련 부처, 연방 재무부 및 감사원과 긴밀히 협의한다. 예산위원회의 예산 심의는 대개 3개월 정도의 기간을 필요로 한다.

9) 제9단계

예산위원회에서 결의된 예산안은 연방 상원의 견해 표명이 있은 후 연방

하원의 본회의에 송부되어 제2독회가 행해진다. 이것은 연방 상원의 견해가 연방 하원에 의하여 고려될 수 있도록 하기 위한 절차이다.

10) 제10단계

제2독회에서 토의가 이루어진 예산안은 하원 본회의에 상정되는데 이 때부터 각 부처의 개별 예산안에 대한 토의가 시작되며 연방 하원은 모든 개별 예산안에 대하여 의결하여야 한다.

11) 제11단계

제3회독회에서는 개별 예산안에 대한 변경안의 수락 및 최종 예산안에 대한 토의가 진행된다. 의회에 의한 예산안의 수정은 증액, 감액 모두 가능하다. 연방정부는 의회의 이러한 법률 의결을 중지하도록 요구할 수 있으며, 또 의결된 경우에도 4주 이내에 정부는 의결 변경을 요구할 수 있다. 법률이 성립된 경우에도 6주 내에 이를 거부할 수 있다.

12) 제12단계

연방 하원은 예산안 및 예산법안을 의결하는데 이것은 통상 11월 말까지 끝난다.

13) 제13단계

연방 하원이 의결한 예산안 및 예산법안은 제2차 통과를 위하여 연방 상원으로 이송되며 통상 12월 중에 연방 상원에 의하여 의결된다.

14) 제14단계

연방 상원이 각 주정부의 이해 관계로 인하여 예산법안의 결의에 동의하지 않을 경우, 연방 상원은 이를 중재위원회(상하 의원 11명으로 구성)에 이송할 수 있다. 중재위원회가 예산법안의 개정을 건의할 경우 연방 하원은 이 법안을 재차 의결하여야 한다. 하원의 재의결 후 연방 상원은 이의를 제기할 수 있으나 하원에 의하여 이의가 기각되면 예산은 그대로 성립한다.

15) 제15～제18단계

성립된 예산안 및 예산법안은 연방 재무부 장관의 서명(제15단계), 연방 수상의 서명(제16단계), 연방 대통령의 서명(제17단계)를 거쳐 법률로 확정되며, 연방 관보에 공포(제18단계)된다.

4 예산의 집행

1) 지불 절차

예산이 성립되면 연방 재무부 장관은 각 부처 장관 등에 예산을 배정한다. 각 부처 장관은 자신이 관리하지 않는 예산에 대하여는 그 일부를 유보하고 소속 관청에 배부한다. 각 관청은 배부된 경비의 관리계획서를 작성한다.

각 부처 장관은 그 소관의 다음 달 월별 운영자금계획서를 매월 20일까지 연방 재무부 장관에게 제출한다. 재무부 장관은 이를 검토한 후 다음 달분의 지불명령에 관한 수권증서를 교부한다.

각 부처 장관 및 그 위임을 받은 소속 관청의 장은 운영자금의 범위 내에서 지불명령을 하고, 이에 의거하여 금고에서 지불이 행하여진다.

2) 예산 집행의 기본 원칙

예산을 집행할 때에는 기본적으로 다음과 같은 사항을 고려하여야 한다. 즉 예산은 예산계획에 입각하여야 하며, 회계연도 내에서 집행하여야 한다. 그리고 원칙적으로 다른 목적으로의 전용은 금지되며, 예산은 경제적으로 절약하여 사용하도록 한다. 계획 이상의 지출 및 계획에 의하지 않는 지출은 예기치 못한 상황 또는 불가피한 경우가 발생하였을 때에만 예외적으로 허용된다.

예산 집행의 신축성을 위한 조치로는 이용, 이체, 이월, 예산외 지출, 예산초과지출 제도를 두고 있다. 그러나 독일에서는 우리 나라나 일본에서와 같은 계속비 제도는 없으며 명시이월비가 계속비의 역할도 동시에 수행하고 있다고 할 수 있다.

5 결산 및 회계검사

1) 결산절차

재무부 장관이 정한 마감 시점에 따라 장부를 마감하고, 마감한 후에 이미 경과한 기간에 대한 수입 및 지출은 기장할 수 없다.

소관 관청은 마감된 장부에 의하여 결산을 행하며, 결산은 재산, 채무, 인수채무 및 금전채권을 대상으로 한다. 이렇게 마감된 장부에 의거 재무부 장관은 예산의 결산 및 재산결산서를 작성한다. 결산에서 세입, 세출은 일정 기준에 따라 예산액과 대비된다.

2) 회계검사

연방 재무부 장관은 회계연도 종료 이후 모든 세입, 세출, 연방정부의 재산 및 부채에 대한 결산을 연방 상하원 및 연방감사원에 동시에 제출하여야 한다.

독립적인 성격의 감사관들로 구성된 연방 감사원은 다음의 사항을 감사하게 된다.

① 연방 재무부 장관이 제출한 결산보고서(재산보고서 포함)

② 연방정부의 예산 집행 및 경제 업무 일체

③ 기타 연방 예산 규정, 연방 감사원에 관한 법률 및 기타 법률에 규정되어 있는 사항

P·a·r·t

03

수입 · 지출관리

Chapter 01

수입회계

제 1 절 수입의 의의

1 수입의 개념

국고금관리법에서는 수입(收入)을 법령 또는 계약 등에 의한 조세 등의 국고금이 세입으로 납입되거나 기금에 납입되는 것으로 규정하고 있으며, 더 넓은 의미로 수입은 국가의 정책이나 사업 시행 등 제반 수요의 충족에 소요되는 경비를 조달하기 위한 현금 수납과 이에 준하는 일체의 행위를 말한다. 따라서 현금 수납이 있다고 하더라도 보관금, 공탁금, 예탁금과 같이 지출재원이 아닌 것은 수입이라고 할 수 없다. 이와 같은 수입을 1회계연도라는 기간적 개념의 기준으로 보아 국가재정법 제17조 제1항에서는 세입(歲入)이라고 한다.

기업회계에서는 수입과 수익(收益)을 동일 또는 유사한 개념으로 보는 경우도 있으나, 정부회계에서는 자산을 증대시키는 수익과 다른 의미로 파악되고 있다. 즉, 정부회계에서의 수입은 이윤 개념이 아닌 단순한 현금 가치의 수납을 의미한다.

2 수입의 종류

수입은 국민이 납부하는 세금의 수입, 즉 조세수입과 그 밖에 조세 외의 수입인 세외수입으로 크게 구분할 수 있다. 지방자치단체의 경우는 국가로부터 받는 지방교부세와 보조금도 수입으로 본다.

1) 조세수입

조세(租稅)에는 과세 주체에 따라 국세와 지방세가 있다. 국세는 국세청과 그 산하기관인 세무서에서 관련 사무를 담당하고 지방세는 지방자치단체에서 담당하고 있다. 국세(國稅)는 내국세, 관세, 교육세 등이 있으며, 내국세는 다시 직접세와 간접세로 구분된다. 직접세는 소득세, 법인세, 상속세, 증여세 등이 있고, 간접세는 부가가치세, 주세, 전화세, 인지세, 증권거래세 등이 있다. 지방세(地方稅)는 과세권에 따라 광역시·도세와 시·군·구세로 구분하는 경우도 있고, 과세 목적에 따라 보통세와 목적세로 구분하기도 한다.

2) 세외수입

수입은 조세수입이 주된 것이지만 이 밖에도 사용료, 수수료, 임대료, 이자수입 등 여러 가지 원인에 의거 발생되는 수입이 있다. 이를 통틀어 세외수입(稅外收入)이라고 한다. 세외수입에는 매 회계연도마다 예측 가능한 경상적 세외수입과 그렇지 않은 임시적 세외수입이 있다.

경상적 세외수입으로는 재산임대료수입, 사용료수입, 수수료수입 등이 있으며, 임시적 세외수입으로는 이월금, 기부금, 재산매각수입 등이 있다.

3 수입행위

수입행위(收入行爲)는 수입의 원인을 조사하여 결정하고 그것을 납부 의무자에게 통지하는 행위인 징수행위(徵收行爲)와 납부 의무자가 납부하는 현금을 받는 행위인 수납행위(收納行爲)로 구분해 볼 수 있다. 징수행위는 다시 징수결정행위와 납입고지행위로 세분할 수 있다.

제 2 절 수입의 징수와 수납

1 수입의 징수

기획재정부 장관은 수입의 징수(徵收)와 수납(收納)에 관한 사무를 총괄하고 각 중앙관서의 장은 그 소관 수입의 징수와 수납에 관한 사무를 관리하고 있다. 각 중앙관서의 장은 국고금관리법 제9조 제1항에서 수입의 징수에 관한 사무를 위임할 수 있도록 규정하고 있다. 이를 위임받은 공무원을 수입징수관(收入徵收官)이라고 한다. 조세 기타의 수입은 수입징수관이 아니면 이를 징수할 수 없다. 수입징수관이 조세 기타의 수입을 징수하고자 할 때에는 이를 조사·결정하여 납세 의무자, 그 밖의 채무자에 대하여 납입고지를 하여야 한다.

2 징수 절차

국고금관리법 제10조, 동법시행령 제8조 및 동법 시행규칙 제4조에 의하면 수입의 징수 절차는 먼저 징수 결정을 하고, 다음에 징수 결정 사항에 따라 납입 의무자로 하여금 납입할 수 있도록 납입고지를 하면 된다.

1) 징수 결정

수입징수관은 법령 또는 계약 및 그 밖의 사유로 인하여 수입으로 징수하여야 할 금액이 있거나 그 통지를 받은 때에는 다음 각 호의 사항을 조사하여 이를 수입징수결의서에 따라 수입금으로 징수 결정(徵收決定)하고 수입징수부에 기록하여야 한다.

① 수입의 근거
② 납세 의무자 등의 명칭(성명) 및 주소
③ 납세 의무자 등의 실명확인번호(주민등록번호·사업자등록번호)
④ 납부 금액과 그 산정 근거
⑤ 납부 기한 및 납부 장소
⑥ 소속 회계연도
⑦ 회계·기금 및 소관의 구분
⑧ 수입 과목
⑨ 그 밖에 필요한 사항

이 조사 결정의 과정은 수입징수관이 소속되어 있는 조직 내부에서 이루어지는 것이 대부분이다. 따라서 수입의 징수 결정은 수입의 내용을 구체적으로 확정하는 조직 내부의 의사 결정이라고 할 수 있다.

한편 수입징수관은 납입의 고지에 의하지 아니하고 수입금이 출납공무원, 한국은행 등, 국고대리점, 체신관서 및 국고금납부 대행기관에 납입된 경우에는 당해 출납공무원, 한국은행 등 국고대리점, 체신관서 및 국고금납부 대행기관으로부터 송부된 수납증빙서류에 따라 징수 결정하여야 한다.

또한 수입징수관은 법령 또는 그 밖의 사유로 인하여 수입금을 분할하여 납부하게 하는 때에는 그 수입금을 분할 납부하게 한 횟수로 분할하여 새로이 징수 결정하여야 하고, 반납금이 수입에 편입된 때에도 즉시 징수 결정하여야 하며, 징수 결정한 수입이 다른 법령의 규정에 따라 수입인지 또는 우표로써 납부되거나 물납된 경우에는 그 대납에 상당한 금액을 수납처리하고 대납 금액에 대하여 감액의 징수 결정을 하여야 한다.

그리고 수입징수관은 법령 등의 변경, 계산의 착오 및 그 밖의 사유로 인하여 이미 징수 결정한 금액 또는 과목 등을 변경하고자 하는 때에는 그 근거를 분명히 하고 과목정정결의서 및 오류정정(감)결의서에 따라 징수 결정 내용을 변경하여야 한다.

2) 납입고지

(1) 납입고지의 방법

수입징수관이 수입에 관한 사항을 조사 결정하면 곧 납입 의무자, 즉 채무자에게 그를 납입하도록 납입고지(納入告知)를 하여야 한다. 채무자에 대한 법적 효력은 징수 결정으로 나타나는 것이 아니라 납입 의무자에 대한 납입의 고지로써 나타난다고 할 수 있다. 수입의 징수 결정이 조직 내부에서 이루어지는 행정행위라고 보면, 납입고지는 조직 외부에 대한 행정행위이다. 따라서 조직 외부와의 관계인 납입고지의 과정에서 상대방인 납입 의무자와 시효의 문제, 적법성의 문제, 고지 금액의 다과(多寡) 등으로 인한 분쟁이 나타날 수도 있다.

납입고지의 방법은 국고금관리법시행령 제9조에서 납세 의무자 등에 대하여 수입 과목, 납부할 금액, 납부 기한 및 납부 장소를 기재하되 문서로 하는 것을 원칙으로 규정하고 있다. 따라서 납입고지의 일반적인 방법으로는 문서인 납입고지서(納入告知書)를 발부하며, 국세나 지방세의 경우에는 납세고지서(納稅告知書)를 발부한다.

수입징수관은 납세 의무자 등이 신청하는 경우 납입고지서를 정보통신망을 이용하여 송달(이하 "전자송달"이라 한다)할 수 있으며, 기획재정부 장관은 전자송달 업무를 대행할 금융기관(이하 "전자송달 대행기관"이라 한다)을 신청받아 이를 지정하고 납입고지서를 전자송달받고자 하는 납세 의무자 등은 전자송달 대행기관에 신청하여야 한다.

수입징수관이 납입고지를 하는 때에는 납입자의 성명을 ① 법인에서는 그 법인의 명칭, ② 개인에서는 그 개인의 성명, ③ 관공서에서는 당해 기관의 명칭을 구분하여 명시하여야 한다.

수입징수관은 납부자의 주소 불명 등으로 인하여 납입고지서가 반송된 때에는 납부자의 명칭(성명) 및 주소 등을 확인하여 등기우편으로 송달하고, 납부자가 송달할 장소에 없는 경우로서 등기우편으로 송달하였으나 납입고지서가 반송된 때에는 공시송달의 방법으로 송달하여야 한다.

수입징수관은 납입고지서 또는 납부서를 발송하는 때에는 수입금출납공무원, 선사용자금출납공무원, 한국은행 등 국고대리점, 체신관서 및 국고금납부 대행기관을 납부 장소로 하여야 한다. 다만, 공고에 의한 납입의 고지를 하는 경우에는 수입금출납공무원 또는 선사용자금출납공무원을 납부 장소로 하여야 하며, 한국은행 등 국고대리점, 체신관서 및 국고금납부 대행기관을 납부 장소로 하는 때에는 특정 금융기관 또는 그 영업점을 납부 장소로 지정하여서는 아니 된다. 다만, 국고금의 회수금을 한국은행에 납부하게 하는 경우에는 그러하지 아니하다.

수입징수관이 납입고지를 하고자 하는 때에는 관계 법령 또는 당해 계약 등에서 납부 기한이 정하여진 경우를 제외하고는 고지한 날부터 15일 이내의 범위에서 납부 기한을 정하여 고지하여야 하며, 관계 법령 또는 당해 계약 등에서 정하는 바에 따라 납부 기한이 정하여진 수입금을 납입고지할 때에는 납부 기한이 개시되기 5일 전에 납입고지서를 발행하여 납세 의무자 등에게 송부하여야 하고, 납부 기한이 공휴일인 경우에는 그 다음 날을 납부 기한으로 한다.[1]

(2) 납입고지의 예외적인 경우

납입고지의 방법은 일반적으로 납입고지서를 문서로써 작성하여 납부자에게 직접 교부하거나 우편으로 발송하는 것이 원칙이나 다음과 같이 예외적인 경우도 있다.

① 말에 따른 납입고지: 수입징수관이 출납공무원에게 즉시 납입하도록 하는 경우에는 말로써 이를 할 수 있다.[2] 특히 말로써 즉시 납입하도록 납입고지를 하는 경우에는 납입할 금액과 기타 납입에 관한 필요한 사항을 당해 수입금출납공무원 또는 선사용자금출납공무원에게 통지하여야 한다.[3]

② 공고(公告)에 의한 납입고지: 수입징수관은 법령의 규정에 의하여 공고로써 수입금의 납입을 고지할 때에는 납입자의 주소, 성명, 납입 금

---

1) 국고금관리법시행령 제13조.
2) 국고금관리법시행령 제9조 및 국고금관리법시행규칙 제11조.
3) 국고금관리법시행규칙 제11조.

액, 납입 장소, 회계연도, 회계 구분 및 소관 세입 과목과 기타 납입에 관하여 필요한 사항 등 납입고지 사항을 명백히 하여야 한다.[4] 한편, 관세법[5]에서도 납세 의무자의 주소, 거소, 영업소 또는 사무소가 모두 불명할 때에는 공고에 의하도록 하고 있다.

③ 전자송달(電子送達)에 따른 납입의 고지: 전자송달 대행기관이 납입고지서의 전자송달을 하는 경우에 납입고지서 발행일부터 3일 이내의 기간 동안 2회 이상 납입고지서의 발송을 시도하였으나 납부자의 전자우편주소의 폐쇄 등으로 인하여 송달되지 아니하는 경우에는 이를 즉시 수입징수관에게 통보하여야 하며, 이 경우에 수입징수관은 납입고지서를 문서에 의하여 고지하여야 한다.

④ 납부서(納付書)에 의한 납입의 고지: 다음과 같은 경우에는 납입고지서가 아닌 납부서를 발행하여 납부하도록 한다.

㉮ 납부자가 이미 발송된 납입고지서의 납부 기한 내에 분할 납입할 것을 신청한 경우

㉯ 납부자가 납입고지서의 재발송을 신청한 경우

㉰ 납입고지서 발송 후 수납되지 아니한 수입금의 소관 수입징수관이 변경된 경우

㉱ 납입고지서 또는 납부서의 기재 사항이 징수 결정한 내용과 다르게 기재되어 이를 변경하고자 하는 경우

㉲ 납입고지서 발송 후 과목 변경을 하거나 징수 결정한 금액을 감액하여 납입하게 하는 경우

㉳ 납입고지서 발송 후 상계가 있는 경우로서 수납할 금액이 남아 있을 경우

4) 국고금관리법시행규칙 제12조.
5) 관세법 제18조.

3 수납 절차

1) 수입금 수납 및 납입 절차

수입금은 이를 수납하는 출납공무원(이하 "수입금출납공무원"이라 한다)이 아니면 수납할 수 없다. 다만, 한국은행 또는 금고은행(중앙관서의 장이 기업국가재정법에 따른 특별회계 또는 기금의 출납사무를 담당하는 금융기관을 말한다. 이하 같다)에 수납의 사무를 취급시킬 경우에는 그러하지 아니하며, 수입금출납공무원이 수입금을 수납한 때에는 지체없이 그 수납금을 한국은행 또는 금고은행에 납입하여야 한다.[6]

수입금출납공무원이 수입금을 수납한 때에는 당해 납부자에게 영수증을 교부하고, 기획재정부령이 정하는 바에 따라 수입징수관에게 수납 내역을 통지하여야 한다. 중앙관서의 장은 외국에서 수입금을 수납한 경우 그 수납기관에 교부할 관서운영경비에서 수입금을 차감하고 당해 관서운영경비를 교부하는 관서운영경비출납공무원으로 하여금 관서운영경비 중 차감한 금액을 한국은행 등에 납입하게 할 수 있다.[7]

한국은행 등(한국은행 등을 대리하여 국고금 출납의 사무를 취급하는 금융기관을 포함한다)은 수입금을 수납한 때에는 당해 납부자에게 영수증을 교부하고 수입징수관에게 수납 내역을 통지하여야 한다. 다만, 당해 납부자가 수입금을 정보통신 매체를 이용하여 전자적으로 납부하는 경우에는 영수증을 교부하지 아니하며, 납입고지서에 기재된 납부 기한 또는 다른 법령의 규정에 의한 납부 기한이 한국은행 등의 휴무일인 경우 납부자는 그 다음 날까지 수입금을 납부할 수 있다.[8]

수입금출납공무원은 수입금을 수납한 때에는 납부영수증서 사본을 첨부하여 수납 내역을 수입징수관에게 통지하여야 하며,[9] 영수한 현금 등을 납

---

6) 국고금관리법 제12조.
7) 국고금관리법시행령 제14조.
8) 국고금관리법시행령 제15조.

부서에 따라 지체없이 한국은행 등 및 국고대리점에 납부하고 영수증서를 받아야 한다. 다만, 한국은행 등 및 국고대리점의 영업이 마감한 후에 영수한 현금 등은 다음 날 즉시 납부하여야 한다.[10] 한편 외국에서 수입금을 수납한 경우에도 이를 준용하며, 외국 화폐로 수납한 경우에는 한국은행 등에 외국 화폐로 납부하여야 한다. 이 경우에 납부자에게 교부하는 영수증과 수납기관에서 보관하는 영수증서에는 수납 금액을 원화액으로 기재하되, 외국 화폐로 수납한 경우에는 당해 외국 화폐액과 당시의 환율을 부기하여야 한다.

수입금출납공무원은 수입금을 외국에서 수납한 경우에 당해 소재지에 한국은행 등의 영업점이 없는 경우에는 국내의 한국은행 등에 송금하여 납입하여야 하며, 외국에서 수납한 수입금을 즉시 납입할 수 없는 경우에는 매월분을 환으로 하여 납부서와 함께 이를 다음 달 1일에 한국은행 등에 납입할 수 있다. 이 경우 납부서에는 원화액을 기재하고 환의 액면 금액을 부기하여야 한다.[11]

한국은행 등 및 국고대리점은 납부자로부터 회계연도 소속의 수입금을 회계연도 내에 수납한 때에는 당해 회계연도의 수입금으로 회계 처리하고, 회계연도를 경과하여 수납한 때에는 다음 회계연도의 수입금으로 회계 처리하여야 하며, 한국은행 등 및 국고대리점이 수입금을 수납한 때에는 국가재정정보 시스템을 이용하여 수납 내역을 수입징수관에게 통지하여야 한다.[12]

2) 현금납입보고

수입금출납공무원은 자금출납부에 따라서 매월 수입금납입명세서를 작성하여 다음 달 3일까지 이를 수입징수관에게 제출하여야 한다.[13]

---

9) 국고금관리법시행규칙 제23조.
10) 국고금관리법시행규칙 제24조.
11) 국고금관리법시행규칙 제26조.
12) 국고금관리법시행규칙 제28조.
13) 국고금관리법시행규칙 제27조.

4 납입의 독촉 및 불납결손

수입징수관은 납부자가 수입금을 납부 기한 내에 납부하지 아니하는 경우에는 독촉장을 납부 기한 경과 후 7일 이내에 발송하되, 독촉한 납부 기한 내에 납부하지 아니한 경우에는 1차에 한하여 독촉장을 추가로 발송할 수 있으며, 독촉장을 발송하는 경우의 납부 기한은 당해 발송일부터 10일 이내로 한다. 또한 납부자에게 통지되지 않아 공시송달을 하여도 납부 기한까지 납입하지 아니하는 때에는 이를 당해 채권의 소관기관에 통지하여야 한다.[14)]

수입징수관은 매 회계연도의 징수 결정 금액 중 미수납액은 다음 회계연도의 수입의 징수 결정 금액으로 이월하여야 하며, 이월액은 다음 회계연도 1월 1일자로 수입징수부의 해당 과목에 해당 회계연도분과 구분하여 기재하고, 전 회계연도로부터 이월되었음을 표시하여야 한다. 다만, 정부 계정 상호간의 국고금 대체에 따라 발생한 이월액은 다음 회계연도 1월 16일자로 구분하여 기재하고, 전 회계연도로부터 이월되었음을 기재하여야 한다. 전 회계연도에서 이월된 징수결정 금액으로서 계속하여 수납되지 아니한 경우에는 재차 이월하여야 한다.[15)]

수입징수관은 다른 법령의 규정에 따라 채무 면제의 결정 통지가 있거나 시효의 완성 또는 그 밖의 사유로 인하여 징수 결정된 금액을 수납할 수 없게 된 때에는 그 사유를 기재한 서류를 갖추어 불납결손(不納缺損)의 결정을 하여야 하며, 이 때에는 수입징수결의서에 별도로 표기하여야 한다.[16)]

---

14) 국고금관리시행규칙 제32조.
15) 국고금관리시행규칙 제34조.
16) 국고금관리시행규칙 제35조.

5 징수기관과 수납기관의 분립

수입징수관은 수입금출납공무원의 직무를 겸할 수 없다.[17] 다만, 정원의 과소로 인하여 동일인이 그 직무를 겸하여야 할 부득이한 사유가 있는 경우에는 수입징수관과 수입금출납공무원의 직무 및 지출관과 출납공무원의 직무를 각각 동일인이 겸하게 할 수 있다.[18]

제 3 절 과오납금의 반환

출납이 완결된 연도에 속하는 수입은 모두 현 연도의 수입에 편입하여야 하며, 과오납된 수입금이 있는 경우에는 세출예산 또는 기금운용계획에 관계 없이 반환하여야 한다. 그리고 수입으로서 납입된 금액 중 법률의 규정에 따라 환급할 금액이 있는 때에는 세출예산 또는 기금운용계획에 관계없이 환급하여야 한다.[19]

수입징수관은 과오납금(過誤納金)을 반환하고자 하는 경우에는 과오납된 수입 과목, 수입 연도 및 과오납 금액 등을 확인하여 과오납금 반환결의서에 따라 과오납금 반환을 결정하고, 그 결과를 지체없이 과오 납부자에게 과오납금 반환결정통지서 또는 수입금환급 결정통지서에 따라 통지하여야 하며, 과오납금의 반환을 결정한 때에는 한국은행 등에 과오납금의 반환금의 지급을 요구하여야 한다. 이를 반환 결정한 회계연도의 징수 결정 금액의 감액이 있는 것으로 본다. 과오납금의 반환 방법 및 그 절차 등에 대하여는 국고금관리법시행령 제28조의 규정을 준용한다. 이 경우 수입징수관

17) 국고금관리법 제13조.
18) 국고금관리법시행령 제16조.
19) 국고금관리법 제14조, 제15조, 제16조.

은 지출관 역할을 한다.[20]

한국은행 등은 과오납금을 반환하거나 수입금을 환급한 때에는 그 결과를 회계 처리하고 반환 및 환급 사실을 당해 수입징수관에게 통지하여야 한다.[21]

제 4 절 선사용자금

정부기업예산법에 따른 특별회계는 다른 규정에 불구하고 수입금을 선사용자금(국고에 납입하기 전에 미리 사용하고 지출금으로 대체 납입하는 자금을 말한다)으로 운용할 수 있으며, 중앙관서의 장은 선사용자금(先使用資金)을 운용하기 위하여 선사용자금출납명령관 및 선사용자금출납공무원을 임명할 수 있고, 선사용자금은 대통령령이 정하는 금융기관에 예치하여 관리한다.[22]

기업특별회계를 관장하는 중앙관서의 장은 선사용자금의 지출을 위하여 필요한 자금을 선사용자금출납공무원에게 교부할 것을 한국은행 등에 청구할 수 있다. 이 경우 청구 금액은 선사용자금 지출한도액을 초과할 수 없으며, 교부받은 자금은 당해 회계연도 내에 반환하여야 한다.[23]

선사용자금 지출한도액은 국가재정법 제35조의 규정에 따라 배정된 세출예산액을 초과할 수 없으며, 재무관은 지출원인행위에 따라 선사용자금을 지출하고자 하는 때에는 선사용자금출납명령관에게 지출원인행위 관계 서류를 송부하여야 한다. 선사용자금출납명령관은 재무관으로부터 지출원인행위 관계 서류를 송부받은 때에는 배정된 예산 및 선사용자금 지출한도액의 범위 안에 해당되는지의 여부 및 당해 회계연도의 예산 과목에 적합

20) 국고금관리법시행령 제17조.
21) 국고금관리법시행령 제18조.
22) 국고금관리법 제18조.
23) 국고금관리법시행령 제20조.

한지 여부를 확인한 후 선사용자금출납공무원에게 선사용자금의 지출을 요구하여야 한다. 선사용자금출납공무원은 선사용자금출납명령관의 지출 요구에 의하여 선사용자금을 지출하여야 한다. 선사용자금출납공무원이 선사용자금을 채권자 등에게 지출하거나 관서운영경비출납공무원에게 교부하여 지급하게 하고자 하는 때에는 계좌 이체의 방법으로 이를 지출하거나 교부하여야 한다.[24)]

선사용자금출납공무원은 매월 말일 현재의 선사용자금의 출납 현황을 다음 달 10일까지 지출관에게 통보하여야 하며, 지출관은 선사용자금의 출납 현황에 따라 다음 달 15일까지 선사용자금의 지출 금액을 수입징수관에게 납입하여야 한다.

예금 업무를 취급하는 선사용자금 운용기관의 장은 예금 수불 업무를 담당하는 공무원을 선사용자금출납공무원으로 임명하여서는 아니 된다. 다만, 정원의 과소 등으로 인하여 불가피하게 예금 수불 업무를 담당하는 공무원을 선사용자금출납공무원으로 임명하여야 할 필요가 있는 경우에는 예외로 하되, 이 경우에는 국고예금의 통장 및 인감을 선사용자금출납명령관이 보관·관리하여야 한다.[25)]

제 5 절 과년도 수입과 지출금의 반납

출납이 완결된 연도에 속하는 수입과 지출은 모두 현 연도의 수입에 편입하여야 하며, 지난 연도에 속하는 채무 확정액으로서 지출하지 아니한 경비는 현 연도 세출예산에서 지출하되, 그 경비 소속 연도의 해당 과목 가운데 쓰지 아니한 금액을 초과하지 못한다. 다만, 경비의 성질상 지출이 불가피하다고 대통령령으로 인정하는 경비에 대하여는 예외로 한다.

24) 국고금관리법시행령 제22조.
25) 국고금관리시행규칙 제37조.

지출관은 지출한 금액을 반납받고자 하는 때에는 반납 의무자에게 국고금반납고지서를 송부하여 반납의 고지를 하여야 한다. 이 경우 반납의 고지는 국고금관리법시행령 제9조의 규정에 따른 납입의 고지 방법을 준용한다.

한국은행 등은 반납금을 수납한 때에는 지출금의 반납자에게 영수증을 교부하고 기획재정부령이 정하는 바에 따라 수납 내역을 지출관에게 통지하여야 한다. 다만, 지출된 회계연도의 말일을 경과하여 반납된 경우에는 수입징수관에게 통지하여야 한다.

지출관은 계좌 이체한 지출금이 채권자 등의 계좌가 아닌 계좌로 이체되었거나 지출 금액을 초과하여 지출된 경우에는 즉시 반납 절차를 취하여야 하며, 지출금의 반납 의무자로부터 국고금반납고지서의 재발행 요청이 있는 경우에는 반납금납부서를 송부하여야 한다.

Chapter 02

지출회계

제 1 절 지출의 의의

1 지출의 개념

국고금관리법에서는 지출(支出)을 세출예산 및 기금운용계획의 집행에 따라 국고에서 현금 등이 지급되는 것으로 규정하고 있으며, 더 구체적으로 정부회계에서 지출이란 광의, 협의, 최협의로 구분하여 개념을 정의할 수 있다(편호범, 1992: 201). 여기에서 광의(廣義, 넓은 의미)의 지출이란 국가가 세출예산 및 기금운용계획을 집행하는 일련의 행위로서 지출원인행위(支出原因行爲), 지출(支出), 지급(支給)을 모두 포함하는 개념이다.

이에 비하여 협의(狹義, 좁은 의미)의 지출은 재무관이 한 지출원인행위에 따라 지출관이 국고금입금요구서나 국고금대체입금요구서를 작성하여 한국은행에 송부하거나 한국은행을 지급인으로 국고수표를 발행하는 최협의의 지출행위와, 한국은행이 당해 국고금입금요구서나 국고금대체입금요구서를 송부받고 계좌 이체하거나 또는 국고수표의 소지인에게 현금을 주는 지급행위를 포함하는 개념이다.

그리고 최협의(最狹義, 가장 좁은 의미)의 지출은 국고금관리법에서 규정하고 있는 지출관에 의한 국고금입금요구서나 국고금대체입금요구서를 작성하여 한국은행에 계좌 이체를 의뢰하거나 또는 국고수표의 발행만을 의미한다.

2 지출의 절차

국고금관리법 제19조에 의거, 기획재정부 장관은 지출에 관한 사무를 총괄하고, 각 중앙관서의 장은 그 소관에 속하는 지출원인행위(국고금지출의 원인이 되는 계약 그 밖의 행위를 말한다)와 지출에 관한 사무를 관리한다. 각 중앙관서의 장은 국고금관리법 제21조에 의거 위임받은 공무원 즉 재무관(財務官)이 그 소관에 속하는 세출예산 및 기금운용계획에 의하여 지출하고자 할 때에는 대통령령이 정하는 바에 의하여 소속 중앙관서의 장이 임명한 공무원 즉 지출관(支出官)에게 지출원인행위 관계 서류를 송부하여야 한다.[1)]

광의의 지출의 세부적인 절차를 살펴보면 다음과 같다. 예산이 성립되면 각 중앙관서의 장은 예산배정요구서에 의거 세입예산 월별징수계획서와 세출예산 월별 지출계획서를 기획재정부 장관에게 제출하고 기획재정부 장관은 이를 참고로 월별 자금계획을 작성하여 대통령의 승인을 얻은 후 월별로 표시한 지출한도액을 각 중앙관서의 장과 한국은행에 통지한다. 이에 따라 자금이 배정되고 재무관 등에 의한 지출원인행위가 이루어지며, 재무관은 지출원인행위에 관련된 서류를 지출관에게 송부하고, 지출관은 관계 서류를 근거로 당해 내용이 완결(납품 또는 준공 등)되면 채권자를 상대로 계좌 이체를 의뢰하거나 국고수표를 발행하여 수표 소지인은 한국은행이나 국고대리점에서 현금을 지급받고 한국은행은 그 결과를 취합하여 보고함으로써 광의의 지출은 모두 마무리된다.

---

1) 지방자치단체는 지방재정법에 의거 지출원인행위에 관하여 위임받은 공무원은 경리관(經理官), 지출에 관하여 위임받은 공무원은 출납관(出納官)이다.

제 2 절 지출원인행위

1 지출원인행위의 개념

지출원인행위(支出原因行爲)란 세출예산, 계속비 또는 국고채무부담행위에 의하여 국가 지출의 원인이 되는 계약 또는 그 밖의 행위를 하는 것을 말한다.

재무관은 지출원인행위부(중앙관서의 장의 승인을 얻은 보조부 포함)를 비치하여야 하며, 재무관이 지출원인행위를 하는 때에는 지출원인행위서를 작성하고 이를 지출원인행위부에 기재하여야 한다. 지출원인행위부에는 매월 말일 현재의 월계 및 누계를 기입하여야 한다.

2 지출원인행위의 준칙과 특례

지출원인행위는 국고금관리법 제20조에 중앙관서의 장이 법령, 국가재정법 제43조의 규정에 따라 배정된 예산 또는 기금운용계획의 금액 범위 안에서 하도록 준칙으로 규정하고 있다. 그러나 재무관은 국가재정법 제53조의 규정에 따라 예산을 초과하여 수입대체경비를 집행하고자 하는 때에는 국가재정법시행령 제24조의 규정에 따라 재무관별로 통지된 수입대체경비의 예산초과집행한도액 및 예산 초과수입의 범위 안에서 지출원인행위를 할 수 있다. 기금을 관장하는 중앙관서의 장은 기금운용계획의 범위 안에서 기금의 월별 자금운용계획을 수립할 수 있으며, 기금의 재무관은 중앙관서의 장으로부터 월별 자금운용계획이 통지된 경우에는 그 월별 자금운용계획의 범위 안에서 지출원인행위를 하여야 한다.

또한 지출원인행위는 국고금관리법에 규정된 바와 같이 당해 회계연도 내에 모두 이루어져야 한다. 그러나 명시이월비(明示移越費)에 대하여 예산 집행상 부득이한 사유가 있을 때에는 사항마다 그 사유와 금액을 명백히 하여 기획재정부 장관의 승인을 얻은 금액의 범위 내에서 다음 연도에 걸쳐 지출하여야 할 지출원인행위를 할 수 있다.[2]

지출원인행위시 지켜야 할 사항, 즉 준칙으로는 다음을 들 수 있다.

① 지출원인행위의 내용이나 절차가 관계 법령에 위배해서는 아니 되며, 배정된 예산의 범위 내에서 이루어져야 한다.

② 예산에 정해진 목적과 배정된 세출예산, 계속비, 국고채무부담행위의 각 과목별 혹은 사업별 금액의 범위 내에서 집행되어야 한다.

③ 지출원인행위시 당해 사업의 긴급성이나 우선순위를 예산 집행의 효율성 측면에서 신중히 검토한다.

3 지출원인행위의 권한

지출원인행위를 할 수 있는 권한은 원칙적으로 중앙관서의 장에게 있다. 그러나 모든 예산의 지출원인행위를 중앙관서의 장이 한다는 것은 불가능하기 때문에 소속 공무원에게 지출원인행위에 관한 권한을 위임할 수밖에 없다. 중앙관서의 장으로부터 지출원인행위를 할 수 있는 권한을 위임받은 공무원을 재무관(財務官)이라고 한다. 중앙관서의 장 또는 위임받은 공무원은 필요하다고 인정할 때에는 소속 공무원에게 재무관의 사무의 전부를 대리하게 하거나 그 일부를 분장하게 할 수 있다. 이 경우에는 지출관과 기획재정부 장관 및 감사원에 이를 통지하여야 한다. 여기서 재무관의 사무를 전부 대리하는 자를 대리재무관(代理財務官), 일부를 분장하는 공무원을 분임재무관(分任財務官), 그리고 분임재무관의 사무를 대리하는 공무원을 대리분임재무관(代理分任財務官)이라고 칭한다.

재무관은 공사·제조·용역계약의 경우에는 총계약 금액을 지출원인행

2) 국가재정법 제48조 제2항.

위 금액으로 하고, 공사의 완성 정도 등에 따라 부분적으로 공사대금의 지급을 지출관에게 요구할 수 있다.

재무관은 법령 등에 따라 지출원인행위를 변경한 경우에는 그 변경된 사항을 지출관에게 통지하여야 하며, 계정 과목 등이 잘못 기재되어 이를 변경하는 경우에도 또한 같다.

재무관은 관련 법령 등에서 정한 지출의 시기가 도래하기 전에 지출원인행위서에 계약서, 설계서, 규격서, 검사조서 및 그 밖의 지출원인행위 관계서류를 붙여 지출관에게 송부하여야 하며, 이 때에 채권자 등의 금융기관 계좌번호가 표시된 예금통장 사본 등 계좌 이체에 필요한 자료를 함께 송부하여야 한다. 채권자 등의 금융기관 예금 계좌는 지출원인행위 관계 서류에 기재된 채권자 등의 실명으로 개설된 예금 계좌로 하여야 한다. 다만, 채권자 등의 사망 등으로 인하여 지출원인행위 관계 서류에 기재된 당사자의 명의로 된 금융기관 예금 계좌로 지급할 수 없는 경우에는 당해 채권을 승계한 자 명의의 예금 계좌로 지급할 수 있다. 이 경우에는 당해 채권의 승계를 증명할 수 있는 서류를 붙여 이를 지출관에게 송부하여야 한다.

공사, 제조 또는 구매의 계약이 하도급 거래 공정화에 관한 법률 제2조 제1항의 규정에 따른 하도급에 해당되는 경우로서 당해 하도급의 수급사업자에게 하도급의 대가를 직접 지급하는 경우에는 당해 수급사업자를 채권자 등으로 본다.

제 3 절 가장 좁은 의미의 지출

1 지출기관

각 중앙관서의 장은 국고관리법시행령 제26조의 규정에 따라 그 소관에 속하는 재무관의 지출원인행위에 대한 지출을 하게 하기 위하여 지출관을 임명하여야 하며, 이 때에는 재무관, 기획재정부 장관, 감사원 및 한국은행 등에 통지하여야 한다.

각 중앙관서의 장 또는 그 위임을 받은 공무원이 필요하다고 인정할 때에는 지출관의 사무의 전부를 대리하게 하거나 그 일부를 분장하는 공무원을 임명할 수 있다. 지출관의 사무의 전부를 대리하는 공무원을 대리지출관(代理支出官), 일부를 분장하는 공무원을 분임지출관(分任支出官), 분임지출관의 사무를 대리하는 공무원을 대리분임지출관(代理分任支出官)이라고 칭한다.

2 지출의 절차

1) 지출원인행위 서류의 접수 및 검토

재무관이 지출관으로 하여금 지출하게 하고자 할 때에는 지출원인행위에 관한 일체의 서류를 당해 지출관에게 송부하여야 하며, 지출관은 지출원인행위를 담당한 재무관으로부터 지출원인행위 서류에 관한 관계 서류를 송부받았을 때에는 다음의 지출 준칙을 철저히 검토·확인한 후 지출의 의사를 결정하는, 즉 지출에 대한 결의를 하여야 한다.

① 지출원인행위가 예산 배정액 범위 등 관계 규정에 따라 이루어졌을 것
② 지출원인행위 관계 서류가 송부되었을 것
③ 지출관별 월별 세부자금계획(전기까지의 미집행된 잔액을 포함한다)의 각 예산 과목의 금액 이내일 것
④ 지출원인행위부에 기재되었을 것
⑤ 기금의 경우 기금의 보유 금액에서 운용 중인 여유자금을 제외한 금액 이내(지출 예정일 이전에 수입 또는 회수될 자금을 포함한다)일 것
⑥ 지출에 관련된 구비 서류가 누락되지 않을 것
⑦ 지출의 반대급부에 대한 완수(물건 제조·납품, 시설물 준공 등 계약사항)되었을 것
⑧ 정당한 채권자일 것

2) 계좌 이체에 의한 지출

지출원인행위에 따라 지출관이 지출하고자 하는 때에는 대통령령이 정하는 바에 의하여 채권자 또는 법령이 정하는 바에 따라 국고금의 지급사무를 수탁하여 처리하는 자(이하 "채권자 등"이라 한다)의 금융기관의 예금 계좌로 이체하여 지급하여야 하며, 이 때에는 국가재정정보 시스템에 의하여 그 업무를 수행한다.

지출관이 한국은행 등으로 하여금 채권자 등의 예금 계좌로 이체하도록 할 때에는 기획재정부 장관이 정하는 국고금입금요구서 또는 국고금대체입금요구서(정부 계정 상호간에 국고금을 대체하는 경우에 한한다. 이하 같다)를 한국은행 등에 송부하여야 하며, 만약 국고금입금요구서 또는 국고금대체입금요구서를 한국은행 등에 송부할 때 정보통신 매체 및 프로그램의 장애 등으로 인하여 국가재정정보 시스템을 이용할 수 없는 경우에는 국고금입금요구서 등을 출력하여 기획재정부령이 정하는 절차와 방법[3]으로 한국은행 등에 송부할 수 있다.

또한 지출관은 채권자 등의 예금 계좌가 개설된 금융기관의 정보통신 매체 및 프로그램에 장애가 발생하여 이체가 불가능한 경우에는 채권자 등의 협조를 얻어 계좌 이체가 가능한 금융기관의 예금 계좌로 이체할 수 있다.

금융기관의 예금 계좌로 이체시 국고금입금요구서 또는 국고금대체입금요구서에는 ① 회계연도와 회계명, ② 지급 금액, ③ 채권자의 실명 확인번호, ④ 채권자의 예금 계좌번호, ⑤ 수입징수관 명칭(국고금대체입금의 경우), ⑥ 국고금입금요구서 등의 발행 연월일과 발행자 등을 기재하여야 하며, 한국은행 등은 계좌 이체를 완료한 경우에는 그 결과를 지출관에게 반드시 통지하여야 한다.

지출관은 한국은행 등에 계좌 이체를 요구할 때에는 채권자 등이 지정한 금융기관의 계좌번호가 정확한지 여부 등을 미리 확인하여야 하며, 한국은행 등으로부터 이체하고자 하는 계좌에 오류가 있음을 통지받은 경우에는 그 내용을 확인한 후 한국은행 등에 새로운 계좌번호를 기재한 국고금입금

3) 국고금관리법시행규칙 제46조.

요구서 등을 재송부하여야 한다.

지출관은 지출할 금액 중 소득세법 또는 법인세법의 규정에 따른 원천징수세액과 지방세법의 규정에 따른 특별징수부가세액 및 그 밖의 공제할 금액이 있는 경우에는 공제 내역을 지출결의서에 기재하고 공제 후의 잔액을 지출하여야 하며, 이 때에는 공제한 금액을 관련 법령 등에서 정한 납부 기한 내에 납부하여야 한다.

지출관은 부득이 현금 등을 지급하는 경우에는 영수증서를 받아야 하며, 채권자 등이 부가가치세법상의 사업자에 해당하는 경우에는 부가가치세법 제16조의 규정에 따른 세금계산서, 소득세법 제163조의 규정에 따른 계산서 또는 법인세법 제121조의 규정에 따른 계산서를 수령하여야 한다.

지출관은 원칙적으로 채권자 등을 수취인으로 하는 경우 외에는 지출할 수 없으며, 출납공무원에 대하여 자금을 교부하는 경우에는 예외로 한다. 지출관은 지출결의서에 따라 지출을 하고 그 결과를 지출부에 꼭 기록하여야 한다.

3) 국고수표에 의한 지출

지출관은 모든 금융기관의 정보통신 매체 및 프로그램의 장애, 그 밖의 불가피한 사유로 인하여 계좌 이체의 방법으로 지급할 수 없는 경우에는 국고수표를 발행하여 채권자에게 직접 지급할 수 있으며, 이는 지출관별 월별 세부자금계획의 범위 안에서 하여야 한다. 기획재정부 장관은 국고수표 등으로 지출하는 경우에는 그 사실을 즉시 중앙관서의 장, 한국은행 등 및 금융기관에 각각 통지하고 일반에 공고하여야 하며, 불가피한 사유가 해소되어 국고수표 등에 의한 지출을 중단하는 경우에도 또한 같다.

기획재정부 장관은 국고수표를 발행하는 경우에는 소지인 출급식으로 하여야 하며, 국고수표에 의한 지출 통지를 받은 중앙관서의 장은 회계계정별, 소관별, 기금별로 1인(기획재정부 장관의 승인을 얻은 경우에는 1인 이상)의 지출관을 임명하여 한국은행 등으로부터 수표 용지를 교부받아 지출하게 하여야 한다. 이 경우 중앙관서의 장은 지출관별 월별 세부자금계획을 한국은행 등에 통지하여야 한다.

3 지출의 특례

지출관의 세출예산에 대한 지출은 예산 집행의 여러 절차 중 사실상 마무리 단계에 속하기 때문에 예산의 효율적인 운용 및 회계 서류의 마지막 점검이라는 의미에서 몇 가지의 제한적 원칙을 지키도록 요구하고 있다.

① 정당한 채권자를 수취인으로 하는 경우에만 지출하여야 한다.

② 채무가 확정되어야 하며, 반대급부의 경우 급부가 이루어지는 등 이행기가 도래하였을 경우에 지출하여야 한다.

③ 회계연도 독립의 원칙에 의거 당해 연도의 세출예산에서 지출하여야 한다.

④ 당해 회계연도의 개시 후에 지출하여야 한다.

그러나 이 원칙을 조금도 벗어나지 못하도록 엄격히 적용하다 보면 국제정세에 적절히 대응하지 못하여 국가적 손실을 가져올 수도 있고, 또한 국가 운영면에서도 적당한 시기를 상실하여 주요 사업에 차질을 빚거나 변태경리를 조장하는 등 회계 절차가 부적절하여 전체적인 면에서 볼 때 오히려 예산이 비효율적으로 운용되는 결과를 초래하는 경우도 있다. 따라서 이와 같은 문제점을 사전에 예방하고 가능한 한 줄이기 위하여 지출의 특례를 인정하고 있다. 주요한 몇 가지만 살펴보면 다음과 같다.

1) 관서운영경비의 지급

각 중앙관서의 장 또는 그 위임을 받은 공무원은 관서를 운영하는 데 드는 경비로서 그 성질상 원칙적인 절차에 따라 지출할 경우 업무 수행에 지장을 가져올 우려가 있는 경비(이하 "관서운영경비"라 한다)에 대하여는 필요한 자금을 출납공무원으로 하여금 지출관으로부터 교부받아 지급하게 할 수 있다. 이와 같은 경비는 회계연도 개시 전에도 교부가 가능하다. 관서운영경비를 교부받아 지급하는 출납공무원을 관서운영경비 출납공무원이라고 하며, 관서운영경비는 관서운영경비 출납공무원을 임명하여 지급할 수 없으며, 관서운영경비 출납공무원은 관서운영경비를 금융기관에 예치하여 관리하여야 한다.

관서운영경비 출납공무원은 교부된 자금의 범위 안에서 지급원인행위를 할 수 있으며, 관서운영경비를 지급하고자 하는 때에는 정부 구매카드(여신전문금융업법 제2조의 규정에 따른 신용카드로서 대통령령이 정하는 바에 따라 관서운영경비의 지급을 위하여 사용되는 것)를 사용하여야 한다. 다만, 경비의 성질상 정부 구매카드를 사용할 수 없는 경우에는 대통령령이 정하는 바에 따라 현금 지급 등의 방법으로 지급할 수 있다.

국고금관리법에서 규정한 관서운영경비의 범위는 다음과 같다.

① 운영비(복리후생비, 시험연구비 중 연구개발비, 학교운영비, 위탁사업비는 제외한다)·특수활동비 및 업무추진비 중 기획재정부령이 정하는 금액 이하의 경비

② 외국에 있는 채권자가 외국에서 지급받고자 하는 경우에 지급하는 경비(재외공관 및 외국에 설치된 국가기관에 지급하는 경비를 포함한다)

③ 여비

④ 인건비 중 현역 병사의 봉급 및 특수지 근무수당

⑤ 보전금 중 군인사망보전금, 국가유공자 또는 유족 사망일시금, 병사전역급여금, 예비군 여비, 상근예비역 및 공공봉사제 운영여비, 군입영 신체검사 불합격자 귀가여비, 군유가족 접대비, 포상금, 상금 및 법령에 따른 증인·감정인·통역인 또는 번역인에 대한 일비 등 실비변상금

⑥ 민간이전 중 구료비

⑦ 그 밖에 기획재정부 장관이 경비의 성질상 관서운영경비로 지급하는 것이 적합하다고 인정하는 경비

상기 중에서 제1호의 내용으로 지급하는 경비는 건당 500만 원을 최고액으로 하며, 다음의 경우에는 예외로 한다.

① 기업 특별회계상 당해 사업에 직접 소요되는 경비

② 관서운영비 중 공과금 및 위원회 참석비

③ 특수활동비 중 수사 활동에 소요되는 경비

④ 그 밖에 기획재정부 장관이 정하는 경비

또한 상기 중에서 회계연도 개시 전에 관서운영경비출납공무원에게 자금을 교부할 수 있는 경비는 운영비(복리후생비 등은 제외), 업무추진비 및 특수활동비, 외국에서 지급하는 경비 그리고 국내여비 등이다. 회계연도 개시 전에 자금을 교부하고자 하는 때에는 그 교부할 금액의 명세서를 작성하여 기획재정부 장관에게 제출하여야 한다.

지출관이 관서운영경비를 교부할 때에는 매월마다 관서운영경비출납공무원이 지급할 금액을 예정하여 교부하여야 하며, 중앙관서의 장이 자금의 출납상 필요하다고 인정하는 경우에는 3월분의 범위 안에서 관서운영경비를 교부할 수 있다. 이 때에는 국고금입금요구서에 의하고 예산 과목별로 사용 한도액을 정하여 교부하여야 하며, 관서운영경비출납공무원은 교부받은 자금을 기획재정부령이 정하는 바에 따라 금융기관에 개설된 예금(이하 "국고예금"이라 한다)으로 예치하여 관리하여야 한다. 국고예금 계좌의 개설에 관하여 국고금관리법시행규칙 제54조 및 제55조에서 구체적으로 정하고 있다.

관서운영경비출납공무원은 채권자 등으로부터 지급의 청구가 있는 때에는 청구의 정당성 여부를 조사한 후 지급하여야 하며, 지출관으로부터 교부받은 예산 과목별 사용 한도액의 범위 안에서 지급원인행위를 할 수 있고, 정부 구매카드를 사용한 때에는 정부 구매카드의 사용 대금을 지급할 때에 예산 과목별로 1건의 지급결의서를 작성한다. 따라서 모든 관서운영경비는 지급결의서에 따라 지급하여야 하며, 그 결과를 자금출납부에 기록하여야 한다.

관서운영경비출납공무원은 정부 구매카드를 사용하여 관서운영경비를 지급하는 것이 원칙이나 그렇지 못할 경우에는 계좌 이체(공공요금 등을 자동 이체하는 경우 포함)의 방법으로 지급하여야 한다. 다만, 다음 각 호의 경우에는 현금으로 지급할 수 있다.

① 인건비 중 현역병사의 봉급 및 특수지 근무수당

② 운영비 중 각종 수수료·사용료, 운영수당 및 과운영비

③ 업무추진비 중 해외출장 정액경비

④ 보전금 중 군인사망보전금, 국가유공자 또는 유족 사망일시금, 병사 전역급여금, 예비군 여비, 상근예비역 및 공공봉사제 운영여비, 군입영 신체검사 불합격자 귀가여비, 군유가족 접대비, 포상금, 상금 및 법령에 따른 증인·감정인·통역인 또는 번역인에 대한 일비 등 실비 변상금

⑤ 민간이전 중 구료비

⑥ 위문금·위로금 등 계좌이체 또는 카드를 사용하여 지급하기 곤란하여 불가피하게 현금을 지급하여야 하는 경비

⑦ 특수활동비 중 수사·정보활동 등 특정 업무 수행에 직접 소요되는 경비로서 불가피하게 현금을 지급하여야 하는 경비

⑧ 그 밖에 기획재정부 장관이 경비의 용도상 현금 사용이 불가피하다고 인정하는 경비

⑨ 외국에 있는 채권자가 외국에서 지급받고자 하는 경우에 지급하는 경비(재외공관 및 외국에 설치된 국가기관에 지급하는 경비를 포함한다)

⑩ 국내 여비 및 외국인에게 지급하는 국외여비

⑪ 도서 벽지·산간 오지 등 관서 소재 지역으로서 경비를 사용할 지역에 신용카드 가맹점이 없는 등의 사유로 인하여 정부 구매카드를 사용할 수 없는 경우

⑫ 분임관서운영경비출납공무원에게 관서운영경비를 재교부하는 경우

관서운영경비출납공무원은 다수의 정부 구매카드를 발급받아 이를 소속 관서의 공무원에게 교부하여 사용하게 할 수 있으며, 이 경우 정부 구매카드를 교부받아 사용하는 공무원은 관서운영경비출납공무원으로 본다. 정부 구매카드는 관서운영경비의 지급 외의 용도로는 이를 사용할 수 없다. 정부 구매카드를 발급, 운영하고자 하는 자는 여신전문금융업법 제2조의 규정에 따른 신용카드업을 운영하는 자로서 기획재정부령[4]이 정하는 기술적

4) 국고금관리법시행규칙 제58조.

요건을 갖추어야 하고, 관서운영경비출납공무원은 기획재정부 장관이 통지한 신용카드 업자 중에서 정부 구매카드 사용에 관한 약정을 체결하여야 한다.

관서운영경비출납공무원은 약정 체결한 신용카드 업자에게 예산 과목 및 카드 사용자별로 카드 발급을 신청하여야 하며, 카드발급대장을 작성·비치하고, 카드번호 및 비밀번호에 대하여는 보안을 유지하여야 한다. 관서운영경비출납공무원은 지출관으로부터 관서운영경비를 교부받은 때에는 즉시 예산 과목별 사용 한도를 국가재정정보 시스템을 이용하여 신용카드 업자에게 통지하여야 하며, 발급받은 카드를 사용하는 공무원은 예산 과목별 사용 한도를 초과하여 사용하여서는 아니 된다.

관서운영경비출납공무원은 매 회계연도의 관서운영경비의 사용 잔액을 다음 회계연도 1월 15일까지 당해 지출관에게 반납하여야 한다. 다만, 재외공관 및 해외 주재관의 경우에는 매 회계연도의 관서운영경비의 사용 잔액을 다음 회계연도의 재외공관 및 해외 주재관에 교부할 관서운영경비에서 차감하는 것으로써 반납에 갈음할 수 있다. 한편, 관서운영경비출납공무원이 선사용자금출납명령관으로부터 자금을 교부받은 경우에는 매 회계연도의 관서운영경비의 사용 잔액을 다음 회계연도 1월 15일까지 선사용자금출납명령관에게 반납하여야 한다.

그러나 관서운영경비출납공무원은 다음 각 호의 경우에는 관서운영경비의 사용 잔액을 다음 연도로 이월하여 사용할 수 있다.

① 지급원인행위를 하고 지급하지 아니한 금액
② 직전 회계연도에 사용한 정부 구매카드 사용 금액 중 그 대금을 지급하지 아니한 금액
③ 재외공관의 시설비 중 지급원인행위를 하고 지급되지 아니한 경비

관서운영경비출납공무원이 채권자 등에게 지급하는 금액에서 소득세법 또는 법인세법의 규정에 따른 원천징수세액과 지방세법의 규정에 따른 특별부가세액 등을 사전에 공제하고 지급할 수 있다.

관서운영경비출납공무원은 지급한 금액을 당해 국고예금 계좌에 반납할 수 있으며, 이 때에는 반납결의서에 따른 반납 결의를 하고, 국고금반납고

지서를 반납하여야 할 자에게 송부하여야 한다. 만약 당해 회계연도에 반납 고지한 반납금이 다음 회계연도 1월 15일을 경과하여 수납된 경우에는 이를 수입징수관에게 반납하고 그 내용을 보고하여야 한다.

2) 선급과 개산급

선급(先給)과 개산급(概算給)은 이행기 도래 전의 채무이거나 미확정 채무에 대한 지출이다. 지출관은 운임, 용선료, 여비, 공사·제조·용역계약의 대가, 기타 대통령령이 정하는 경비로서 그 성질상 미리 지급하거나 개산하여 지급하지 아니하면 사무 또는 사업에 지장을 초래할 우려가 있는 경우에 미리 지급하거나 개산하여 지급할 수 있다.

국고금관리법 제26조에 의하여 미리 지급할 수 있는 경비, 즉 선급의 범위는 다음과 같다.[5)]

① 외국에서 직접 구입하는 기계·도서·표본 또는 실험용 재료의 대가
② 정기간행물의 구입 경비
③ 토지 또는 건물의 임대료와 용선료
④ 운임
⑤ 봉급 기준일에 전출·출장·비상출동 또는 기동훈련에 참가하거나 휴가 중인 사병에게 지급하는 급여
⑥ 국가기관·지방자치단체 및 공공기관의 운영에 관한 법률 제4조에 따른 공공기관에 지급하는 경비
⑦ 외국에서 연구 또는 조사에 종사하는 자에 대하여 지급하는 경비
⑧ 교통이 불편한 장소에서 근무하는 자 또는 선박 승무원에게 지급하는 급여
⑨ 국고금의 지급사무를 금융기관에 위탁하는 경우의 당해 국고금
⑩ 업무 등의 위탁(제9호의 경우 포함)에 필요한 경비
⑪ 보조금·부담금 및 교부금
⑫ 사례금

5) 국고금관리법시행령 제40조.

⑬ 국제연합기구에 지급하는 경비

⑭ 국가가 매수하거나 수용하는 토지 또는 그 토지상에 있는 물건의 대금·보상금 또는 이전료

⑮ 계약 금액이 3천만 원 이상인 공사 또는 제조와 계약 금액이 5백만 원 이상인 용역에 있어서 계약 금액의 100분의 70을 초과하지 아니하는 금액

⑯ 정부가 초청한 외국인에게 국내에서 지급하는 경비

⑰ 조달청에 지급하는 조달사업에 관한 법률 제2조 제1호의 규정에 의한 조달물자 대금

⑱ 재해구호 및 복구에 소요되는 경비

상기 제9호의 규정에 따라 금융기관에 공무원의 급여 지급을 위탁하는 경우에는 급여 지급일 전 3일 이내에 해당 금액을 위탁하고자 하는 금융기관에 미리 입금할 수 있으며, 제15호의 규정에 따른 경비를 선급으로 지급하는 경우에는 계약 체결 후 계약 상대자의 청구를 받은 날부터 14일 이내에 지급하여야 한다. 다만, 불가피한 사유로 인하여 지급이 불가능하여 그 사유를 계약 상대자에게 문서로써 통지한 경우에는 예외로 한다.

또한, 국고금관리법 제26조의 규정에 의하여 개산하여 지급할 수 있는 경비는 다음과 같다.[6)]

① 국가기관 등에 대하여 지급하는 경비

② 보조금·부담금 및 교부금

③ 국제연합기구에 지급하는 경비

④ 재해구호 및 복구에 소요되는 경비

⑤ 그 밖에 기획재정부령이 정하는 경비

⑥ 국가의 사무 또는 사업을 위탁하거나 대행하게 하는 경우 그에 소요되는 경비

⑦ 국가를 당사자로 하는 계약에 관한 법률 시행령 제64조 내지 제66조의 규정에 따른 물가 변동, 설계 변경 및 그 밖의 계약 내용의 변경으

6) 국고금관리법시행령 제41조.

로 인하여 계약 금액이 변동될 것으로 예상되는 경우에 지급하는 기성 대가 또는 기납 대가

3) 불용금액의 초과지출 경비

지난 연도에 속하는 채무확정액으로서 지출하지 아니한 경비는 현 연도 세출예산에서 지출하여야 하며 그 경비 소속 연도의 매항 금액 중 불용으로 된 금액을 초과하지 못한다. 다만, 경비의 성질상 대통령령이 정하는 보충적 용도에 속하는 것은 예외로 한다.

국고금관리법 제28조 단서의 규정에 따라 지난 연도에 속하는 채무확정액으로서 불용금액을 초과하여 지출할 수 있는 경비는 다음 각 호와 같다.[7)]

① 공무원의 보수
② 군인사망급여금
③ 군인전상급여금
④ 보험료
⑤ 배상금 및 보상금
⑥ 반환금 · 결손보상금 및 상환금
⑦ 보험금 및 보험료 상환금
⑧ 이자
⑨ 국제조약 및 협정에 의한 비용
⑩ 농지대가 보상금
⑪ 전염병 예방 및 검역비
⑫ 환자수용비

4) 경비 지급의 위탁

중앙관서의 장은 경비의 효율적인 지급을 위하여 필요하다고 인정되는 경우에는 한국은행 등 또는 금융기관 등에 위탁하여 지급하게 할 수 있다. 경비 지급사무를 위탁받은 한국은행 등 또는 금융기관 등은 교부받은 경비,

---

7) 국고금관리법시행령 제42조.

즉 위탁경비를 위탁 목적에 따라 출납하여야 하며, 위탁경비의 출납에 관한 장부를 비치하고 이에 필요한 사항을 기재하여야 한다.

경비 지급 사무를 위탁받은 한국은행 등 또는 금융기관 등은 위탁경비에 대한 매 회계연도의 출납보고서를 작성하여 다음 회계연도 1월 말일까지 지급을 위탁한 중앙관서의 장에게 제출하여야 하며, 한국은행 등 또는 금융기관 등은 위탁경비에 대한 매 회계연도의 출납계산서를 다음 회계연도 1월 말일까지 자금을 위탁한 중앙관서의 장 및 감사원에게 제출하여야 한다.

한국은행 등 또는 금융기관은 위탁경비에 대하여 자금별로 계정을 설치하고 다른 국고금과 구분하여 회계 처리하여야 하며, 매 회계연도 말 현재 위탁경비의 잔액이 있는 때에는 이를 다음 회계연도 1월 15일까지 당해 중앙관서의 장에게 반납하여야 한다. 또한 위탁경비의 출납에 관한 장부를 비치하고 그 출납 사항을 기록, 보관하여야 한다.

제 4 절 지 급

지급(支給)이란 지출관이 국고금입금요구서나 국고금대체입금요구서를 작성, 한국은행 등에 송부하여 계좌 이체를 의뢰하였을 경우에 채권자에게 계좌 이체하는 행위 또는 국고수표를 발행하였을 경우에 채권자인 그 소지인에게 한국은행 등(국고대리점 포함)이 그 수표의 해당 금액을 주는 행위를 말한다.

P·a·r·t

04

계약관리

Chapter

01 계약의 개요

제 1 절 계약의 의의

1 계약의 개념

계약(契約)이란 민법상 두 가지 의미로 쓰인다. 넓은 의미의 계약은 사법상의 일정한 법률 효과의 발생을 목적으로 하는 2인 이상의 당사자의 의사표시의 합치, 즉 합의에 의하여 성립하는 법률행위를 말하며, 단독행위나 합동행위와 구별되는 관념으로서 채권계약, 물권계약, 준물권계약, 그리고 가족법상의 계약을 포함하는 개념이다. 좁은 의미의 계약은 채권 관계 내지 채권의 발생을 목적으로 하는 합의를 의미한다. 즉 채권계약을 말한다. 계약법상 계약은 주로 채권계약을 연구 대상으로 한다. 따라서 여기서 계약이라 함은 일정한 채권의 발생을 목적으로 하는 복수의 당사자의 서로 대립하는 의사 표시의 합치로 성립하는 법률행위이다(곽윤직, 1992: 11-12). 이러한 계약 중에서 당사자의 일방이 국가기관이나 지방자치단체가 되는 경우를 정부계약이라고 한다.

2 계약의 원칙

계약은 상호 대등한 입장에서 당사자의 합의에 따라 체결되어야 하며, 당사자는 계약의 내용을 신의성실의 원칙에 따라 이를 이행하여야 한다. 또한 계약 상대자의 계약상 이익을 부당하게 제한하는 특약 또는 조건을 정하여서는 아니 된다.[1] 정부계약의 원칙이 이처럼 사법상(私法上)의 계약임을 분명히 하고 있다. 따라서 정부기관의 영향력을 배경으로 한 우월적 입장에서 상대방에게 불리한 계약 내용을 강요하는 등의 일방적 행위는 할 수 없다.

각 중앙관서의 장 또는 계약담당 공무원은 국제 입찰의 경우에는 호혜의 원칙에 따라 정부조달협정 가입국의 국민 및 대한민국에서 생산되는 물품 또는 용역과 차별되는 특약 또는 조건을 정하여서는 아니 된다.

3 계약사무의 담당기관

각 중앙관서의 장은 그 소관에 속하는 계약사무를 처리하기 위하여 필요하다고 인정될 때에는 그 소속 공무원 중에서 계약에 관한 사무를 담당하는 공무원, 즉 계약관(契約官)을 임명하여 그 사무를 위임할 수 있으며 그 소속 공무원에게 계약관의 사무를 대리하게 하거나 그 사무의 일부를 분장하게 할 수 있다. 이 경우에는 재무관, 지출관 및 감사원에 이를 통지하여야 한다.

계약관의 사무의 전부를 대리하는 공무원을 대리계약관(代理契約官), 그 일부를 분장하는 공무원을 분임계약관(分任契約官), 분임계약관의 사무를 대리하는 공무원을 대리분임계약관(代理分任契約官)이라 각각 칭한다.

---

1) 국가를 당사자로 하는 계약에 관한 법률 제5조 및 국가를 당사자로 하는 계약에 관한 법률시행령 제4조.

4 계약의 종류

계약의 종류는 계약의 목적물에 따라 시설공사계약, 물품의 납품 또는 제조계약, 학술·기술·청소 등의 용역계약으로 구분하기도 하고, 계약의 특수성에 따라 구분하기도 한다. 여기서는 계약의 특수성에 따른 계약의 종류에 대하여 주요한 몇 가지를 살펴보고자 한다.

1) 확정계약과 개산계약

계약의 내용과 금액의 확정 여부에 따라 확정계약과 개산계약으로 구분한다. 일반적으로 확정계약을 원칙으로 하며, 확정계약(確定契約)은 계약의 내용과 예정 금액을 미리 확정한 다음 이를 기초로 낙찰자를 결정하여 체결하는 계약이고, 개산계약(概算契約)은 국가를 당사자로 하는 계약에 관한 법률 제23조에 규정한 바와 같이 개발 시제품의 제조계약, 시험·조사·연구용역계약, 정부투자기관 또는 정부출연기관과의 법령의 규정에 의한 위탁 또는 대행계약 등에서 미리 가격을 정할 수 없을 때에 체결하는 계약이다. 개산계약을 체결하고자 할 때에는 미리 개산가격을 결정하여야 하며 개산계약을 체결한 때에는 이를 감사원에 통지하여야 한다. 또한 계약의 이행이 완료된 후 정산하여 중앙관서의 장에게 승인을 얻어야 한다.

2) 총액계약과 단가계약

계약 대상의 물량과 금액에 대한 계약 체결 여부에 따라 총액계약과 단가계약으로 구분한다. 일반적으로 총액계약을 원칙으로 하고 있으며, 총액계약(總額契約)은 계약 체결시 물량의 개별적인 단가에 구애받지 않고 계약 목적물의 총액으로 계산하여 체결하는 계약이고, 단가계약(單價契約)은 물량에 의한 총액에 의하지 않고 개별적인 단가로 체결하는 계약을 말한다. 단가계약의 경우는 대개 일정한 기간 계속하여 제조·수리·가공·매매·공급·사용 등의 계약을 할 필요가 있을 때에 당해 연도 예산의 범위 안에서 단가에 대하여 계약을 체결할 수 있다.

3) 장기계속계약과 계속비계약

일반적으로 계약은 회계연도별로 당해 회계연도 내에 모든 회계 절차가 이루어지는, 즉 단일회계연도주의에 의한 일시계약이 원칙이다. 그러나 임차·운송·보관·전기·가스·수도의 공급, 기타 그 성질상 수년간 계속하여 존속할 필요가 있거나 이행에 수년을 요하는 계약에서는 대통령령이 정하는 바에 의하여 장기계속계약(長期繼續契約)을 체결할 수 있다. 이 경우에는 각 회계연도예산의 범위 안에서 당해 계약을 이행하게 하여야 한다.

국가를 당사자로 하는 계약에 관한 법률시행령 제69조의 규정에 의하여 다음과 같은 경우에 장기계속계약이 이루어진다.

① 운송·보관·시험·조사·연구·측량·시설관리 등의 용역계약 또는 임차계약

② 전기·가스·수도 등의 공급계약

③ 장비의 유지보수계약

장기계속공사는 낙찰 등에 의하여 결정된 총공사 금액을 부기하고 당해 연도의 예산의 범위 안에서 제1차 공사를 이행하도록 계약을 체결하여야 한다. 이 경우 제2차 공사 이후의 계약은 부기된 총공사 금액에서 이미 계약된 금액을 공제한 금액의 범위 안에서 계약을 체결할 것을 부관으로 약정하여야 한다.

계속비계약(繼續費契約)은 계속비예산으로 체결하는 계약으로서 사업의 내용과 계약 금액이 확정되어 있고 예산도 확보되어 있어야 하며, 미리 국회의 의결을 얻은 범위 안에서 지출이 가능하다.

4) 종합계약과 공동계약

일반적으로 계약의 상대방을 1 대 1로 하는 단독계약의 방법을 택하고 있으나 계약의 상황에 따라 1 대 2 또는 2 대 1의 계약이 계약 목적상 더 효율적인 경우도 있다. 이에는 종합계약과 공동계약이 있으며, 종합계약(綜合契約)은 동일 장소에서 다른 관서·지방자치단체 또는 정부투자기관이

관련되는 공사 등에 대하여 관련 기관과 공동으로 체결하는 계약을 말한다. 이 경우에 관련되는 기관의 장은 그 계약의 체결에 필요한 사항을 협조하여야 한다.

공동계약(共同契約)은 공사 · 제조 기타의 계약에서 계약 상대자를 2인 이상 공동으로 체결하는 계약을 말한다. 이는 주로 1인이 할 수 있는 단순한 공사나 제조가 아니라 좀더 복합적인 공사나 제조로서 2인 이상의 기술 · 자본 · 인력이 필요한 경우에 많이 체결하는 계약의 종류이다. 다시 말하면, 종합계약은 계약자가 2인 이상인 경우이고 공동계약은 계약 상대자가 2인 이상인 경우를 말한다.

기획재정부 장관은 종합계약과 공동계약의 체결시에 필요하다고 인정할 때에는 종합계약과 공동계약의 체결 방법 기타 필요한 사항을 정할 수 있다.

제 2 절 계약의 방법

계약을 체결하고자 하는 경우에는 일반경쟁에 부치는 것이 원칙이다. 다만, 계약의 목적 · 성질 · 규모 등을 고려하여 필요하다고 인정될 때에는 대통령령이 정하는 바에 의하여 참가자의 자격을 제한하거나 참가자를 지명하여 경쟁에 부치거나 수의계약에 의할 수 있다. 또한 동산의 경우에는 필요하다고 인정할 경우 입찰 방법에 준하여 경매에 부칠 수 있다.

그러나 계약을 담당하는 사람들의 대부분은 마치 수의계약이 계약의 원칙이고 추정가격이 일정 금액 이상이거나 기타 특수한 경우에만 경쟁입찰을 하는 것으로 착각하는 경우가 많다. 이런 점에서는 계약 담당자들의 사고가 변화되어야 할 것으로 본다.

1 일반경쟁계약

일반경쟁계약(一般競爭契約)은 계약의 목적, 조건 등의 계약 내용을 널리 공고하여 일정한 자격을 가진 불특정 다수인을 경쟁입찰에 참가시켜 국가의 입장에서 가장 유리한 조건을 제시한 자를 상대로 하여 계약을 체결하는 방법이다. 계약의 방법 가운데 가장 모델이 될 수 있는 방법이며 계약의 기본이라고 할 수 있다. 모든 계약은 일반경쟁계약으로 하는 것이 원칙이지만 계약 금액이 소액이거나 긴급하거나 다른 방법으로 계약해도 큰 문제가 발생할 우려가 없을 경우에 한하여 제한적으로 다른 계약 방법을 채택하도록 규정하고 있다. 따라서 보통 입찰 본다고 말하면 일반경쟁입찰을 일컫는 것이다.

일반경쟁계약의 장점으로는 계약 업무를 공개적으로 처리하여 공평하고 그 절차가 공정하며, 다수의 희망자가 입찰에 참가할 수 있기 때문에 좀더 유리한 조건으로 계약을 체결할 수 있어서 경제적이고, 민원의 소지가 적다는 점을 들 수 있다. 한편, 단점으로는 일정한 조건을 갖추면 누구나 참여할 수 있어서 입찰 참가자가 많기 때문에 낙찰받기 위한 과당 경쟁으로 인하여 덤핑 낙찰을 배제할 수 없으므로 부실 공사가 우려되며, 절차가 복잡하여 긴급을 요하는 경우에는 조달 시기를 상실할 수도 있고, 업자들 간에 담합행위가 가능하다는 점을 들 수 있다.

2 제한경쟁계약

제한경쟁계약(制限競爭契約)은 입찰 참가 자격을 실적, 도급 한도액, 기술 보유 상황, 납품 능력, 회사 소재지, 공사 규모 등의 객관적인 기준으로 제한하여 기준 충족자만을 대상으로 경쟁 입찰하여 낙찰된 자와 계약을 체결하는 방법이다. 최근에는 제한 기준을 하나 더 추가하여 당해 회사가 부도 상태에 있거나 파산 등으로 정상적인 영업 활동이 곤란하지 아니한가의 여부, 즉 회사의 재무 상태를 입찰 참가 자격의 제한 조건으로 하는 경우도 있다. 국가를 당사자로 하는 계약에 관한 법률시행령 제21조에 규정된 제한경쟁에 의한 제한 사항은 다음과 같다.

① 기획재정부령이 정하는 금액의 공사계약의 경우에는 시공 능력 또는 당해 공사와 같은 종류의 공사 실적

② 특수한 기술 또는 공법이 요구되는 공사계약의 경우에는 당해 공사 수행에 필요한 기술의 보유 상황 또는 당해 공사와 같은 종류의 공사 실적

③ 특수한 설비 또는 기술이 요구되는 물품제조계약의 경우에는 당해 물품 제조에 필요한 설비 및 기술의 보유 상황 또는 당해 물품과 같은 종류의 물품 제조 실적

④ 특수한 성능 또는 품질이 요구되는 물품구매계약의 경우에는 당해 물품의 납품 능력

⑤ 특수한 기술이 요구되는 용역계약의 경우에는 당해 용역 수행에 필요한 기술의 보유 상황 또는 당해 용역과 같은 종류의 용역 수행 실적

⑥ 추정가격[2]이 기획재정부령이 정하는 금액 미만인 계약의 경우에는 그 주된 영업소의 소재지

⑦ 국가를 당사자로 하는 계약에 관한 법률시행령 제22조의 규정에 의한 제한 방법에 의하여 공사계약을 하는 경우에는 그 제한 기준

⑧ 중소기업 제품 구매 촉진 및 판로 지원에 관한 법률시행령 제6조에 따라 중 소기업청장이 지정·고시한 물품을 제조·구매하는 경우에는 중소기업기본법 제2조에 따른 중소기업자

⑨ 각 중앙관서의 장 또는 계약담당 공무원이 계약 이행의 부실화를 방지 하기 위하여 필요하다고 판단하여 특별히 인정하는 경우에는 경쟁

2) 추정가격(推定價格)이란 물품, 공사, 용역 등의 조달계약을 체결할 때 국제입찰 대상 여부를 판단하는 기준 등으로 삼기 위하여 예정가격이 결정되기 전에 산정하는 가격을 말한다. 추정가격의 산정에 관하여는 국가를 당사자로 하는 계약에 관한 법률시행령 제7조에서 엄격히 규정하고 있다.

참가자의 재무 상태

⑩ 고시 금액 미만의 물품의 제조·구매 또는 용역(엔지니어링기술진흥법 제2조 제4호의 규정에 의한 엔지니어링사업 및 건설기술관리법 제2조 제3호의 규정에 의한 건설기술 용역을 제외한다)의 경우에는 중소기업기본법 제2조의 규정에 의한 중소기업자

상기의 제1호에서 "기획재정부령이 정하는 금액의 공사계약"이라 함은 추정가격이 30억 원(건설산업기본법에 의한 전문공사, 그 밖의 공사 관련 법령에 의한 공사는 3억 원) 이상인 공사의 경우를 말한다.

또한, 상기의 제6호에서 "기획재정부령이 정하는 금액"이라 함은 건설산업기본법에 따른 건설공사(전문공사 제외)의 경우는 기획재정부 장관이 고시하는 금액(건설산업기본법에 의한 전문공사, 그 밖의 공사 관련 법령에 의한 공사는 7억 원), 그리고 물품의 제조·용역의 경우에도 기획재정부 장관이 고시하는 금액[3]을 말한다.

3 지명경쟁계약

지명경쟁계약(指名競爭契約)은 계약담당 공무원이 자산력, 신용 등을 객관적이고 공정하게 평가하여 적당하다고 인정되는 특정 다수인을 지명하여 경쟁입찰에 부친 후 낙찰자와 계약을 체결하는 방법이다. 지명경쟁계약의 장점은 일반경쟁계약의 단점인 부실 업체의 입찰 참가를 사전에 차단할 수 있다는 점이고, 단점으로는 특정인의 지명으로 인하여 지명되지 않은 다수인의 불만이 있을 수 있으며 담합을 통한 경쟁성의 상실이 우려되는 점을 늘 수 있다.

국가를 당사자로 하는 계약에 관한 법률시행령 제23조의 규정에 의하여 지명경쟁에 부칠 수 있는 경우는 다음과 같다.

---

3) 고시금액(告示金額)은 국제입찰에 의할 정부조달계약의 범위를 정부조달협정 및 이에 근거한 국제 규범에 따라 기획재정부 장관이 정하여 고시하는 금액을 말한다. 2009년 1월 5일 현재 공사의 경우 76억 원이고, 물품·용역의 경우 2억 원이다.

① 계약의 성질 또는 목적에 비추어 특수한 설비·기술·자재·물품 또는 실적이 있는 자가 아니면 계약의 목적을 달성하기 곤란한 경우로서 입찰 대상자가 10인 이내인 경우
② 건설산업기본법에 의한 건설공사(전문공사를 제외한다)로서 추정가격이 3억 원 이하인 공사, 건설산업기본법에 의한 전문공사로서 추정가격이 1억 원 이하인 공사 또는 그 밖의 공사 관련 법령에 의한 공사로서 추정가격이 1억 원 이하인 공사를 하거나 추정가격이 1억 원 이하인 물품을 제조할 경우
③ 추정가격이 5천만 원 이하인 재산을 매각 또는 매입할 경우
④ 예정 임대·임차료의 총액이 5천만 원 이하인 물건을 임대·임차할 경우
⑤ 공사나 제조의 도급, 재산의 매각 또는 물건의 임대·임차 외의 계약으로서 추정가격이 5천만 원 이하인 경우
⑥ 산업표준화법 제15조에 따른 인증을 받은 제품 또는 품질경영 및 공산품안전관리법 제7조의 규정에 의하여 품질경영 체제의 인증을 받은 자가 제조한 물품을 구매할 경우
⑦ 수의계약에 의할 수 있는 경우
⑧ 자원의 절약과 재활용 촉진에 관한 법률 제33조의 규정에 의한 기준에 적합하고 산업기술혁신촉진법시행령 제17조 제1항 제3호에 따른 품질 인증을 받은 재활용 제품 또는 환경기술 개발 및 지원에 관한 법률 제20조의 규정에 의한 환경 표지의 인증을 받은 제품을 제조하게 하거나 구매하는 경우
⑨ 중소기업 제품 구매 촉진 및 판로 지원에 관한 법률시행령 제6조에 따라 중소기업청장이 지정·고시한 물품을 중소기업기본법 제2조에 따른 중소기업자로부터 제조·구매할 경우

각 중앙관서의 장의 위임을 받은 공무원은 상기 제1호의 규정에 의하여 지명경쟁입찰에 의하여 계약을 체결하고자 할 때에는 소속 중앙관서의 장에게 보고하여야 하며, 각 중앙관서의 장은 이를 감사원에 통지하여야 한다.

각 중앙관서의 장 또는 계약담당 공무원은 상기 제1호 내지 제3호 · 제6호 또는 제9호의 규정에 의하여 지명경쟁입찰에 참가할 자를 지명하는 경우에는 다음 각 호의 기준에 의하여 지명하되, 경쟁 원리가 적정하게 이루어지도록 하여야 한다.

㉮ 공사의 경우

- 도급 한도액 또는 시공 능력을 기준으로 지명하는 경우에는 당해 추정가격의 2배 이내
- 신용과 실적 및 경영 상태를 기준으로 업체를 지명하되 특수한 기술의 보유가 필요한 경우에는 이를 보유한 자를 지명

㉯ 물품의 제조 · 구매, 수리 · 가공 등

- 계약의 성질 또는 목적에 비추어 특수한 기술, 기계 · 기구, 생산설비 등을 보유하고 있는 자로 하여금 행하게 할 필요가 있는 경우에는 그 기술, 기계 · 기구, 생산설비 등을 보유한 자를 지명할 것

각 중앙관서의 장 또는 계약담당 공무원은 지명경쟁입찰에 부치고자 할 때에는 5인 이상의 입찰 대상자를 지명하여 2인 이상의 입찰 참가 신청이 있어야 한다. 다만, 지명 대상자가 5인 미만인 때에는 대상자를 모두 지명하여야 한다.

4 수의계약

수의계약(隨意契約)은 계약담당 공무원이 특정의 상대자를 선정하여 계약을 체결하는 방법으로서 장점으로는 자본, 신용 및 경험이 풍부한 계약 상대방을 선택할 수 있다는 점을 들 수 있고, 단점으로는 좀더 객관적이고 공정한 계약 상대방을 찾기보다는 특정인과 결탁할 우려가 있다는 점을 들 수 있다.

국가를 당사자로 하는 계약에 관한 법률시행령 제26조의 규정에 의하여 수의계약에 의할 수 있는 경우는 다음과 같다.

① 천재 · 지변, 작전상의 병력 이동, 긴급한 행사, 긴급복구가 필요한 수

해 등 비상재해, 원자재의 가격 급등 기타 이에 준하는 경우로서 경쟁에 부칠 여유가 없을 경우

② 국가 안전 보장, 국가의 방위계획 및 정보활동, 외교 관계 그 밖에 이에 준하는 경우로서 국가기관의 행위를 비밀리에 할 필요가 있을 경우

③ 다른 국가기관, 지방자치단체와 계약을 할 경우

④ 특정인의 기술·용역 또는 특정한 위치·구조·품질·성능·효율 등으로 인하여 경쟁을 할 수 없는 경우로서 다음 각 목의 경우

㉮ 공사에 있어서 장래 시설물의 하자에 대한 책임 구분이 곤란한 경우로서 직전 또는 현재의 시공자와 계약을 하는 경우

㉯ 작업상의 혼잡 등으로 동일 현장에서 2인 이상의 시공자가 공사를 할 수 없는 경우로서 현재의 시공자와 계약을 하는 경우

㉰ 마감 공사에 있어서 직전 또는 현재의 시공자와 계약을 하는 경우

㉱ 접적지역 등 특수지역의 공사로서 사실상 경쟁이 불가능한 경우

㉲ 특허 공법에 의한 공사 및 건설기술관리법 제18조의 규정에 의하여 지정·고시된 신기술 또는 전력기술관리법 제6조의2의 규정에 의한 새로운 전력 기술(동법에 의하여 지정된 보호 기간 내에 한한다)에 의한 공사 등 사실상 경쟁이 불가능한 경우

㉳ 당해 물품을 제조·공급한 자가 직접 그 물품을 설치·조립 또는 정비하는 경우

㉴ 특허를 받았거나 실용신안등록 또는 디자인등록이 된 물품을 제조하게 하거나 구매하는 경우로서 적절한 대용품이나 대체품이 없는 경우

㉵ 당해 물품의 생산자 또는 소지자가 1인뿐인 경우로서 다른 물품을 제조하게 하거나 구매하여서는 사업 목적을 달성할 수 없는 경우

㉶ 국산 대체가 불가능한 품목으로서 이미 도입된 외자시설이나 기계·장비의 부분품을 구매하는 경우

㉷ 특정인의 기술을 요하는 조사·설계·감리·특수측량·훈련·시설관리, 특정인과의 학술연구 등을 위한 용역계약 또는 디자인 공모에 당선된 자와 체결하는 설계용역계약의 경우

㉮ 특정인의 토지·건물 등 부동산을 매입하거나 재산을 임차 또는 특정인에게 임대하는 경우

㉯ 이미 조달된 물품 등의 부품 교환 또는 설비 확충 등을 위하여 조달하는 경우로서 당해 물품 등을 제조·공급한 자 외의 자로부터 제조·공급을 받게 되면 호환성이 없게 되는 경우

⑤ 건설산업기본법에 의한 건설공사(전문공사를 제외한다)로서 추정가격이 2억 원 이하인 공사, 건설산업기본법에 의한 전문공사로서 추정가격이 1억 원 이하인 공사, 그 밖의 공사 관련 법령에 의한 공사로서 추정가격이 8천만 원 이하인 공사 또는 추정가격(임차 또는 임대의 경우에는 연액 또는 총액 기준)이 5천만 원 이하인 물품의 제조·구매, 용역 그 밖의 계약의 경우

⑥ 다른 법률의 규정에 의하여 특정 사업자로 하여금 특수한 물품·재산 등을 매입 또는 제조하도록 하는 경우로서 다음 각 목의 경우

㉮ 산업표준화법 제15조에 따른 인증을 받은 제품, 품질경영 및 공산품안전관리법 제7조의 규정에 의하여 품질경영 체제 인증을 받은 자가 제조한 물품, 중소기업 제품 구매 촉진 및 판로 지원에 관한 법률 제15조에 따라 성능 인증을 받은 제품, 환경기술 개발 및 지원에 관한 법률 제20조의 규정에 의하여 환경 표지의 인증을 받은 제품 또는 자원의 절약과 재활용 촉진에 관한 법률 제33조의 규정에 의한 기준에 적합하고 산업기술혁신촉진법시행령 제17조 제1항 제3호에 따른 품질 인증을 받은 재활용 제품으로서 그 제품 또는 물품의 생산자가 1인뿐이어서 그 생산자로부터 제조·구매할 경우 및 공사 현장에서 자원의 절약과 재활용 촉진에 관한 법률 제33조의 규정에 의한 기준에 적합하고 산업기술혁신촉진법시행령 제17조 제1항 제3호에 따른 품질 인증을 받은 재활용 제품을 제조하여 바로 활용하는 공사로서 당해 제품의 제조와 시공이 구분될 수 없는 경우

㉯ 방위사업법에 의한 방산물자를 방위산업체로부터 제조·구매하는 경우

㈐ 농어촌정비법에 의한 농공단지에 입주한 공장(새마을공장을 포함한다)이 직접 생산하는 물품을 이들로부터 제조·구매할 경우

㈑ 지역균형 개발 및 지방중소기업 육성에 관한 법률 제50조의 규정에 의한 지방중소기업 특별지원지역에 입주한 공장이 직접 생산하는 물품을 이들로부터 구매할 경우

㈒ 중소기업 제품 구매 촉진 및 판로 지원에 관한 법률 제14조 제1항에 따라 중소기업청장이 우선 구매 등의 대상으로 고시한 제품을 그 생산자로부터 제조·구매할 경우

⑦ 특정 연고자, 지역주민, 특정 물품 생산자 등과 계약이 필요하거나 그 밖에 이에 준하는 사유가 있는 경우로서 다음 각 목의 경우

㈎ 법률의 규정에 의하여 재산의 양여 또는 무상 대부를 할 수 있는 자에게 그 재산을 매각 또는 유상 대부하는 경우

㈏ 비상재해가 발생한 경우에 국가가 소유하는 복구용 자재를 재해를 당한 자에게 매각하는 경우

㈐ 용도 폐지된 관사를 연고자에게 매각 또는 대부하거나 임야를 연고자에게 대부하는 경우

㈑ 해외시장의 개척에 필요한 물품을 개척자에게 매각하는 경우

㈒ 지역사회의 개발을 위하여 그 지역주민의 다수를 참여시키는 것이 필요한 경우로서 추정가격이 2천만 원 미만인 공사 또는 추정가격이 5천만 원 미만인 묘목 재배를 기획재정부령이 정하는 그 지역의 주민 또는 대표자와 직접 계약을 하는 경우

㈓ 국가보훈처장이 지정하는 국가유공자 자활집단촌의 복지공장에서 직접 생산하는 물품을 그 생산자로부터 제조·구매하거나 이들에게 직접 물건을 매각 또는 임대하는 경우

㈔ 국산화의 촉진을 위하여 주무부 장관(주무부 장관으로부터 위임받은 자를 포함한다)이 인정 또는 지정하는 신기술 제품 또는 개발선정품을 그 생산자로부터 개발 완료 확인 후 2년 이내의 기간에 제조·구매하는 경우

㈕ 방위사업청장이 군용 규격물자를 연구 개발한 업체 또는 비상대비

자원관리법에 의한 전시동원업체로부터 군용 규격물자(전시동원 업체의 경우에는 방위사업청장이 지정하는 품목에 한한다)를 제조·구매하는 경우

㉾ 조달사업에 관한 법률시행령 제18조의2에 따라 조달청장이 지정·고시한 우수 조달 공동 상표의 물품을 그 생산자로부터 구매하는 경우(기획재정부 장관이 고시한 금액 미만의 물품을 구매하는 경우에 한정한다)

⑧ 기타 계약의 목적·성질 등에 비추어 불가피한 사유가 있는 경우로서 다음 각 목의 경우

㉮ 재외공관이 사용하는 물품을 현지에서 구매하는 경우

㉯ 물품의 가공·하역·운송 또는 보관을 하게 함에 있어서 경쟁에 부치는 것이 불리하다고 인정되는 경우

㉰ 특별법으로 설립된 법인이 당해 법률에서 정한 사업을 영위함으로써 직접 생산하는 물품의 제조·구매 또는 용역계약을 하거나 이들에게 직접 물건을 매각 또는 임대하는 경우

㉱ 사회복지사업법에 의하여 설립된 법인이 직접 생산하는 물품을 제조·구매 또는 용역계약을 하거나 이들에게 직접 물건을 매각·임대하는 경우

㉲ 국가유공자 등 단체 설립에 관한 법률 제1조의 규정에 의하여 설립된 단체 중 상이를 입은 자들로 구성된 단체가 직접 생산하는 물품의 제조·구매 또는 용역계약을 하거나 이들에게 직접 물건을 매각 또는 임대하는 경우

㉳ 장애인복지법 제44조에 따른 장애인복지시설 또는 장애인복지단체가 직접 생산하는 물품의 제조·구매 또는 용역계약을 하거나 이들에게 직접 물건을 매각·임대하는 경우

㉴ 민법 제32조의 규정에 의하여 설립된 사단법인 유니세프한국위원회가 직접 생산하는 물품을 제조·구매하는 경우

㉵ 다른 법령의 규정에 의하여 국가사업을 위탁 또는 대행할 수 있는 자와 당해 사업에 대한 계약을 하는 경우

각 중앙관서의 장 또는 계약담당 공무원은 제1항 제7호 바목 및 사목, 동항 제8호 다목 내지 사목에 따른 수의계약의 경우에는 수의계약 대상자의 자격 요건과 수의계약의 대상 물품의 직접 생산 여부를 확인하여야 하며, 수의계약 대상자를 감독하는 주무부처의 장에게 제2항 각 호의 사항의 확인에 필요한 협조를 요청할 수 있다.

계약담당 공무원은 제1항 제4호 및 제7호 가목 내지 마목·사목·아목, 제1항 제8호 나목·다목 및 마목 내지 아목의 규정에 의하여 수의계약을 체결한 때에는 그 내용을 소속 중앙관서의 장에게 보고하여야 하며, 각 중앙관서의 장은 보고받은 사항 중 제1항 제4호의 규정에 의한 계약에 대하여는 이를 감사원에 통지하여야 한다.

또한 경쟁계약의 경우 낙찰자가 당해 계약을 체결하지 아니하거나 또는 계약 체결 후 소정의 기일 내에 계약의 이행에 착수하지 아니하거나 계약 이행에 착수한 후 계약상의 의무를 이행하지 아니하여 계약을 해제한 경우에도 수의계약에 의할 수 있다. 이 때에는 그 낙찰 금액보다 불리하지 아니한 금액의 범위 안에서 가능하다. 다만, 기한을 제외하고는 최초의 입찰에 부칠 때 정한 가격 및 기타 조건을 변경할 수 없다.

수의계약에 의하고자 할 때에는 2인 이상으로부터 견적서를 받되 견적서를 제출하고자 하는 자 모두에게 견적서를 제출할 수 있도록 하여야 한다. 다만, 상기의 제4호 및 제6호의 가목, 제8호의 다목, 사목 아목, 재공고 입찰에 부쳤으나 입찰자나 낙찰자가 없을 때의 계약과 낙찰자가 계약의 미체결이나 계약 사항 불이행으로 인한 계약 또는 계약 금액이 2천만 원 이하인 경우에는 1인으로부터 받은 견적서에 의할 수 있다. 그러나 상기의 제5호에 따른 수의계약 중 추정가격이 2천만 원 이상인 수의계약의 경우에는 지정정보 처리장치를 이용하여 견적서를 제출하도록 하고 있으나 계약의 목적이나 특성상 지정정보 처리장치에 의한 견적서 제출이 곤란한 경우로서 기획재정부령이 정하는 다음의 경우에는 그러하지 아니하다.

① 전문적인 학술연구 용역의 경우
② 농·수산물 및 음식물(그 재료를 포함한다)의 구입 등 신선도와 품질을 우선적으로 고려하여야 하는 경우

③ 그 밖에 계약의 목적이나 특성상 지정정보 처리장치에 의한 견적서 제출이 곤란한 경우로서 기획재정부 장관이 정하는 경우

그리고 전기 · 가스 · 수도 등의 공급 계약이나 추정가격이 100만 원 미만인 물품의 제조 · 구매 · 임차 및 용역 계약의 경우에는 견적서 제출을 생략할 수 있다.

Chapter 02

경쟁계약시 입찰 및 낙찰 절차

제 1 절 계약 방법의 결정

계약담당 공무원이 일반경쟁계약, 제한경쟁계약, 지명경쟁계약 또는 수의계약 중에서 계약의 목적과 내용, 관계 법규 등을 면밀히 검토하여 가장 적합한 계약 방법을 선택하여 결정하도록 한다. 이는 주로 내부 품의로써 이루어진다. 수의계약의 경우에 비하여 경쟁계약의 경우에 더욱 복잡하다. 따라서 경쟁계약시 입찰 및 낙찰의 일반적인 절차를 살펴보고자 한다.

제 2 절 입찰공고

1 공고 방법

각 중앙관서의 장 또는 계약담당 공무원은 경쟁 입찰에 의하는 경우에는 공고 또는 통지하여야 한다. 공고는 특별한 규정이 있는 경우를 제외하고는 지정정보 처리장치를 이용하여 공고하여야 한다. 다만, 필요한 경우 일간신문 등에 게재하는 방법을 병행할 수 있다.

각 중앙관서의 장 또는 계약담당 공무원은 지명경쟁의 경우에는 공고에 의하지 않고 당해 입찰 참가 적격자에게 입찰 공고의 내용을 통지하여 입찰 참가 신청을 하게 할 수 있으며, 입찰공고 중 내용의 오류나 법령 위반 사항이 발견되어 공고 사항의 정정이 필요한 경우에는 남은 공고 기간에 5일 이상을 더하여 공고하여야 한다.

2 공고 기일

입찰 공고는 입찰서 제출 마감일의 전일부터 기산하여 7일 전에 이를 행하여야 한다. 공사 입찰의 경우에는 현장 설명일의 전일부터 기산하여 7일 전에 공고하여야 한다. 다만, 추정가격이 200억 원 이상의 공사로서 국가를 당사자로 하는 계약에 관한 법률시행령 제13조의 규정에 의한 공사 입찰의 경우는 현장 설명일 전일부터 기산하여 30일 전에 공고하여야 한다. 그리고 공사 입찰의 경우로서 공사의 성질상 현장 설명을 실시하지 아니하는 때에는 입찰서 제출 마감일의 전일부터 기산하여 다음 각 호에 해당하는 기간 전에 공고하여야 한다.

① 추정가격이 10억 원 미만인 경우 7일

② 추정가격이 10억 원 이상 50억 원 미만인 경우 15일

③ 추정가격이 50억 원 이상인 경우 40일

그러나 긴급을 요하는 경우나 재공고 입찰의 경우에는 입찰서 제출 마감일의 전일부터 기산하여 5일 전까지 공고할 수 있으며, 협상에 의한 계약의 경우에는 제안서 제출 마감일의 전일부터 기산하여 40일 전에 공고하여야 한다. 다만, 다음 각 호의 어느 하나에 해당하는 경우에는 제안서 제출 마감일의 전일부터 기산하여 10일 전까지 공고할 수 있다.

① 긴급을 요하는 경우

② 추정가격이 고시 금액 미만인 경우

③ 재공고 입찰인 경우

3 공고 내용

입찰 공고에는 다음의 사항을 명시하여야 한다.

① 입찰에 부치는 사항
② 입찰 또는 개찰의 장소와 일시
③ 공사 입찰의 경우에는 현장 설명의 장소·일시·참가 자격 및 참가 의무 여부에 관한 사항
④ 협상에 의한 계약 체결의 경우로서 제안요청서에 대한 설명을 실시하는 경우에는 그 장소·일시 및 참가 의무 여부에 관한 사항
⑤ 입찰 참가자의 자격에 관한 사항
⑥ 입찰 참가 등록 및 입찰 관련 서류에 관한 사항
⑦ 입찰보증금과 국고 귀속에 관한 사항
⑧ 낙찰자의 결정 방법(적격심사의 경우 낙찰자 결정에 필요한 서류 제출일 및 낙찰자 통보 예정일 포함)
⑨ 계약의 착수일 및 완료일
⑩ 계약하고자 하는 조건을 공시하는 장소
⑪ 입찰 무효에 관한 사항
⑫ 입찰에 관한 서류의 열람·교부 장소 및 교부 비용
⑬ 추가 정보를 입수할 수 있는 기관의 주소 등
⑭ 우편 입찰 등을 허용하는 경우에는 그 취지와 입찰서를 송부할 주소
⑮ 지정정보 처리장치를 이용하여 입찰서를 제출하도록 하는 경우에는 그 내용
⑯ 공동 계약을 허용하는 경우에는 공동 계약이 가능하다는 뜻과 공동 계약의 이행 방식
⑰ 부대 입찰의 경우에는 그 취지
⑱ 대형 공사의 경우에는 대안입찰 또는 일괄입찰 등에 관한 사항

⑲ 기타 입찰에 관하여 필요한 사항

제 3 절 현장 설명

공사입찰에서 그 공사의 성질·규모 등을 고려하여 실제 공사 현장에서 입찰 참가자의 적정한 시공을 위한 현장 설명을 실시할 수 있으며, 추정가격이 300억 원 이상인 공사의 경우에는 반드시 현장 설명을 실시하여야 한다. 다만, 재난 및 안전관리기본법 제3조에 따른 재난이 발생하여 현장 설명일에 공사 현장에 접근하는 것이 어렵다고 판단한 경우이거나 다음 각 호의 어느 하나에 해당하는 지역에서 실시되는 공사로서 지형적 여건으로 인하여 공사 현장에 접근하는 것이 어려운 경우에는 예외로 한다.

① 접적지역

② 육지와 원거리에 위치한 낙도 및 무인도

③ 산간벽지

④ 제1호부터 제3호까지에 준하는 지역으로서 기획재정부 장관이 정하는 지역

현장 설명은 공사의 규모에 따라 당해 입찰서 제출 마감일의 전일부터 기산하여 다음 각 호의 기간 전에 실시하여야 한다. 다만, 긴급을 요하거나 재공고 입찰의 경우에는 그 기간을 단축할 수 있다.

① 추정가격이 10억 원 미만인 경우 7일

② 추정가격이 10억 원 이상 50억 원 미만인 경우 15일

③ 추정가격이 50억 원 이상인 경우 33일

각 중앙관서의 장 또는 계약담당 공무원은 추정가격이 100억 원 이상인 공사입찰에서 상기의 현장 설명을 실시한 경우에는 현장 설명에 참가한 자에 한하여 입찰에 참가하게 하여야 한다.

제4절 입찰 등록

1 입찰 참가 신청

경쟁입찰에 부치고자 할 때에는 입찰 참가 신청인으로 하여금 입찰 참가 신청 서류를 제출하게 하여야 한다. 다만, 당해 기관에 소정의 서류를 갖추어 입찰 참가 자격을 미리 등록한 자는 입찰보증금의 납부로써 이를 갈음할 수 있다. 입찰 참가 자격을 미리 등록한 자에게는 경쟁입찰 참가 자격등록증을 교부하여야 한다. 입찰 참가 신청 서류는 입찰참가신청서, 입찰 참가 자격을 증명하는 서류, 기타 입찰 공고 또는 지명 통지에서 요구한 서류이며, 이를 접수한 때에는 입찰참가신청증을 교부하여야 한다. 다만, 우편 접수의 경우나 기타 필요하지 아니하다고 인정되는 경우에는 이를 생략할 수 있다. 계약담당 공무원은 입찰 참가 신청인이 제출한 서류를 검토하여 이를 접수하고 필요한 사항에 대하여는 사실 조사를 할 수 있다. 입찰 참가 신청 서류의 접수 마감일은 입찰서 제출 마감일 전일로 한다.

추정가격이 300억 원 이상이거나 300억 원 미만인 공사 중 기획재정부령이 정하는 공사는 입찰 참가 자격을 미리 심사하여 경쟁입찰에 참가할 수 있는 적격자를 선정하여야 한다. 이 경우 선정된 적격자에게 선정 결과를 통지하여야 한다.

입찰에 부치고자 할 때에는 입찰 공고문 또는 입찰참가통지서, 입찰유의서, 입찰참가신청서·입찰서 및 계약서 서식, 계약 일반 조건 및 계약 특수조건, 기타 참고 사항을 기재한 서류를 작성·비치하여야 하며, 공사의 경우에는 설계서, 공종별 목적물 물량 내역서를, 용역 입찰의 경우에는 과업지시서를 추가하여 함께 작성·비치하여야 한다.

2 입찰보증금 납부

입찰보증금은 입찰 금액(단가 입찰의 경우에는 그 단가에 총입찰 예정량을 곱한 금액)의 100분의 5 이상으로 하여야 한다. 입찰보증금은 현금(체신관서 또는 은행법의 적용을 받는 금융기관이 발행하는 자기앞수표를 포함한다) 또는 국가를 당사자로 하는 계약에 관한 법률시행령 제37조에서 규정하고 있는 보증서 등으로 납부하면 된다.

입찰보증금의 전부 또는 일부의 납부를 면제할 수 있는 경우는 다음과 같다.

① 국가기관 및 지방자치단체

② 공공기관의 운영에 관한 법률에 따른 공공기관

③ 정부가 기본 재산의 100분의 50 이상을 출연(법률의 규정에 의하여 귀속시킨 경우를 포함한다. 이하 같다)한 법인

④ 농업협동조합법에 의한 조합·조합공동사업법인 및 그 중앙회, 수산업협동조합법에 의한 어촌계·수산업협동조합 및 그 중앙회, 산림조합법에 의한 산림조합 및 그 중앙회, 중소기업협동조합법에 의한 중소기업협동조합 및 그 중앙회와 한국농촌공사 및 농지관리기금법에 따른 한국농촌공사

⑤ 건설산업기본법·전기공사업법·정보통신공사업법·건설폐기물의 재활용 촉진에 관한 법률 또는 골재채취법 등의 법령에 의하여 등록 등을 한 법인으로서 기획재정부 장관이 정하는 기준에 해당되는 자

⑥ 기타 경쟁입찰에서 낙찰자로 결정된 후 계약 체결을 기피할 우려가 없다고 인정되는 자

각 중앙관서의 장 또는 계약담당 공무원은 입찰보증금의 전부 또는 일부를 면제받은 자로 하여금 국고 귀속의 사유[1]가 발생한 때에는 입찰보증금

1) 국가를 당사자로 하는 계약에 관한 법률시행령 제38조.

에 해당하는 금액을 납입할 것을 보장하기 위하여 그 지급을 확약하는 문서를 제출하도록 하여야 한다.

제 5 절 예정가격의 작성

1 예정가격의 개념

예정가격(豫定價格)이란 입찰 또는 계약 체결 전에 낙찰자 및 계약 금액의 결정 기준으로 삼기 위하여 미리 작성된 가격을 말한다. 계약담당 공무원은 경쟁입찰 및 수의계약 등에 부칠 사항에 대하여 당해 규격서 및 설계서 등에 의하여 예정가격을 결정하고 이를 밀봉하여 미리 개찰 장소 또는 가격 협상 장소 등에 두어야 하며, 예정가격이 누설되지 아니하도록 하여야 한다.

2 예정가격의 결정 방법 및 기준

예정가격은 계약을 체결하고자 하는 사항의 가격의 총액에 대하여 이를 결정하여야 한다. 다만, 일정한 기간 계속하여 제조·공사·수리·가공·매매·공급·임차 등을 하는 계약의 경우에는 단가에 대하여 그 예정가격을 결정할 수 있다. 예정가격에는 부가가치세, 특별소비세, 교육세, 관세, 농어촌특별세 등 각종 세액이 포함되어야 한다. 또한 장기계속공사나 장기물품 제조 등의 경우에는 총공사·총제조 등에 대하여 예산상의 총공사 금액 또는 총제조 금액의 범위 안에서 예정가격을 결정하여야 한다.

예정가격은 다음을 기준으로 하여 결정되어야 한다.

① 적정한 거래가 형성된 경우에는 그 거래 실례가격[2)]

② 적정한 거래 실례가격이 없는 경우에는 원가계산에 의한 가격[3](신규 개발품이나 특수한 물품·공사·용역 등)
③ 공사의 경우 이미 수행한 사업을 토대로 축적한 실적 공사비로서 중앙관서의 장이 인정한 가격
④ 상기 제1호 내지 제3호의 가격에 의할 수 없는 경우에는 감정가격, 유사한 물품·공사·용역 등의 거래 실례가격 또는 견적가격[4]

3 예정가격 작성의 생략

모든 경쟁계약 또는 수의계약 등에 부칠 사항에 대하여는 예정가격을 작성하여 비치하여야 한다. 그러나 다른 국가기관, 지방자치단체와의 수의계약을 할 경우, 건설산업기본법에 의한 건설공사(전문공사를 제외한다)로서 추정가격이 2억 원 이하인 공사, 건설산업기본법에 의한 전문공사로서 추정가격이 1억 원 이하인 공사, 그 밖의 공사 관련 법령에 의한 공사로서 추

---

2) 거래 실례가격(去來實例價格)으로 예정가격을 결정함에 있어서는 ① 조달청장이 조사하여 통보한 가격, ② 기획재정부 장관이 정하는 기준에 적합한 전문가격 조사기관으로서 기획재정부 장관에게 등록한 기관이 조사하여 공표한 가격, ③ 각 중앙관서의 장 또는 계약담당 공무원이 2 이상의 사업자에 대하여 당해 물품의 거래 실례를 직접 조사하여 확인한 가격 등에 의한다. 그러나 상기의 거래 실례가격에 일반관리비와 이윤을 따로 가산하여서는 아니 된다.

3) 원가계산(原價計算)에 의한 예정가격의 결정시는 그 예정가격에 재료비, 노무비, 경비, 일반관리비 및 이윤을 포함시켜야 한다. 다만, 수입물품의 경우에는 수입물품의 외화표시원가, 통관료, 보세창고료, 하역료, 국내운반비, 신용장 개설수수료, 일반관리비 및 이윤을 포함시켜야 한다. 일반관리 비율과 이윤율은 국가를 당사자로 하는 계약에 관한 법률시행령 제8조에서 별도로 규정하고 있다. 또한 계약 목적물의 내용이나 성질이 특수하여 스스로 원가계산을 하기 곤란한 경우에는 기획재정부 장관이 정한 요건을 갖춘 원가계산 용역기관에 원가계산을 의뢰하여 원가계산서를 작성할 수 있다.

4) 감정가격(鑑定價格) 등에 의한 예정가격의 결정시 그 적용 순서는 다음과 같다.
① 감정가격: 지가공시 및 토지 등의 평가에 관한 법률에 의한 감정평가법인 또는 감정평가사(부가가치세법 제5조에 의한 평가 업무에 관한 사업자등록증을 교부받은 자에 한한다)가 감정평가한 가격
② 유사한 거래 실례가격: 기능과 용도가 유사한 물품의 거래 실례가격
③ 견적가격: 계약 상대자 또는 제3자로부터 직접 제출받은 가격

정가격이 8천만 원 이하인 공사 또는 추정가격(임차 또는 임대의 경우에는 연액 또는 총액 기준)이 5천만 원 이하인 물품의 제조·구매, 용역 그 밖의 계약의 경우, 협상에 의한 계약 및 개산계약을 체결하고자 할 때에는 예정가격을 작성하지 아니할 수 있다. 그리고 일괄입찰 및 설계공모·기술제안입찰의 경우에는 예정가격을 작성하지 아니한다.

4 예정가격의 변경

예정가격은 원칙적으로 변경할 수 없으나 재공고입찰에서도 입찰자 또는 낙찰자가 없는 경우로서 당초의 예정가격으로는 수의계약을 체결할 수 없는 때에는 당초의 예정가격을 변경하여 새로운 절차에 의한 경쟁입찰에 부칠 수 있다.

제 6 절 입찰 및 개찰

1 입찰의 개념

입찰(入札)이란 공고에 의하여 국가에 대한 계약의 상대자가 될 것을 희망하는 자가 그 해당하는 조건을 국가에 제시하는 하나의 청약행위를 말한다.

2 입찰의 실시

입찰에 참가하는 자는 입찰 전에 입찰유의서, 계약 일반 조건, 당해 계약의 특수 조건, 설계서, 시방서 등을 숙지한 후 입찰에 응하여야 하며, 국가의 입장에서도 이에 승낙한 자만을 입찰에 참가시키는 것이 좋다. 입찰은 입찰서에 의하되 1인이 1통만 제출하도록 하고 일단 제출된 입찰서는 교환, 변경, 취소하지 못한다. 다만, 기획재정부 장관이 정하는 경우에는 그러하지 아니하다. 대리인이 입찰에 응하고자 할 때에는 입찰 전에 미리 위임장을 계약담당 공무원에게 제출하여 승낙을 받아야 한다. 입찰서는 입찰 공고에 표시한 장소와 일시에 직접 제출하도록 하여야 하며, 필요하다고 인정되는 경우에는 우편으로 제출하게 할 수 있다. 그러나 국제 입찰 대상이 아닌 계약에 대하여는 지정정보 처리장치에 의하여 입찰서를 제출하는 방식에 의하게 할 수 있다. 다만, 미리 기획재정부 장관과 협의한 경우에는 지정정보 처리장치 외에 각 중앙관서의 장이 지정·고시한 정보 처리장치를 이용하여 입찰서를 제출하게 할 수 있다.

3 입찰의 무효

경쟁 참가의 자격이 없는 자가 행한 입찰 또는 입찰에 관한 조건에 위반한 입찰 기타 다음의 사유에 해당하는 입찰은 이를 무효로 한다.

① 입찰 참가 자격이 없는 자가 한 입찰
② 입찰보증금의 납부 일시까지 소정의 입찰보증금을 납부하지 아니하고 한 입찰
③ 입찰서가 그 도착 일시까지 소정의 입찰 장소에 도착하지 아니한 입찰
④ 동일 사항에 동일인(1인이 수개의 법인의 대표자인 경우 해당 수개의 법인을 동일인으로 본다)이 2통 이상의 입찰서를 제출한 입찰
⑤ 관계 법규상 입찰서와 함께 산출 내역서를 제출하지 아니한 입찰 및 입찰서상의 금액과 산출 내역서상의 금액이 일치하지 아니한 입찰과 그 밖에 기획재정부 장관이 정하는 입찰 무효 사유에 해당하는 입찰
⑥ 현장 설명을 실시하는 공사로서 추정가격이 100억 원 이상인 공사의 입찰에 참가한 자 중 현장 설명에 참가하지 아니한 자의 입찰

⑦ 경쟁입찰 참가 자격을 미리 등록하고 변경 사항이 있으나 다음 각 목의 어느 하나에 해당하는 등록 사항을 변경 등록하지 아니하고 입찰서를 제출한 입찰

㉮ 상호 또는 법인의 명칭

㉯ 대표자(수인의 대표자가 있는 경우에는 대표자 전원)의 성명

⑧ 관계 규정에 의하여 정보 처리장치를 이용하여 입찰서를 제출하는 경우 동 규정에 의한 방식에 의하지 아니하고 입찰서를 제출한 입찰

⑨ 관계 규정에 제안요청서 등에 대한 설명(이하 이 호에서 "제안요청서 설명"이라 한다)을 실시하면서 제안요청서 설명에 참가한 자에 한하여 계약에 참가할 수 있다는 뜻을 입찰공고에 명시한 경우로서 입찰에 참가한 자 중 제안요청서설명에 참가하지 아니한 자의 입찰

⑩ 관계 규정에 의하여 입찰서와 함께 제출하여야 하는 품질 등 표시서를 제출하지 아니한 입찰

⑪ 관계 규정상 공동 계약의 방법에 위반한 입찰

⑫ 대안입찰의 경우 원안을 설계한 자 또는 원안을 감리한 자가 공동으로 참여한 입찰

⑬ 상기 외에 기획재정부 장관이 정하는 입찰유의서에 위반된 입찰

4 개 찰

입찰공고에서 지정한 시간까지 입찰서를 접수한 때에는 입찰서의 접수 마감을 선언하고, 지정된 장소에서 입찰자가 참석한 가운데 입찰서를 개봉하여야 한다. 이를 개찰(開札)이라고 하며, 만약 입찰자로서 이에 출석하지 아니한 자가 있을 때에는 입찰사무와 관계 없는 공무원으로 하여금 개찰에 참여하게 할 수 있다. 다만, 정보 처리장치를 이용하여 입찰서를 제출하게 하는 경우에는 입찰공고에 표시한 절차와 방법으로 입찰서를 마감하고 입찰서를 개봉하여야 한다.

5 재입찰 및 재공고입찰

재입찰(再入札)은 경쟁입찰에서 2인 이상의 유효한 입찰자가 없거나 낙찰자가 없는 경우에 같은 장소에서 계속하여 다시 입찰에 부치는 것을 말한다. 이 때에 예정가격은 최초 입찰시와 동일하여야 하며, 입찰의 횟수에는 제한이 없다.

재공고입찰(再公告入札)은 입찰자가 없거나 재입찰에서도 낙찰자가 결정되지 않은 경우 또는 낙찰자가 계약을 체결하지 아니하는 경우에 최초와 동일한 내용과 조건으로 재차 공고하여 입찰에 부치는 것을 말한다. 공고기간은 입찰서 제출 마감일의 전일부터 기산하여 5일 전까지 단축하여 공고할 수 있다.

제7절 낙찰자 결정

개찰의 결과 낙찰자를 결정하게 된다. 먼저 세입의 원인이 되는 경쟁입찰에서는 예정가격 이상으로서 최고 가격으로 입찰한 자를 낙찰자로 한다. 다만, 계약의 목적, 입찰 가격 및 수량 등을 고려하여 대통령령으로 정한 경우에는 그러하지 아니하다. 다음으로 국고의 부담이 되는 경쟁입찰에서는 예정가격 이하로서 다음 각 호에 해당하는 입찰자를 낙찰자로 한다.

① 충분한 계약 이행 능력이 있다고 인정되는 자로서 최저 가격으로 입찰한 자

② 입찰 공고 또는 입찰설명서에 명기된 평가 기준에 따라 국가에 가장 유리하게 입찰한 자

③ 기타 계약의 성질·규모 등을 감안하여 대통령령으로 특별히 기준을 정한 경우에는 그 기준에 가장 적합하게 입찰한 자

상기의 낙찰자 결정 원칙에 의하되, 예정가격 이하로서 최저 가격으로 입찰한 자의 순으로 당해 계약 이행 능력을 심사하여 낙찰자를 결정한다. 다만, 추정가격이 고시 금액 미만인 물품 계약, 입찰 참가 자격 사전심사 대상으로서 추정가격이 1천억 원 이상인 공사, 2단계 경쟁 등의 입찰[5]에서는 최저 가격으로 입찰한 자를 낙찰자로 결정한다(이를 최저가낙찰제라 한다).

여기서 계약 이행 능력의 심사는 당해 입찰자의 이행 실적, 기술 능력, 재무 상태, 과거 계약 이행 성실도, 자재 및 인력 조달 가격의 적정성, 계약 질서의 준수 정도, 과거 공사의 품질 정도 및 입찰 가격 등을 종합적으로 고려하여 기획재정부 장관이 정하는 심사 기준에 따라 세부 심사 기준을 정하여 적격 여부를 심사하며, 그 심사 결과 적격하다고 인정되는 경우 낙찰자로 결정한다(이를 적격심사낙찰제라 한다). 다만, 공사 또는 물품 등의 특성상 필요하다고 인정되는 경우에는 각 중앙관서의 장이 기획재정부 장관과의 협의를 거쳐 직접 심사 기준을 정할 수 있다.

한편, 낙찰이 될 수 있는 동일 가격으로 입찰한 자가 2인 이상인 때에는 즉시 추첨에 의하여 낙찰자를 결정하여야 한다. 다만, 2단계 경쟁 등의 입찰인 경우에는 규격 또는 기술 우위자를, 계약 이행 능력심사의 대상인 경우에는 그 심사 결과 최고 점수인 자를, 희망 수량에 의한 경쟁 입찰에서 동가(同價) 입찰자가 2인 이상인 경우에는 입찰 수량이 많은 입찰자를 낙찰자로 결정하여야 한다. 여기서 입찰자 중 출석하지 아니한 자 또는 추첨을 하지 아니한 자가 있을 때에는 입찰 사무에 관계 없는 공무원으로 하여금 이를 대신하여 추첨하게 할 수 있다.

또한 물품·용역 계약에서 계약 이행의 전문성, 기술성, 긴급성, 공공시설물의 안전성 및 그 밖에 국가안보 목적 등의 이유로 필요하다고 인정되는 경우에는 다수의 공급자들로부터 제안서를 제출받아 평가한 후 협상 절차를 통하여 국가에 가장 유리하다고 인정되는 자와 계약을 체결할 수 있

---

5) 2단계 경쟁 등의 입찰이란 물품의 제조·구매 또는 용역계약에서 미리 적절한 규격 등의 작성이 곤란하거나 기타 계약의 특성상 필요하다고 인정되는 경우에는 먼저 규격 입찰 또는 기술 입찰을 실시하고 개찰 결과 적격자로 확정된 자에게 다시 가격 입찰을 실시하여 그 결과 적격자를 최종 낙찰자로 선정하는 것을 말한다.

으며, 이 경우에는 입찰 공고시 협상에 의한 계약이라는 뜻을 명시하여야 하고, 협상에 의한 계약에 참가하고자 하는 자에게 제안요청서 등 필요한 서류를 교부하여야 하며, 지정정보 처리장치에 게재함으로써 이에 갈음할 수도 있다. 협상에 의한 계약의 경우는 그 계약의 성질·규모 등을 고려하여 필요하다고 인정되는 경우에는 제안요청서 등에 대한 설명을 할 수 있으며, 설명회에 참가한 자에 한하여 계약에 참가하게 할 수 있다.

그리고 정보과학 기술 등 집약도가 높은 지식을 활용하여 고부가 가치를 창출하는 사업 중 다음에 해당하는 사업, 즉 지식기반 사업에 대한 계약을 체결하는 경우에는 협상에 의한 계약 체결 방법을 우선적으로 적용할 수 있다.

① 엔지니어링기술진흥법 제2조 제4호의 규정에 의한 엔지니어링사업. 다만, 건설기술관리법 제2조 제3호의 규정에 의한 건설기술 용역에서는 고난도 또는 고기술을 요하는 경우에 한한다.
② 정보통신산업진흥법 제2조 제3호의 규정에 의한 정보통신산업
③ 국가정보화기본법 제3조 제2호의 규정에 의한 정보화에 관한 사업
④ 산업디자인진흥법 제2조의 규정에 의한 산업디자인에 관한 사업
⑤ 문화산업진흥기본법 제2조 제1호의 규정에 의한 문화산업
⑥ 온라인디지털콘텐츠산업발전법 제2조 제3호의 규정에 의한 온라인디지털콘텐츠산업
⑦ 기초과학 및 응용과학에 관한 학술연구 용역
⑧ 그 밖에 각 중앙관서의 장이 이에 해당한다고 인정하는 사업

Chapter 03

계약의 체결, 이행 및 대가 지급

제1절 계약의 체결

1 계약의 성립

계약서의 작성을 생략하는 경우를 제외하고는 낙찰 통지를 받은 후 소정 기일 내에 문서로써 계약의 목적 · 계약 금액 · 이행 기간 · 계약보증금 · 위험 부담 · 지체상금, 기타 필요한 사항을 기재한 계약서를 작성하고, 계약담당 공무원과 낙찰된 계약 상대자가 반드시 기명 · 날인 또는 서명하여야 계약이 확정된다.

2 계약서의 작성

계약서를 작성하는 가장 큰 목적은 차후 계약의 이행시에 계약 상대자와 분쟁의 소지가 생기지 않도록 사전 예방하는 차원과 아울러 분쟁이 발생하였을 경우에는 명확한 책임 소재를 규명하는 데 근거 자료를 삼기 위한 것이다.

계약담당 공무원은 계약 상대자를 결정한 때에는 지체없이 공사 도급 ·

물품 구매·기술 용역에 관한 표준계약서를 작성하여야 한다. 그러나 표준계약서의 서식에 의하기가 곤란하다고 인정될 때에는 따로 이와 다른 양식에 의한 계약서에 의하여 계약을 체결할 수 있으며, 표준계약서에 기재된 계약 일반 사항 외에 당해 계약에 필요한 특약 사항을 명시하여 계약을 체결할 수 있다.

계약담당 공무원은 계약서에 필요한 내용을 모두 기재한 후 최종적으로 확인하고 계약 상대자와 함께 기명 날인하여야 한다. 다만, 외국인과 계약을 체결하는 경우나 기타 특별한 사유가 있는 경우에는 서명으로써 이를 갈음할 수 있다. 계약서에 기명 날인할 때에는 인감증명서의 인장을 사용하여야 한다.

계약서에는 계약의 명칭(공사명, 물품명), 계약 금액, 이행 기간, 계약보증금, 지체상금률, 위험 부담, 착공 일자, 준공 일자(납품 일자), 납품 장소, 기타 필요한 사항이 기재되어야 하며, 관계 규정에 의거 계약보증금의 전부 또는 일부의 납부를 면제하는 경우에는 계약서에 그 사유 및 면제 금액을 기재하고 계약보증금 지급각서를 제출하게 하여 이를 첨부하여야 한다.

3 계약서 작성의 생략

관계 규정에 의거 계약서의 작성을 생략하는 경우에는 계약 상대자로부터 청구서, 각서, 협정서, 승낙 사항 등 계약 성립의 증거가 될 수 있는 서류를 제출받아 비치하여야 한다. 다만, 기획재정부 장관이 따로 정하는 회계경리에 관한 서식에 의한 경우에는 그러하지 아니하다. 다음의 경우에는 계약서의 작성을 생략할 수 있다.

① 계약 금액이 3천만 원 이하인 계약을 체결하는 경우
② 경매에 부치는 경우
③ 물품 매각의 경우에 매수인이 즉시 대금을 납부하고 그 물품을 인수하는 경우
④ 각 국가기관 및 지방자치단체 상호간에 계약을 체결하는 경우

⑤ 전기·가스·수도의 공급 계약 등 성질상 계약서의 작성이 필요하지 아니한 경우

4 계약보증금의 납부 및 처리

계약을 체결할 때에는 당해 계약상의 의무 이행을 좀더 확실하게 보장받기 위하여 계약 상대자로 하여금 계약보증금을 납부하도록 하여야 한다. 계약보증금은 계약 금액의 100분의 10 이상으로 납부하여야 한다. 단가계약의 경우에는 여러 차례로 분할하여 계약을 이행하는 때에는 매회별 이행 예정량 중 최대량에 계약 단가를 한 금액의 100분의 10 이상으로 계약보증금으로 납부하도록 한다. 공사 계약에서는 계약보증금 이외에 연대보증인[1]을 1인 이상 세우도록 하여야 하며, 그렇지 아니하는 경우에는 계약보증금을 계약 금액의 100분의 20 이상으로 납부하게 하거나, 계약 금액의 100분의 40(예정가격의 100분의 70 미만으로 낙찰된 공사계약의 경우에는 100분의 50) 이상을 납부할 것을 보증하는 공사이행보증서[2]를 제출하게 하여야 한다. 다만, 공사 계약의 특성상 필요하다고 인정되는 경우와 추정가격이 300억 원 이상인 공사로서 계약되는 경우에는 반드시 공사이행보증서를 제출하도록 하여야 한다.

한편, 계약 상대자가 이미 납부한 입찰보증금을 계약보증금으로 대체할 것을 요청한 때에는 계약보증금으로 이를 대체 정리하여야 한다. 그리고

1) 연대보증인은 입찰공고 등에서 요구한 자격과 동등 이상의 자격을 갖춘 자이어야 하며, 당해 계약자와 독점규제 및 공정거래에 관한 법률에 의한 계열사가 아니어야 하고 입찰참가 자격 제한 기간 중에 있는 자가 아니어야 한다. 만약 계약 상대자가 계약상의 의무를 이행하지 아니하는 때에는 지체없이 연대보증인에게 그 의무를 이행할 것을 청구하여야 한다.

2) 공사이행보증(performance bond) 제도는 보증기관이 공사 계약 금액의 40% 상당의 공사 이행보증증권을 발행하여 계약 상대자, 즉 원도급자가 부도 발생 등으로 인하여 당해 계약 의무를 수행하지 못하게 될 경우 보증기관이 책임지는 제도로서 만약 보증 시공을 못할 경우에는 이행보증증권에 명시된 바와 같이 그에 해당하는 현금을 국고에 귀속시켜야 한다.

계약을 체결하는 데 필요하다고 인정될 때에는 당해 계약의 목적물에 대하여 손해보험에 가입하거나 계약 상대자로 하여금 손해보험에 가입하게 할 수 있다.

그러나 다음의 경우에는 계약보증금의 전부 또는 일부를 면제할 수 있다.

① 국가기관 및 지방자치단체, 공공기관의 운영에 관한 법률에 따른 공공기관, 정부가 기본 재산의 100분의 50 이상을 출연하는 법인, 농업협동조합, 수산업협동조합, 산림조합, 중소기업협동조합, 한국농촌공사와 계약을 체결하는 경우
② 계약 금액이 3천만 원 이하인 계약을 체결하는 경우
③ 일반적으로 공정·타당하다고 인정되는 계약의 관습에 따라 계약보증금 징수가 적합하지 아니한 경우
④ 이미 도입된 외자시설, 기계, 장비의 부분품을 구매하는 경우로서 당해 공급자가 아니면 당해 부분품의 구입이 곤란한 경우

또한, 계약담당 공무원은 계약 상대자가 정당한 이유 없이 계약상의 의무를 이행하지 아니한 때에는 계약보증금(공사이행보증서상 보증금을 포함한다)을 국고에 귀속시켜야 한다.

제 2 절 계약의 이행

계약담당 공무원은 계약 상대자로 하여금 계약의 성실한 이행을 위하여 물품규격서, 설계서 등을 정확하고 상세하게 작성·교부하여 구매·제조·시공의 명확한 기준이 되도록 하여야 하며, 그에 필요한 관급 자재는 적기에 공급하도록 협조하여야 한다. 공사의 경우에는 착공계와 공사일정표를 제출받아 준공 기한 내에 공사가 마무리될 수 있는가를 검토하여야 한다. 특히 공사·제조·용역의 경우에는 각 공정에 따라 필요시는 감독을 실시하여야 한다. 또한 계약의 이행 중에는 계약 금액 등 계약 사항을 수정·변경할 수 없다. 그러나 부득이한 사유가 발생시는 당초 계약의 목적을 더욱

효율적으로 달성하기 위하여 계약 금액을 조정할 수 있다.

1 감 독

계약담당 공무원은 공사·제조·용역 등의 계약을 체결한 경우에 그 계약의 적정한 이행을 확보하기 위하여 필요하다고 인정할 때에는 계약서·설계서, 기타 관계 서류에 의하여 스스로 이를 감독하거나 소속 공무원에게 그 업무를 위임하여 필요한 감독을 하게 하여야 한다. 다만, 건설기술관리법 제27조 또는 전력기술관리법 제12조 그 밖에 공사 관련 법령상의 규정에 의하여 책임 감리를 하는 공사계약, 그리고 전문적인 지식 또는 기술을 필요로 하거나 기타 부득이한 사유로 인하여 감독을 할 수 없는 제조, 기타 도급계약의 경우에는 전문기관을 따로 지정하여 필요한 감독을 하게 할 수 있다.

2 계약 금액의 조정

공사·제조·용역, 기타 국고의 부담이 되는 계약을 체결한 다음 물가의 변동, 설계 변경, 기타 계약 내용의 변경으로 인하여 계약 금액을 조정할 필요가 있는 경우에는 다음과 같이 조정한다.

1) 물가 변동으로 인한 계약 금액의 조정

㉮ 계약을 체결한 후 90일이 경과하고 품목 조정률이 100분의 3 이상 증감된 때,

품목 조정률=(각 품목 또는 비목의 수량에 등락폭을 곱하여 산출한 금액의 합계액)÷계약 금액

등락폭= 계약 단가×등락률

등락률=(물가 변동 당시 가격-입찰 당시 가격)÷입찰 당시 가격

여기서 물가 변동 당시 가격이 계약 단가보다 높고 동 계약 단가가 입찰 당시 가격보다 높을 경우의 등락폭은 물가 변동 당시 가격에서 계약 단가를 뺀 금액으로 한다. 또한 물가 변동 당시의 가격이 입찰 당시 가격보다 높고 계약 단가보다는 낮을 경우의 등락폭은 영(0)으로 한다. 계약 금액이 조정 기준일부터 90일 이내에는 이를 다시 조정하지 못한다. 다만, 천재·지변 또는 원자재의 가격 급등으로 인하여 당해 조정 제한 기간 내에 계약 금액을 조정하지 아니하고는 계약 이행이 곤란하다고 인정되는 경우에는 계약을 체결한 날 또는 직전 조정 기준일부터 90일 이내에 계약 금액을 조정할 수 있다.

㉯ 지수조정률이 100분의 3 이상 증감된 때

지수조정률은 계약 금액의 산출 내역을 구성하는 비목군 및 다음 각 호의 지수 등의 변동률에 의하여 산출한다.

㉠ 한국은행이 조사하여 공표하는 생산자물가 기본 분류 지수 또는 수입물가 지수

㉡ 정부·지방자치단체 또는 공공기관의 운영에 관한 법률에 따른 공공기관이 결정·허가 또는 인가하는 노임·가격 또는 요금의 평균 지수

㉢ 거래 실례가격 또는 통계법 제15조에 따른 지정기관이 조사하여 공표한 가격. 다만, 기획재정부 장관이 단위당 가격을 별도로 정한 경우 또는 각 중앙관서의 장이 별도로 기획재정부 장관과 협의하여 단위당 가격을 조사·공표한 경우에는 해당 가격의 평균 지수

㉣ 기타 상기와 유사한 지수로서 기획재정부 장관이 정하는 지수

동일한 계약에 대하여는 상기 가호 및 나호의 방법 중 하나의 방법에 의하여야 하며, 계약을 체결할 때에 계약 상대자와 협의하여 계약 조정 방법을 계약서에 명시하여야 한다. 계약 금액을 증액하여 조정하고자 하는 경우에는 계약 상대자로부터 계약 금액의 조정을 청구받은 날부터 30일 이내에 계약 금액을 조정하여야 한다. 이 경우 예산 배정의 지연 등 불가피한 사유가 있는 때에는 계약 상대자와 협의하여 조정 기한을 연장할 수 있으며, 계약 금액을 증액할 수 있는 예산이 없는 때에는 공사량 또는 제조량

등을 조정하여 그 대가를 지급할 수 있다. 또한 선금을 지급한 것이 있는 때에는 상기에서 산출한 증가액에서 기획재정부령이 정하는 바에 의하여 산출한 금액을 공제한다.

2) 설계 변경으로 인한 계약 금액의 조정

공사 계약에서 설계 변경으로 인하여 공사량의 증감이 발생한 때에는 당해 계약 금액을 조정하여야 한다. 다만, 추정가격이 기획재정부 장관이 정한 금액(300억 원) 이상인 대형공사 입찰을 할 때에 새로운 기술·공법 등에 의한 공사비의 절감 사유를 제출하여 낙찰자로 결정된 계약의 경우 새로운 기술·공법 등이 채택된 부분에 대한 설계 변경으로 계약 내용을 변경하는 경우에는 정부의 책임 있는 사유나 천재·지변 등 불가항력의 사유로 인한 경우를 제외하고는 그 계약 금액을 증액할 수 없다. 예정 가격의 100분의 86 미만으로 낙찰된 공사 계약의 계약 금액을 설계 변경으로 인하여 증액 조정하고자 하는 경우로서 당해 증액 조정 금액이 당초 계약 금액의 100분의 10 이상인 경우에는 국가를 당사자로 하는 계약에 관한 법률시행령 제94조의 규정에 의한 계약심의회, 국가재정법시행령 제49조의 규정에 의한 예산집행심의회 또는 건설기술관리법시행령 제21조의 규정에 의한 설계자문위원회의 심의를 거쳐 소속 중앙관서의 장의 승인을 얻어야 한다. 설계 변경으로 인한 계약 금액의 조정은 다음의 기준에 의한다.

㉠ 증감된 공사량의 단가는 입찰이나 낙찰시 제출된 산출 내역서상의 단가(이하 "계약 단가"라 한다)로 한다. 다만, 계약 단가가 예정 가격의 단가보다 높은 경우로서 물량이 증가하게 되는 경우 그 증가된 물량에 대한 적용 단가는 예정 가격 단가로 한다.

㉡ 계약 단가가 없는 신규 비목의 단가는 설계 변경 당시를 기준으로 하여 산정한 단가에 낙찰률을 곱한 금액으로 한다.

㉢ 정부에서 설계 변경을 요구한 경우에는 상기 ㉠·㉡항의 규정에도 불구하고 증가된 물량 또는 신규 비목의 단가는 설계 변경 당시를 기준으로 하여 산정한 단가와 동 단가에 낙찰률을 곱한 금액의 범위 안에서 계약 당사자 간에 협의하여 결정한다.

설계 변경은 그 설계 변경이 필요한 부분의 시공 전에 완료하여야 한다. 다만, 공정 이행의 지연으로 품질 저하가 우려되는 등 긴급하게 공사를 수행하게 할 필요가 있는 때에는 계약 상대자와 협의하여 설계 변경의 시기 등을 명확히 정하고, 설계 변경을 완료하기 전에 우선 시공을 하게 할 수 있다. 계약 상대자가 새로운 기술·공법 등(정부 설계와 동등 이상의 기능·효과를 가진 기술·공법·기자재 등을 포함한다)을 사용함으로써 공사비의 절감, 시공 기간의 단축 등에 효과가 현저할 것으로 인정되어 계약 상대자의 요청에 의하여 필요한 설계 변경을 한 때에는 계약 금액의 조정시에 당해 절감액의 100분의 30에 해당하는 금액을 감액하며, 이 경우 새로운 기술·공법 등의 범위와 한계에 관하여 이의가 있을 때에는 설계자문위원회에 청구하여 심의를 받아야 한다.

3) 기타 계약 내용의 변경으로 인한 계약 금액의 조정

공사·제조 등의 계약에서 제1항과 제2항의 규정에 의한 경우 외에 공사 기간·운반 거리의 변경 등 계약 내용의 변경으로 계약 금액을 조정하여야 할 필요가 있는 경우에는 그 변경된 내용에 따라 실비를 초과하지 아니하는 범위 안에서 이를 조정한다.

제 3 절 검사 및 대가 지급

1 검 사

1) 검사 시기 및 기준

검사(檢査)나 검수(檢數)는 계약담당 공무원이 계약 사항의 이행 여부에 대하여 최종적으로 확인하는 절차이다. 검사나 검수는 계약 상대자가 계약의 이행을 완료하고 검사를 요구할 때 또는 기성 부분이나 기납 부분에 대한 대가의 전부나 일부를 지급하고자 할 때에 계약서상의 의무 사항에 대하여 계약서, 설계서 및 기타 관계 서류에 의거 실시한다.

2) 검사자

검사는 각 중앙관서의 장 또는 계약담당 공무원, 검사의 위임을 받은 공무원, 필요하다고 인정되어 지정하는 전문기관이 실시할 수 있다. 감독의 직무와 검사의 직무는 겸할 수 없다. 다만, 다음의 경우에는 그러하지 아니하다.

① 특별한 기술을 요하는 검사에서 감독을 행하는 자 외의 자로 하여금 검사를 행하게 하는 것이 현저하게 곤란한 경우
② 유지·보수에 관한 공사 등 당해 계약의 이행 후 지체없이 검사를 하지 아니하면 그 이행의 확인이 곤란한 경우
③ 계약 금액이 3억 원 이하인 물품의 제조 또는 공사계약의 경우
④ 건설기술관리법 제27조 또는 전력기술관리법 제12조 그 밖에 공사 관련 법령상 의무적으로 책임 감리를 하는 공사계약의 경우
⑤ 감독조서의 확인으로 기성 검사를 갈음하는 경우

3) 검사 절차

먼저 계약 상대자가 계약 사항의 이행이 완료된 때에는 그 사실을 서면으로 계약담당 공무원에게 통지하여야 한다. 다음으로 계약담당 공무원은 계약 상대자로부터 통지받은 날로부터 14일 이내에 계약 상대자의 입회하에 검사를 실시한다. 기획재정부 장관이 정하는 경우에는 7일의 범위 내에서 그 검사 기간을 연장할 수 있다. 다만, 천재·지변 등 불가항력적인 사유 발생시는 당해 사유가 소멸된 날로부터 3일 이내에 검사를 완료하여야 한다.

4) 검사조서의 작성

검사조서는 계약 대금을 지급할 때에 반드시 필요한 증거서류가 되므로 검사담당 공무원은 계약의 이행 상태를 검사한 때에는 검사조서를 생략할 수 있는 경우를 제외하고는 소정의 검사조서를 작성하여야 한다.

5) 검사조서의 생략

검사조서를 생략할 수 있는 경우는 다음의 각 호와 같다.

① 계약 금액이 3천만 원 이하인 계약의 경우

② 매각계약의 경우

③ 전기 · 가스 · 수도의 공급 계약 등 그 성질상 검사조서의 작성을 필요로 하지 아니하는 계약의 경우

2 대가 지급

공사 · 제조 · 판매 · 용역, 기타 국고의 부담이 되는 계약에서는 검사 또는 검사조서를 작성한 후에 그 대가를 지급하여야 한다. 다만, 국제 관례 등 부득이한 사유가 있다고 인정되는 경우에는 그러하지 아니하다.

1) 완성급

국고의 부담이 되는 계약의 대가는 검사를 완료한 후 계약 상대자의 청구를 받은 날부터 5일 이내에 지급하여야 한다. 이 경우 계약 당사자와 합의하여 5일을 초과하지 아니하는 범위에서 대가의 지급 기한을 연장할 수 있는 특약을 정할 수 있다. 또한 천재 · 지변 등 불가항력의 사유로 지급 기한 내에 대가를 지급할 수 없게 된 경우에는 당해 사유가 소멸된 날로부터 3일 이내에 대가를 지급하여야 한다.

2) 부분급

계약 이행의 완료 전에 약정에 따라 기성 부분 또는 기납 부분에 대한 대가를 지급할 수 있으며, 이 경우에는 계약 수량, 이행의 전망, 이행 기간 등을 참작하여 적어도 30일마다 지급하여야 한다. 부분급을 지급시에는 검사를 완료한 날 이전까지 계약 상대자로 하여금 대가 지급 청구를 하게 할 수 있으며, 검사 완료일부터 5일 이내에 검사된 내용에 따라 대가를 확정하

여 지급하여야 한다. 다만, 계약 상대자가 검사 완료일 후에 대가의 지급을 청구한 때에는 그 청구를 받은 날부터 5일 이내에 지급하여야 한다.

3) 대가 지급 지연에 대한 이자

완성금과 부분금에 대한 대금 지급 청구를 받은 경우에 상기와 같이 대금 지급 기한(국고채무부담행위에 의한 계약의 경우에는 다음 회계연도 개시 후 국가재정법에 의하여 당해 예산이 배정된 날부터 20일)까지 대가를 지급하지 못하는 경우에는 지급 기한의 다음 날부터 지급하는 날까지의 일수에 당해 미지급 금액 및 지연 발생 시점의 금융기관 대출 평균 금리(한국은행 통계월보상의 대출 평균 금리를 말한다)를 곱하여 산출한 금액을 이자로 지급하여야 한다.

3 지체상금

1) 지체상금의 개념

계약 상대자(국가기관과 지방자치단체를 제외한다)가 계약 이행이 가능함에도 정당한 이유 없이 계약상의 의무를 지체한 때에는 지체상금(遲滯償金), 즉 이행 지체에 대하여 손해배상금을 부과하여 현금으로 납부하도록 하여야 한다. 이 경우 계약 상대자의 책임 없는 사유로 계약 이행이 지체되었다고 인정될 때에는 그 해당 일수를 지체 일수에 산입하지 아니한다. 지체상금은 계약 이행 지연에 따른 배상이므로 위약금이나 계약보증금과는 별도로 부과할 수 있다.

2) 지체상금의 징수 요건

① 이행기를 초과하여야 한다.
② 이행기에 이행이 가능한 것이어야 한다.
③ 지체가 채무자의 귀책 사유이어야 한다.

3) 지체상금의 산출

지체상금은 계약 금액에 지체상금률과 지체 일수를 곱한 금액으로 한다. 즉, 산출식은 지체상금=지체 일수×(계약 금액×지체상금률)이다.

국가를 당사자로 하는 계약에 관한 법률시행규칙 제75조에 의거 지체상금률은 다음과 같다.

① 공사 : 1,000분의 1

② 물품의 제조·구매(소프트웨어 사업시 물품과 용역을 일괄하여 입찰에 부치는 경우를 포함) : 1,000분의 1.5

③ 물품의 수리, 가공, 대여, 용역(소프트웨어 사업시 물품과 용역을 일괄하여 입찰에 부치는 경우의 그 용역을 제외) 및 기타 : 1,000분의 2.5

④ 군용 음·식료품 제조, 구매 : 1,000분의 3

⑤ 운송, 보관 및 양곡 가공: 1,000분의 5

Chapter 04

공사계약의 담보 책임

공사의 도급[1] 계약을 체결할 때에는 그 담보 책임의 존속 기간을 정하여야 한다. 이 경우 그 담보 책임의 존속 기간은 민법 제671조[2]에서 규정한 기간을 초과할 수 없다.

제 1 절 하자담보 책임 기간

각 중앙관서의 장 또는 계약담당 공무원은 공사의 도급계약을 체결할 때에는 그 전체 목적물을 인수한 날과 준공검사를 완료한 날 중에서 먼저 도래한 날부터 1년 이상 10년 이하의 범위 내에서 공종 구분에 따라 하자담보 책임 기간(瑕疵擔保責任期間)을 정하여야 한다. 다만, 각 공종 간의 하

1) 민법 제664조에 규정에 의하면 도급(都給)이란 당사자 일방이 어느 일을 완성할 것을 약정하고 상대방이 그 일의 결과에 대하여 보수를 지급할 것을 약정하는 것을 말한다.
2) 민법 제671조(수급인의 담보 책임 - 토지, 건물 등에 대한 특칙)
   ① 토지, 건물 기타 공작물의 수급인은 목적물 또는 지반공사의 하자에 대하여 인도 후 5년간 담보의 책임이 있다. 그러나 목적물이 석조, 석회조, 연와조, 금속, 기타 이와 유사한 재료로 조성된 것인 때에는 그 기간을 10년으로 한다.
   ② 전항의 하자로 인하여 목적물이 멸실 또는 훼손된 때에는 도급인은 그 멸실 또는 훼손된 날로부터 1년 내에 제667조(수급인의 담보 책임-하자보수청구권, 손해배상청구권)의 권리를 행사하여야 한다.

자 책임을 구분할 수 없는 복합공사인 경우에는 주된 공종을 기준으로 하여 하자담보 책임 기간을 정하면 된다. 국가를 당사자로 하는 계약에 관한 법률시행규칙 제70조의 규정에 의거 주요 공종에 대한 하자담보 책임 기간을 살펴보면 다음과 같다.

1 건설산업기본법에 의한 건설공사

1) 교 량

① 교각과 교각 사이의 간격이 50m 이상이거나 길이 500m 이상인 교량의 철근 콘크리트 또는 철골 구조부 - 10년
② 길이 500m 미만인 교량의 철근 콘크리트 또는 철골 구조부 - 7년
③ 교량 중 교면 포장·이음부·난간시설 등 "①" 및 "②" 외의 공종 - 2년

2) 터 널

① 터널(지하철 포함)의 철근 콘크리트 또는 철골 구조부 - 10년
② "①" 외의 시설 - 5년

3) 철 도

① 교량 및 터널을 제외한 철도시설 중 철근 콘크리트 또는 철골 구조부 - 7년
② "①" 외의 시설 - 5년

4) 공항 및 삭도

① 철근 콘크리트 또는 철골 구조부 - 7년
② "①" 외의 시설 - 5년

5) 항만 · 방파제 · 사방 또는 간척

① 철근 콘크리트 또는 철골 구조부 - 7년
② "①" 외의 시설 - 5년

6) 도로(암거 · 측구 및 포장을 포함한다) - 2년

7) 댐

① 본체 또는 여수로 부분 - 10년
② "①" 외의 시설 - 5년

8) 상 · 하수도

① 철근 콘크리트 또는 철골 구조부 - 7년
② 관로 매설 또는 기기 설치 - 3년

9) 삭제 〈2005. 9. 8.〉

10) 관개수로 또는 매립 - 3년

11) 부지 정지 - 2년

12) 조경시설물 또는 조경 식재 - 2년

13) 발전 · 가스 또는 산업설비

① 철근 콘크리트 또는 철골 구조부 - 7년
② 압력이 1제곱센티미터당 10킬로그램 이상인 고압가스의 관로(부대기기를 포함한다) 설치 - 5년
③ "①" 및 "②" 외의 시설 - 3년

14) 기타 토목공사 - 1년

15) 건축

① 대형 공공성 건축물(공동주택 · 교정시설 · 종합병원 · 관광숙박 시설 · 관람집회시설 또는 대규모 소매점과 16층 이상 기타 용도의 건축

물을 말한다. 이하 이 목에서 같다)의 기둥 또는 내력벽 - 10년

② 대형 공공성 건축물 중 기둥, 내력벽 외의 주요 구조부 또는 '①' 외의 건축물 중 주요 구조부 - 5년

③ 건축물 중 "①" 및 "②"와 16)목의 전문공사를 제외한 기타 부문 - 1년

16) 전문공사

① 실내 의장 - 1년

② 토공 - 2년

③ 미장 또는 타일 - 1년

④ 방수 - 3년

⑤ 도장 - 1년

⑥ 석공사 또는 조적 - 2년

⑦ 창호 제작 또는 설치 - 1년

⑧ 지붕 - 3년

⑨ 철물【 1)목 내지 8)목, 10)목 내지 15)목에 해당하는 철골을 제외한다】 - 2년

⑩ 철근 콘크리트【 1)목 내지 8)목, 10)목 내지 15)목에 해당하는 철근 콘크리트를 제외한다】 - 3년

⑪ 급배수 · 공동구 · 지하 저수조 · 냉난방 · 환기 · 공기 조화 · 자동 제어 - 2년

⑫ 승강기 또는 인양 기기 설비 - 3년

⑬ 온실 설치공사 - 2년

⑭ 보우링 그라우팅, 판금, 건축물 조립공사 - 1년

2 전기공사업법에 의한 전기공사

1) 발전설비공사

① 철근 콘크리트 또는 철골 구조부 - 7년

② "①" 외의 시설공사 - 3년

2) 터널식 및 개착식 전력구 송배전 설비공사

① 철근 콘크리트 또는 철골 구조부 - 10년
② "①" 외의 송전설비공사 - 5년
③ "①" 외의 배전설비공사 - 2년

3) 지중송배전 설비공사

① 송전설비공사(케이블공사 및 물밑송전 설비공사를 포함) - 5년
② 배전설비공사 - 3년

4) 송전설비공사 - 3년

5) 변전설비공사(전기설비 및 기기 설치공사 포함) - 3년

6) 배전설비공사

① 배전설비 철탑공사 - 3년
② "①" 외의 배전설비공사 - 2년

7) 그 밖의 전기설비공사 - 1년

3 정보통신공사업법에 의한 정보통신공사

1) 터널식 또는 개착식 등의 통신구 공사 - 5년

2) 전기통신기본법 제2조 제4호의 규정에 의한 사업용 전기통신설비 중 케이블 설치공사(구내에서 시공되는 공사를 제외), 관로공사, 철탑공사, 교환기 설치공사, 전송설비공사, 위성통신 설비공사 - 3년

3) 1)목 및 2)목의 공사 외의 공사 - 1년

4 소방시설공사업법에 의한 소방시설공사

1) 피난기구, 유도등, 유도 표지, 비상경보설비, 비상조명등, 비상방송설비 및 무선통신 보조설비 - 2년

2) 자동식 소화기, 옥내소화전 설비, 스프링클러 설비, 간이 스프링클러 설비, 물분무 등 소화설비, 옥외 소화전설비, 자동화재 탐지설비, 상수도 소화용수설비 및 소화활동설비(무선통신 보조설비를 제외) - 3년

5 문화재보호법에 의한 문화재수리공사

1) 성 곽

(1) 석성(石城)

(가) 화강석 등을 방형 형태로 다듬어 쌓은 구조 - 5년

(나) 자연 상태의 돌을 사용하여 쌓은 구조 - 3년

(2) 토성(土城), 혼축성(混築城) - 2년

(3) 전축성(塼築城) - 3년

(4) 목책성(木柵城) - 1년

2) 탑 · 석조물

(1) 석불(石佛), 부도(浮屠), 비석(碑石), 석등(石燈), 당간지주(幢竿支柱), 지석묘(支石墓), 석빙고(石氷庫), 석탑(石塔), 석교(石橋) 등 - 5년

(2) 전탑(塼塔) - 3년

(3) 새로운 재료로 교체한 석재부(石材浮) - 7년

3) 목조 건축물

(1) 지붕

(가) 산자(撒子) 또는 개판(蓋板) 이상의 기와지붕 - 3년

(나) 산자 또는 개판 이상의 너와지붕 - 2년

(다) 억새 등을 이용한 선사 시대 움집 - 2년

(라) 산자 또는 개판 이상의 초가지붕 - 1년

(2) 목부재

(가) 기둥, 창방(唱榜), 대들보, 도리 등 주요 구조재 - 3년

(나) 그 밖의 구조재 - 2년

(3) 목조 건축물의 수장재 - 1년

(4) 기초 및 기단

(가) 정자형 장대석 기초 - 10년

(나) 강회잡석 적심기초, 화강석 가공주초 - 7년

(다) 도드락다듬 이상의 석조 기단, 월대의 지대석 - 5년

(라) 그 밖의 기초 및 기단 - 3년

(5) 미장 및 아궁이, 굴뚝, 방고래 등 구들과 관련되는 시설의 수리 - 2년

(6) 건축물의 단청(벽화 및 불화를 포함) - 2년

4) 담

(1) 사괴석(四塊石) 담장의 장대지대석 - 5년

(2) 그 밖의 사괴석담 - 3년

(3) 돌담, 자연석담, 판축(版築)담, 토(土)담, 전축담, 와편(瓦片)담 - 2년

5) 분 묘

(1) 봉분시설(잔디심기를 제외) - 2년

(2) 구조부

(가) 적석총, 석곽묘 - 5년

(나) 전축분 - 3년

(다) 목곽묘 - 1년

(3) 병풍석 - 3년

6) 도 로

(1) 암거, 배수로, 측구, 맨홀 - 2년

(2) 포장

(가) 박석, 포방전 - 2년

(나) 마사토, 강회다짐, 기타 혼합토 등 - 1년

7) 철 물

(1) 장식철물, 보호철물, 관리철물 - 2년

(2) 구조철물, 보강철물 - 3년

8) 조경 · 식물 보호 · 발굴지 정비 · 벽화 등

(1) 조경시설물 및 조경 식재 - 2년

(2) 식물 보호 - 3년

(3) 발굴지 정비 - 2년

(4) 불상개금, 도금, 탱화, 옻칠 등 - 5년

9) 그 밖의 문화재와 문화재 보호 · 보강시설(전통 한옥 양식 건축물 또는 보호각, 보호시설의 철골 또는 철근 콘크리트 구조로 된 내력벽, 기둥이나 주요 구조부) - 5년

6 지하수법에 의한 지하수 개발 · 이용시설공사, 그 밖의 공사 관련 법령에 의한 공사 - 1년

제 2 절 하자검사

하자검사(瑕疵檢査)는 계약담당 공무원이 하자담보 책임 기간 중 연 2회 이상 정기적으로 하자를 검사하거나 소속 공무원에게 그 사무를 위임하여 검사하게 하는 것을 말하며, 하자담보 책임 기간이 만료되는 때에는 지체 없이 따로 검사를 하여야 한다. 하자검사가 특히 전문적인 지식 또는 기술을 필요로 하거나 예정가격의 100분의 86 미만으로 낙찰된 공사로서 시설물의 안전관리에 관한 특별법 제2조 제1호의 규정에 의한 시설물에 대한 것인 경우에는 각 중앙관서의 장 또는 계약담당 공무원은 전문기관에 의뢰하여 필요한 검사를 하여야 하며, 이 때는 검사 결과를 문서로 통보받아 이를 확인하여야 한다.

하자검사를 하는 때에는 당해 공사에 대한 하자보수관리부를 비치하고 공사명 및 계약 금액, 계약 상대자, 준공 연월일, 하자 발생 내용 및 처리 사항, 기타 참고 사항을 기록·유지하여야 한다. 또한 하자를 검사하는 자는 하자검사조서를 작성하여야 한다. 다만, 계약 금액이 3,000만 원 이하인 공사계약의 경우에는 하자검사조서의 작성을 생략할 수 있다.

제 3 절 하자보수보증금

하자보수보증금(瑕疵補修保證金) 제도는 공사의 도급계약에서 계약 이행이 완료된 후에 일정 기간 내 그 계약 목적물에 하자가 발생할 것에 대비하여 이에 대한 담보적 성격으로 일정 금액을 예치하는 것이며, 시공상의 하자에 대한 보수 책임을 확보하는 제도이다.

하자보수보증금은 계약 금액의 100분의 2에서 100분의 10 이하로 하여야 한다. 다만, 공사의 성질상 하자보수가 필요하지 아니한 경우에는 하자보수보증금을 납부하지 아니하게 할 수 있다.

계약담당 공무원은 공사 계약을 체결할 때에 공종(각 공종 간에 하자책임을 구분할 수 없는 복합공사인 경우에는 주된 공종을 말한다) 구분에 의하여 계약 금액에 대한 하자보수보증금률을 다음과 같이 정하여 계약서에 명시하여야 한다.

① 철도·댐·터널·철강교 설치·발전설비·교량·상하수도 구조물 등 중요구 조물공사 및 조경공사 …… 100분의 5

② 공항, 항만, 삭도 설치, 방파제, 사방, 간척 등 공사 …… 100분의 4

③ 관개수로, 도로(포장공사를 포함), 매립, 상하수도 관로, 하천, 일반 건축 등 공사 …… 100분의 3

④ 제1호 내지 제3호 외의 공사 …… 100분의 2

한편 , 공사의 성질상 하자보수가 필요하지 않아 하자보수보증금의 납부를 아니하게 할 수 있는 경우는 다음과 같다.

① 건설산업기본법시행령 별표 1에 의한 건설 업종의 업무 내용 중 구조물 등을 해체하는 공사 및 철도·궤도공사(레일 용접 공사와 콘크리트 직결 도상철도·궤도공사를 제외한다)

② 단순암반 철취공사, 모래·자갈 채취공사 등 그 공사의 성질상 하자보수가 필요하지 아니하다고 중앙관서의 장 또는 계약담당 공무원이 인정하는 공사

③ 계약 금액이 3천만 원을 초과하지 아니하는 공사(조경공사를 제외한다.)

또한 하자보수보증금의 납부를 면제할 수 있는 경우는 다음과 같다.

① 지역사회 개발을 위하여 그 지역 주민의 다수를 참여시키는 것이 필요한 경우로서 추정가격이 2천만 원 미만인 공사 또는 추정가격이 5천만 원 미만인 묘목 재배를 기획재정부령이 정하는 그 지역의 주민 또는 대표자와 직접 계약을 하는 경우

② 국가기관 및 지방자치단체와 계약을 하는 경우

③ 공공기관의 운영에 관한 법률에 따른 공공기관과 계약하는 경우

④ 정부가 기본 재산의 100분의 50 이상을 출연한 법인과 계약을 하는 경우

⑤ 농업협동조합 및 중앙회, 수산업협동조합법에 의한 어촌계 · 수산업협동조합 및 중앙회, 산림조합법에 의한 산림조합 및 중앙회, 중소기업협동조합 및 중앙회, 한국농촌공사와 계약을 하는 경우

당해 하자의 보수를 위한 예산이 없거나 부족한 경우에는 그 하자보수보증금을 당해 하자의 보수를 위하여 직접 사용할 수 있다. 이 경우에는 당해 하자보수보증금을 세입으로 납입하지 아니하고 세입세출 외로 구분 · 계리한다.

Part

05

물품관리

Chapter

01 물품의 개요

제 1 절 물품의 의의

정부회계에서 수입회계나 지출회계와 같은 현금회계만을 중시하고 물품회계를 경시하는 경향이 있는 것은 사실이다. 그러나 현금 못지않게 물품이 중요하다. 왜냐하면 고가품의 물품을 잘 관리하고 사용하면 그만큼 현금을 아끼는 결과가 되기 때문이다. 물품마다 사용할 수 있는 기간, 즉 내용연수(耐用年數)를 정하여 관리하고 있긴 하지만 어떤 물품은 내용연수보다 더 오래 사용해도 문제가 없고 어떤 물품은 내용연수보다 더 빨리 노후화되어 사용을 못하는 경우가 있다. 물론 물품의 종류나 가격에 따라 성능이 다르겠지만 통상 관리상의 문제가 크게 지적되고 있다. 또한 수억 상당 고가의 차관 물품들이 한번도 사용하지 않고 무용지물로 방치되는 사례도 감사에서 지적되는 것으로 보아 물품관리의 중요성이 더욱 강조된다.

일반적으로 물품(物品)이라고 하면 부동산을 제외한 모든 유체물을 의미하나, 정부회계에서의 물품이라 함은 국가가 소유하는 동산과 국가가 사용하기 위하여 보관하는 동산(국유재산법에 의하여 관리하고 있는 국유재산에서 개별적으로 분리된 동산을 포함)을 말한다. 다만, 다음의 동산을 제외한다.

① 현금
② 법령의 규정에 의하여 한국은행에 기탁하여야 할 유가증권
③ 부동산과 그 종물, 선박·부표·부잔교·부선거 및 항공기와 그들의 종물, 정부기업 또는 정부시설에서 사용하는 중요한 기계와 기구

상기의 3호에서 말하는 중요한 기계와 기구는 기관차, 전차, 객차, 화차, 기동차 등 궤도 차량을 말한다.

물품에 관하여 작성하는 서류 및 표준 서식 등에 기재한 사항을 정정, 삽입 또는 삭제하고자 할 때에는 재정 법규에 의거한 출납 계산의 숫자 및 기재 사항의 정정에 관한 법률이 정하는 바에 의하여야 하며, 물품 관련 법규에 의한 명령·보고·통지·청구, 기타 물품의 관리에 관한 행위는 각각 별개의 문서에 의하여 행하여야 한다. 다만, 효율적인 물품관리를 위하여 필요한 경우에는 하나의 문서로 다수의 행위를 할 수 있다.

제 2 절 물품의 분류 및 표준화

1 물품의 분류

각 중앙관서의 장은 그 소관에 속하는 물품을 기관별·사업별 및 성질별로 분류하여 효율적이고 적정하게 관리하여야 하고, 그 소관에 속하는 물품의 효율적인 사용이나 처분을 위하여 필요한 때에는 그 소관에 속하는 물품의 소속 분류를 전환할 수 있으며, 이에 대한 필요한 사항은 조달청장이 정한다.

각 중앙관서의 장은 물품의 효율적인 관리를 도모하기 위하여 그 소관에 속하는 모든 물품에 당해 물품을 식별할 수 있는 고유번호 즉 분류번호를 부여하여 관리하여야 하며, 분류번호는 물품목록 정보의 관리 및 이용에 관한 법률 제8조의 규정에 따른 물품목록번호를 사용하여야 한다.

각 중앙관서의 장은 분류번호가 없는 물품을 취득하거나 보유하고 있는 경우에는 지체없이 물품목록 정보의 관리 및 이용에 관한 법률 제9조의 규정에 따라 조달청장에게 분류번호의 제정을 요청하여야 한다.

2 물품의 표준화

각 중앙관서의 장은 당해 관서 및 그 소속기관에서만 사용하는 주요 물품에 관하여, 조달청장은 정부 각 기관에서 공통적으로 사용하는 주요 물품에 관하여 각각 그 표준을 정하여야 한다.

각 중앙관서의 장은 당해 관서 및 그 소속기관에서만 사용하는 주요 물품의 표준, 즉 부처 규격(部處規格)을 정한 때에는 물품규격서를 작성하고 그 규격서를 조달청장에게 제출하여야 하며, 조달청장은 정부 각 기관에서 공통적으로 사용하는 주요 물품의 표준, 즉 정부 규격(政府規格)을 정한 때에는 그 규격의 내용, 시행 일시, 기타 필요한 사항을 고시하여야 한다.

한편 각 중앙관서의 장과 조달청장은 부처 규격 또는 정부 규격을 정할 수 없는 주요 물품의 취득 또는 사용시에 필요하다고 인정할 때에는 당해 물품에 관한 표준 규격을 선정할 수 있으며, 산업표준화법에 의하여 산업표준이 제정된 물품에 관하여는 부처 규격 또는 정부 규격을 별도로 정하지 아니하거나 필요한 사항만을 보완하여 사용할 수 있다.

또한 부처 규격, 정부 규격 등 물품 규격(物品規格)은 물품의 기능성, 표준성, 경제성, 최신성 등을 감안하여 제정 또는 선정함을 원칙으로 하며, 물품의 수요 시기, 품질 등을 감안하여 늦어도 그 적용 30일 전까지 제정 또는 선정하여야 한다. 물품 규격을 3년마다 확인하여 변경하거나 폐지할 수 있으며 문제점이 있거나 공업 기술의 향상 등으로 인하여 필요시는 수시로 변경 또는 폐지가 가능하다.

각 중앙관서의 장 및 조달청장은 부처 규격 및 정부 규격을 정한 때에는 이를 식별할 수 있는 물품규격번호를 부여하여야 하며, 물품규격번호는 기관명, 물품분류번호, 일련번호, 개정 횟수로 구성하되, 그 배열과 표기는 다음의 방법에 의한다.

① 기관명은 정부 규격의 경우에는 "정부"로, 부처 규격의 경우에는 부처명을 두 자로 약칭하여 첫머리에 표기할 것

② 물품분류번호는 물품목록 정보에 관한 법률시행령 제9조 제1항에 따른 물품분류번호(이하 "물품분류번호"라 한다)를 기관명 다음에 표기할 것

③ 일련번호는 물품 규격의 제정 순으로 물품분류번호 다음에 4자리 숫자로 표기할 것

④ 개정 횟수는 개정 순번에 따라 가, 나, 다 순으로 일련번호 다음에 표기할 것

Chapter 02 물품의 관리기관 및 관리

제 1 절 물품의 관리기관

기획재정부 장관은 물품의 총괄기관으로서 물품의 관리에 관한 제도 및 정책에 관한 사항을 관장하며, 물품의 관리에 관한 정책 결정을 위하여 필요한 때에는 조달청장 또는 각 중앙관서의 장으로 하여금 물품의 관리 상황에 관한 보고를 하게 하거나 필요한 조치를 할 수 있으며, 조달청장은 각 중앙관서의 장이 행하는 물품의 관리에 관한 업무를 총괄 조정하는 역할을 한다.

조달청장은 각 중앙관서의 장이 행하는 물품의 관리에 관한 사항에 대하여 다음의 조치를 할 수 있다.

① 각 중앙관서의 장이 행하는 물품관리 상황에 관한 자료의 요구 및 감사의 실시
② 각 중앙관서의 장이 행하는 물품관리에 관한 모범 사례 등 주요 사항의 관보 게재
③ 불용의 결정을 한 물품의 재활용 촉진에 관한 조치
④ 기타 물품의 관리에 필요한 사항으로서 대통령령이 정하는 조치

조달청장이 상기 제1호의 규정에 의하여 실시하는 물품관리 상황에 관한 감사는 실지감사 또는 서면감사의 방법으로 하며, 감사의 결과 위법 또는 부당한 사실이 있는 때에는 그 시정을 요구할 수 있다. 그 감사의 범위는 다음과 같다.

① 물품의 분류 및 표준화
② 물품의 정수관리 및 내용연수
③ 물품의 수급관리계획
④ 재물조사
⑤ 재고관리
⑥ 불용품 처분 및 재활용
⑦ 물품관리 기준의 설정 및 운용
⑧ 물품에 관한 표준 서식 등의 기록과 보고
⑨ 물품관리조직 및 그 운용
⑩ 물품의 취득·분배·보급
⑪ 그 밖에 물품관리에 관련된 사항

각 중앙관서의 장은 그 소관에 속하는 물품을 관리하는 전반적인 책임이 있으며, 그 소관에 속하는 물품의 관리에 관한 사무를 소속 공무원에게 위임할 수 있다. 중앙관서의 장으로부터 물품의 관리에 관한 사무의 위임을 받은 공무원을 물품관리관(物品管理官)이라 하며, 물품관리관은 대통령령이 정하는 바에 따라 그가 소속하는 관서의 공무원에게 그 관리하는 물품의 출납 및 보관에 관한 사무(출납명령에 관한 사무는 제외)를 위임하여야 하는데, 이 때 물품의 출납 및 보관에 관한 사무를 위임받은 공무원을 물품출납공무원(物品出納公務員)이라 한다.

물품관리관은 필요한 경우에는 대통령령이 정하는 바에 따라 그가 소속하는 관서의 공무원에게 국가의 사무 또는 사업의 목적과 용도에 따라서 물품을 사용하게 하거나 사용 중인 물품의 관리에 관한 사무(이하 "물품의 사용에 관한 사무"라 한다)를 위임할 수 있으며, 이에 관한 사무를 위임받은 공무원을 물품운용관(物品運用官)이라 한다.

또한 각 중앙관서의 장은 물품관리관의 사무의 일부를 분장하는 공무원을, 물품관리관은 물품출납공무원의 사무의 일부를 분장하는 공무원을 대통령령이 정하는 바에 따라 각각 둘 수 있으며, 각 중앙관서의 장은 물품관리관에게 사고가 있을 때에는 그 사무를 대리하는 공무원을, 물품관리관은 물품출납공무원 또는 물품운용관에게 사고가 있을 때에는 그 사무를 대리하는 공무원을 대통령령이 정하는 바에 따라 각각 지정할 수 있다.

그리고 각 중앙관서의 장은 대통령령이 정하는 바에 따라 그 소관에 속하는 물품의 관리에 관한 사무를 지방자치단체의 장 또는 그 소속 공무원에게 위임할 수 있다.

각 중앙관서의 장은 2인 이상의 소속 공무원에게 물품의 관리에 관한 사무를 위임하는 경우에는 그 중 1인을 지정하여 그로 하여금 물품의 관리에 관한 사무를 총괄·조정하게 하여야 하고 이를 총괄물품관리관이라 하며, 총괄물품관리관이 당해 중앙관서의 소관에 속하는 물품의 관리에 관하여 총괄·조정할 사항은 다음과 같다.

① 물품의 분류 및 표준화
② 물품의 정수관리(定數管理) 및 내용연수(耐用年數)
③ 물품의 수급관리계획
④ 재물조사
⑤ 재고관리
⑥ 불용품(부용품) 처분
⑦ 물품관리 보고제도의 운용
⑧ 물품관리 기준의 설정
⑨ 물품관리에 관한 교육 및 평가
⑩ 그 밖에 물품관리에 관한 중요 사항

제 2 절 물품의 관리

1 물품수급 관리계획

조달청장은 매년 9월 30일까지 다음 연도의 물품수급 관리계획 작성지침을 작성하여 각 중앙관서의 장에게 통보하여야 하고, 각 중앙관서의 장은 물품수급 관리계획 작성지침에 따라 매년 2월 말일까지 그 소관에 속하는 물품의 취득, 보관, 사용 및 처분에 관한 계획, 즉 물품수급 관리계획을 수립하여 조달청장에게 제출하여야 하며, 조달청장은 제출된 물품수급 관리계획을 종합하여 매년 3월 31일까지 정부종합물품 수급관리계획을 수립하여 기획재정부 장관에게 제출하고 그 계획서 사본을 감사원에 송부하여야 한다. 각 중앙관서의 장은 물품수급 관리계획에 따라 그 소관에 속하는 물품을 관리하여야 한다.

각 중앙관서의 장은 예산의 변경 또는 전용으로 인하여 물품수급 관리계획을 변경하거나 기타 불가피한 사유로 인하여 물품수급 관리계획을 변경한 때에는 그 변경 사유를 명백히 한 변경계획을 수립하여 지체없이 조달청장에게 통보하여야 한다. 다만, 각 중앙관서의 장은 물품수급 관리계획을 수립하거나 변경한 때에는 이를 조달청장이 지정·고시하는 정보 처리장치에 게재함으로써 서류 제출이나 통보에 갈음할 수 있다.

물품수급 관리계획서 작성은 조달청장이 정하는 물품수급 관리계획 작성지침에 의하여 수립하되 반드시 포함시켜야 할 물품은 다음과 같다.

① 정수관리 대상물품

② 제1호의 물품 외의 물품으로서 한꺼번에 조달하고자 하거나 계획적인 관리를 위하여 필요하다고 인정하여 각 중앙관서의 장 또는 조달청장이 지정하는 물품

각 중앙관서의 장은 그 소속 공무원에게 물품의 관리에 관한 사무를 위

임한 때에는 확정된 물품수급 관리계획을 물품관리관(총괄물품관리관을 두는 경우에는 그 총괄물품관리관)에게 시달하고 그 계획에 따라 그 소관에 속하는 물품을 관리하게 하여야 하며, 물품수급 관리계획을 시달받은 총괄물품관리관 또는 물품관리관은 그에 따라 각 물품관리관 또는 물품관리관의 사무의 일부를 분장하는 공무원(분임물품관리관)의 소관별로 물품수급 관리계획을 구분하여 이를 시달하여야 한다. 소관별 물품수급 관리계획을 시달받은 물품관리관 또는 분임물품관리관은 관계 물품운용관 및 계약담당 공무원에게 이를 통지하여야 한다.

2 정수 및 재고관리

조달청장은 각 중앙관서에서 공통적으로 사용하는 물품 중에서 정수관리 대상물품을 지정하여 주요 물품으로 하고 이에 대한 정수 책정 기준을 정하여 각 중앙관서의 장에게 통보하여야 한다. 다만, 국회・대법원 및 헌법재판소의 소관에 속하는 주요 물품의 정수 책정 기준은 당해 중앙관서의 장이 따로 정할 수 있다.

각 중앙관서의 장은 주요 물품, 기타 필요한 물품에 대하여 정수(定數, T/E: Table of Equipment)를 정하여 관리하여야 하며, 이 경우 주요 물품에 대하여는 정수 책정 기준에 따라 정수를 정하여야 한다. 정수를 정할 때에 유의 사항은 다음과 같다.

① 각 기관의 기능, 업무량 및 정원 등을 고려하여야 한다.

② 그 물품에 관한 분류번호, 품명, 규격, 수량, 금액 기타 필요한 사항을 명백히 하여야 한다.

조달청장은 각 중앙관서 및 그 소속기관에서 공통적으로 사용하는 주요 물품에 대한 내용연수(耐用年數)를 정하여 이를 각 중앙관서의 장에게 통보하여야 하며, 주요 물품 외의 물품 중 효율적인 관리를 위하여 내용연수를 정할 필요가 있다고 판단되는 물품에 대하여는 내용연수를 정할 수 있다. 이 경우 이를 조달청장에게 통보하여야 한다. 당해 기관의 특수 사정으로 인하여 내용연수를 적용하기가 곤란한 때에는 각 중앙관서의 장이 조달청장과 협의하여 이를 조정할 수 있다.

또한 각 중앙관서의 장은 사용 빈도가 높거나 재고의 유지가 필요한 물품에 대하여는 그 물품의 적정한 재고를 유지할 수 있도록 재고관리 기준을 정하여 관리하여야 하며, 재고관리 기준에 따라 재고관리 대상물품을 선정하고 그 물품의 재고 수준, 보급 기준 등을 설정하여야 한다.

각 중앙관서의 장은 물품관리관(총괄물품관리관 및 분임물품관리관을 두는 경우에는 이들을 포함)으로 하여금 물품의 재고관리 현황보고서를 작성하여 상반기의 보고는 7월 20일까지, 하반기의 보고는 다음 연도 1월 20일까지 하여야 한다.

3 재물조사 및 정리

1) 재물조사 및 재물조정

(1) 재물조사

조달청장은 각 중앙관서의 장이 행하는 정기재물조사에 관한 지침을 정하여 매년 9월 30일까지 각 중앙관서의 장에게 통보하여야 하며, 각 중앙관서의 장은 조달청에서 통보된 정기재물조사지침에 따라 매년 12월 31일을 기준으로 그 소관에 속하는 물품에 대하여 연 1회 정기재물조사를 실시하고, 정기재물조사보고서를 작성하여 다음 연도 2월 말일까지 조달청장에게 제출하여야 한다. 이 경우 정기재물조사보고서는 국고금관리법에 따른 디지털예산·회계 시스템에 게재함으로써 그 제출에 갈음할 수 있다.

중앙관서의 장은 그 소관에 속하는 물품에 대하여 재물조사를 실시할 때는 물품관리에 직접 관련되지 아니하는 공무원을 재물조사요원으로 임명하여야 하며, 물품관리관 또는 물품출납공무원이 교체된 때에도 그 소관 물품에 대하여 재물조사를 실시하게 하여야 한다. 그리고 재물조사시의 물품의 가액은 표준 서식에 기록된 금액으로 하되, 그 금액이 분명하지 아니한 때에는 시가 또는 견적가격에 의한다. 또한 재물조사를 실시할 때에는 물품 상태 분류 기준에 따라 그 상태를 분류하여야 하며, 이 경우에는 관능검사(官能檢査)의 방법으로 하되, 관능검사로 물품의 상태를 분류하기 어려울 때에는 이화학시험 등의 방법으로 할 수 있다.

조달청장은 조직의 변경 등으로 인하여 물품관리 상황에 대한 점검이 필요하다고 인정되는 때에는 각 중앙관서의 장의 소관에 속하는 물품에 대한 특별재물조사를 실시할 수 있으며, 이 때에는 그 지침을 정하여 실시 기준일 1월 전까지 각 중앙관서의 장에게 통보하여야 한다. 특별재물조사지침에는 재물조사의 기본 방향, 조사반의 편성, 조사 기간, 기타 필요한 사항이 포함되어야 한다.

특히 재고물품에 대한 재물조사는 조사 기간 중 출급을 모두 중지하고 이를 실시하여야 한다. 다만, 업무에 특별한 지장이 있는 경우에는 그러하지 아니하다.

(2) 재물 조정

각 중앙관서의 장은 재물조사의 결과 물품의 증감이 발견된 경우 그 원인이 사무상 착오임이 명백한 때에는 대통령령이 정하는 바에 따라 이를 조정할 수 있으며, 이 때에는 조달청장이 정하는 바에 따라 다음의 사항을 명백히 하여 관계 표준 서식에 현재의 수량 및 가액을 조정, 기재하고 그 증감 발생 원인을 확인하여야 한다.

① 재물 조정을 하고자 하는 물품목록번호, 품명 및 품목
② 재물조사일 현재 표준 서식상의 수량 및 가액
③ 재물조사 결과 발견된 증감 수량 및 가액
④ 재물 조정 후의 표준 서식상의 수량 및 가액
⑤ 재물 조정을 하는 사유

물품관리관이 각 중앙관서의 장으로부터 위임을 받아 재물 조정을 할 때는 동류의 품명 상호간에 다음의 사유에 의한 증감량이 발생한 경우로서 사무상 착오임이 명백한 근거 자료가 있고, 형태, 용도, 성능 및 가격이 유사한 품명에 한하여 당해 중앙관서의 장의 승인을 얻어 이를 할 수 있다.

① 기록의 착오 또는 누락

② 수불의 착오

물품관리관은 물품의 증감 사실을 발견한 때에는 지체없이 그 증감 발생 원인을 확인한 후 재물 조정 승인신청서에 관련 증빙서류를 첨부하여 소속 중앙관서의 장에게 승인을 신청하여야 하며, 승인을 얻은 때에는 물품출납 공무원으로 하여금 당해 물품의 표준 서식 등의 적요란에 승인 일자와 근거 및 문서번호를 기재하고 표준 서식 등을 정리하게 하여야 한다. 승인을 얻지 못한 물품에 대하여는 관계 법령이 정하는 바에 의하여 손망실 처리를 하여야 한다.

(3) 물품 증감 파악 및 보고

각 중앙관서의 장은 대통령령으로 정하는 바에 따라 그 소관 물품에 관하여 물품관리운용보고서를 작성하여 다음 연도 2월 20일까지 조달청장에게 제출하여야 하며, 조달청장은 이를 통합하여 3월 10일까지 기획재정부장관에게 제출하여야 한다. 기획재정부 장관은 물품관리운용보고서를 4월 10일까지 감사원에 제출하여 검사를 받아야 하며, 정부는 감사원의 검사를 받은 물품관리운용보고서를 감사원의 검사보고서와 함께 다음 연도 5월 31일까지 국회의 정기회에 보고하여야 한다.

물품관리운용보고서를 작성하여야 하는 대상 물품은 취득단가 50만 원 이상의 물품으로 하며, 물품관리운용보고서를 디지털예산·회계 시스템에 게재함으로써 그 제출을 갈음할 수 있다. 물품관리운용보고서에 표시하는 물품 가격은 국가회계법 제11조에 따른 국가회계 기준에 따라 평가한 가격으로 한다.

2) 관리 전환

물품관리관은 물품의 효율적인 사용 및 처분을 위하여 필요한 때에는 소속 중앙관서의 장의 승인을 얻어 그 소관의 물품을 다른 물품관리관의 소관으로 전환 즉 관리 전환할 수 있다. 다만 다음의 경우에 해당하는 물품은 그 승인을 요하지 아니한다.

① 1년 이내에 반환하는 조건으로 관리 전환하는 물품

② 국가의 사무 또는 사업의 수행상 필요한 시험·연구·조사 또는 검사를 다른 관서에 위탁하는 경우 그 위탁을 받은 관서에서 해당 업무를 할 때 필요한 물품

③ 취득 단가 500만 원 미만의 물품

④ 물품의 성질상 긴급한 처분이 필요한 물품

물품관리관은 물품의 관리 전환의 승인을 얻고자 할 때에는 관리 전환을 받고자 하는 물품관리관과 미리 협의하여야 하며, 특히 중앙관서의 장이 조달청장과 협의를 할 때에는 다음의 사항을 명백히 하여야 한다.

① 관리 전환을 하고자 하는 물품목록번호·품명·수량 및 가격

② 관리 전환을 유상으로 하는 경우에는 그 물품의 합의된 가격

③ 관리 전환이 필요한 사유

또한 물품관리관은 회계 상호간의 관리 전환 중 다음의 경우를 제외하고는 유상으로 정리하여야 한다.

① 6개월 이내에 반환하는 조건으로 물품을 관리 전환하는 경우

② 국가의 사무 또는 사업의 수행상 필요한 시험·연구·조사 또는 검사를 다른 관서에 위탁하는 경우 그 위탁을 받은 관서에서 해당 업무를 할 때 필요한 물품을 관리 전환하는 경우

③ 각 중앙관서의 장이 조달청장과 협의하여 무상으로 관리 전환하기로 정한 경우

물품의 관리 전환을 유상으로 정리할 때의 가액은 장부가격으로 하여야 하며, 만약 장부가격으로 정리하기가 곤란할 때에는 시가에 의할 수 있다. 관리 전환의 절차는 다음과 같다.

① 물품관리관은 그 관리하는 물품의 관리 전환을 하고자 할 때에는 물품을 보관하고 있는 물품출납공무원에게는 물품의 출급명령을, 그 물품을 사용하게 하고 있는 물품운용관(물품운용관을 두지 아니한 경우에는 물품을 사용하는 공무원)에게는 물품의 반납명령을 하여야 한다.

② 물품관리관이 물품의 반납명령을 하는 때에는 그 물품운용관 또는 물품을 사용하는 공무원에게 당해 물품의 인도를 받을 자를 명백히 하여 물품의 인도명령을 하여야 한다.

③ 물품관리관은 그 관리하는 물품의 관리 전환을 하고자 할 때에는 관리 전환을 받을 물품관리관에게 그 물품을 인도하는 자와 이를 인도하는 시기, 장소, 품명 기타 필요한 사항을 통지하여야 한다.

④ 물품의 관리 전환을 받을 물품관리관이 관리 전환 통지를 받은 경우에는 물품출납공무원에게 물품의 수입명령을 하여야 한다.

⑤ 물품관리관은 관리 전환을 받고자 하는 관서에서 당해 물품을 열람하고자 할 때에는 이에 협조하여야 한다.

3) 표준 서식의 기록 · 유지

물품관리관, 물품운용관 및 물품출납공무원은 대통령령이 정하는 표준 서식(전산 처리에 필요한 입 · 출력 자료 서식을 포함)에 필요한 사항을 기록 · 유지하여야 한다. 대통령령이 정하는 표준 서식은 다음의 서식을 말한다.

① 물품취득 및 처분대장

② 물품관리대장

③ 물품청구서

④ 물품출급증

⑤ 반납 및 인수증

각 중앙관서의 장은 물품의 관리에 관하여 상기의 표준 서식 외의 서식 등을 비치하고자 하거나 이를 변경하여 사용하고자 할 때에는 미리 조달청장과 협의하여야 하며, 물품관리관은 표준 서식을 전산 파일로 작성하는 경우에는 매월 말일을 기준으로 당해 월의 물품 증감 현황이 실제와 부합하는지의 여부를 확인하여야 한다.

표준 서식에는 취득가격을 적어야 하며, 물품 취득가격이 없거나 분명하지 아니한 경우에는 시가 · 감정가격 또는 견적가격에 따른 가격을 적는다. 다만, 표준 서식 중 물품관리대장에는 국가회계법 제11조에 따른 국가회계기준에 따라 가격평가를 한 경우 그 가격을 적어야 한다. 물품 가격에 10원 미만의 단수(端數)가 있을 때에는 그 단수는 기록하지 아니한다. 다만, 물품의 단가를 기록하는 경우에는 예외로 한다. 취득가격에는 물품의 대금과 그 밖에 물품의 구입과 관련하여 부담한 수수료, 설치비, 운반비와 그 밖의 부대비용을 포함한다.

물품관리관, 물품출납공무원 및 물품운용관이 교체된 경우 전임자는 그 교체된 날의 전일 현재로 인계하여야 할 표준 서식과 인계서를 작성하여 후임자에게 인계하여야 한다. 다만, 전임자가 인계 절차를 이행할 수 없는 불가피한 사유가 있는 때에는 후임자가 이를 작성하고 이에 기명·날인하여야 한다.

4) 물품관리의 전산화

각 중앙관서의 장은 물품의 관리에 관한 사무를 전산화하여 물품을 효율적으로 관리하여야 하며, 물품관리 사무를 전산화하고자 전산 처리설비를 하고자 하는 때에는 그 전산 개발과 입·출력 자료의 공동 이용 및 처리 방식에 관하여 조달청장과 미리 협의하여야 한다. 물품관리 사무를 전산화할 때 물품을 분류하는 경우에는 분류번호를 사용하여야 한다. 아울러 물품의 효율적인 관리를 위하여 조달청장이 정한 기준에 해당되는 물품에 대하여 전자 태그를 부착하여 관리할 수 있으며, 이 경우 조달청장은 전자 태그를 부착하여 관리할 물품의 선정 기준과 관리 방법 등을 정하는 때에는 다음 사항을 명백히 하여야 한다.

① 대상 물품의 품명·품목·물품분류번호
② 전자 태그에 입력할 항목
③ 전자 태그의 부착 시점
④ 전자 태그의 모양·크기 등 규격

5) 물품관리 사무 종사자

물품의 관리에 관한 사무에 종사하는 공무원은 이 법, 기타 물품의 관리에 관한 법령의 규정을 준수하는 외에 선량한 관리자의 주의로써 사무에 종사하여야 한다.

물품의 관리에 관한 사무에 종사하는 공무원은 그 취급하는 물품을 국가로부터 양수할 수 없다. 다만, 다음에 해당되는 경우는 국가로부터 양수할 수 있다.

① 매각을 목적으로 하는 물품으로서 그 가액이 법령 또는 고시에 의하여 정하여져 있는 물품

② 기타 각 중앙관서의 장이 조달청장과 협의하여 정하는 물품

Chapter

03 물품의 취득, 사용 및 처분

제1절 물품의 취득

물품관리관은 물품수급 관리계획에 정하여진 물품에 대하여는 그 계획의 범위 안에서, 그 밖의 물품에 대하여는 필요할 때마다 계약담당 공무원에게 물품의 취득에 관한 필요한 조치를 할 것을 청구하여야 하며, 이 때에는 취득하고자 하는 물품의 분류번호, 품명, 규격, 수량 및 소요 시기를 명백히 하여야 한다. 계약담당 공무원은 물품관리관의 청구가 있는 경우에는 예산의 범위 안에서 당해 물품을 취득하기 위한 필요한 조치를 하여야 한다.

물품에 관한 사무에 종사하는 공무원은 그 직무를 수행할 때 국가가 취득하게 된 물품이 있는 때에는 지체없이 그 사실을 물품관리관에게 통지하여야 하며, 통지를 할 때에는 다음의 사항을 명백히 하여야 한다. 다만, 제1호의 규정에 의한 가격을 명백히 할 필요가 없다고 인정할 때에는 이를 생략할 수 있다.

① 취득하게 된 물품의 분류번호·품명·품목·수량 및 가격
② 취득의 시기 및 장소
③ 취득의 원인

한편, 물품관리관과 계약담당 공무원은 물품의 취득을 위하여 필요한 조치를 취할 때에는 다음 각 호의 기준에 따라야 한다.

① 취득하고자 하는 물품이 조달사업에 관한 법률 제2조의 규정에 의한 조달물자일 때에는 조달청장에게 구매를 요청할 것
② 취득하고자 하는 물품이 물품관리법시행령 제5조의 규정에 의하여 표준화되어 있는 경우에는 이를 우선적으로 취득할 것
③ 취득하려는 물품이 친환경 상품 구매 촉진에 관한 법률 제6조에 따른 친환경 상품 등으로서 수요 목적을 달성할 수 있는 경우에는 해당 물품을 우선적으로 취득할 것

또한 물품은 중앙관서의 장 또는 그 위임을 받은 공무원이 지명하는 관계 공무원이나 기술자의 검수를 받지 아니하고는 이를 취득할 수 없으며, 각 중앙관서의 장은 조달청장이 관리 전환을 촉진하기 위하여 그 소요를 조회 중인 경우 그 조회 중인 물품과 동일한 품명의 물품을 구매하고자 할 때에는 미리 조달청장과 협의하여야 한다. 그리고 물품관리관은 물품을 기증받은 때에는 다음 각 호의 사항을 기재한 서류를 작성하여 관리하여야 한다.

① 기증받은 물품의 품명, 물품분류번호, 수량 및 가격
② 기증자의 주소, 성명 및 상호

제 2 절 물품의 보관

물품은 항상 사용 또는 처분할 수 있도록 선량한 관리자의 주의로써 국가의 시설에 보관하여야 한다. 다만, 물품관리관이 국가의 시설에 보관하는 것이 물품의 사용 또는 처분에 부적당하다고 인정하거나 기타 특별한 사유가 있을 때에는 국가 이외의 자의 시설에 보관할 수 있으며, 이 때에는 다음 각 호의 사항을 명백히 하여 계약담당 공무원에게 그 보관을 위하여 필

요한 조치를 청구하여야 한다.

① 보관이 필요한 물품목록번호·품명·품목 및 수량
② 보관 기간
③ 보관 장소 및 보관시설
④ 보관에 따른 부대 조건

물품출납공무원은 그 보관하고 있는 물품을 사업별·성질별·품명별·품목별·상태별로 구분하여 정리하고 그 물품의 상황을 명백히 하여야 하며, 물품출납공무원이 물품을 보관할 때에는 재고위치 카드를 갖추어 두고 물품 위치마다 물품 표시판을 설치하여야 한다.

물품관리관은 물품을 출납하게 하고자 할 때에는 물품출납공무원에게 출납하여야 할 물품의 분류를 다음의 사항을 명백히 하여 그 출납을 명하여야 하며, 물품출납공무원은 물품관리관의 명령 없이는 물품을 출납할 수 없고 그 명령에 부합하도록 출납하여야 한다.

① 출납하여야 할 물품목록번호·품명·품목 및 수량
② 출납의 시기
③ 출납하여야 할 물품을 물품출납공무원으로부터 인수하는 자와 물품출납공무원에게 인도하는 자

물품관리관은 물품의 수입명령, 출급명령, 수령명령 또는 인도명령을 하는 때에는 물품출납공무원 또는 물품운용관으로부터 당해 물품을 인도받아야 할 자 및 이들에게 인도하여야 할 자에게 그 명령서 사본, 기타 증명서류를 각각 교부하여야 한다. 다만, 각 중앙관서의 장이 따로 정하는 경우에는 증명서류의 교부를 생략할 수 있으며, 만약 증명서류를 교부받은 자가 물품을 인도받거나 인도하는 때에는 관계 물품 출납공무원 또는 물품운용관에게 그 증명서류를 보여 주어야 한다.

물품관리관은 국가 외의 자가 보관하고 있는 물품을 인도하고자 할 때에는 당해 보관자에게 그 뜻을 통지하고 그 물품의 인도를 받을 자에게 인도를 받을 수 있음을 증명하는 서류를 교부하여야 하며, 그 증명서류를 교부

받은 자가 물품의 인도를 받을 때에는 물품을 보관하고 있는 자에게 그 증명서류를 보여 주어야 한다.

물품출납공무원은 그 보관 중인 물품 중 사용할 수 없거나 수선 또는 개조를 요하는 물품이 있다고 인정할 때에는 그 사실을 물품관리관에게 보고하여야 하며, 물품관리관은 보고에 의하여 수선 또는 개조를 요하는 물품이 있다고 인정할 때에는 계약담당 공무원, 기타 관계 공무원에 대하여 그 수선 또는 개조를 위한 필요한 조치를 할 것을 청구하여야 한다.

물품관리관은 물품의 수선 또는 개조를 위하여 필요한 조치를 청구할 때에는 다음 각 호의 사항을 명백히 하여야 한다.

① 수선이나 개조가 필요한 물품의 물품목록번호·품명·품목 및 수량
② 수선이나 개조의 시기
③ 수선이나 개조의 내용
④ 수선이나 개조에 붙여야 할 조건

제 3 절 물품의 사용

물품관리관은 물품을 사용하게 하기 위하여 출납명령을 한 때에는 그 사용의 목적을 명백히 하여 그 사실을 물품운용관이나, 물품운용관을 두지 아니한 경우에는 물품을 사용하는 공무원에게 알려야 한다. 다만, 물품운용관의 요청에 의하여 출납명령을 한 때에는 그러하지 아니하며, 이 때에는 물품운용관은 그 요청하고자 하는 물품의 물품목록번호, 품명, 품목, 수량 및 용도를 명백히 하여야 한다. 여기서 "물품을 사용하는 공무원"이라 함은 1인의 공무원이 전용하는 물품에 대하여는 그 전용하는 자를, 2인 이상의 공무원이 공동으로 사용하는 물품에 대하여는 그 물품을 사용하는 데 주된 책임이 있는 자를 말하며, 물품사용공무원이 물품을 사용을 위하여 물품을 수령한 때에는 그 수령을 증명하는 서면을 교부하여야 한다.

물품관리관이 물품출납공무원에게 물품의 출급을 위한 출납명령을 할

때에는 특별한 사유가 없는 한 연중 상용의 사무용 잡품의 경우에는 일정 기간에 필요하다고 인정되는 수량을 한정하여 행하고, 기타 물품의 경우에는 그 때마다 필요한 수량을 한정하여 행하여야 한다.

또한 물품운용관(물품운용관을 두지 아니하는 경우에는 물품관리관)은 그 소속 공무원으로 하여금 물품을 사용하게 하는 때에는 그 물품을 사용하는 공무원을 명백히 하여야 한다.

물품운용관 또는 물품사용공무원은 사용 중인 물품 중 사용할 필요가 없거나 사용할 수 없는 물품 또는 수선이나 개조를 요하는 물품이 있다고 인정할 때에는 그 사실을 물품관리관에게 보고하여야 하며, 보고를 받은 물품관리관은 그 사실 여부를 확인하여 그에 해당되는 물품임이 인정될 때에는 물품운용관 또는 물품사용공무원에게 그 물품의 반납을 명하여야 한다. 물품운용관 또는 물품사용공무원이 상기와 같이 물품관리관에게 보고하여야 할 때는 사용할 필요가 없는 물품, 사용할 수 없는 물품, 수선이나 개조를 요하는 물품으로 각각 구분하여 그 물품의 분류번호·품명·수량·현황, 기타 필요한 사항을 명백히 하여야 한다.

물품관리관이 물품운용관 또는 물품사용공무원에게 물품 반납의 명령을 할 때에는 반납의 시기, 기타 필요한 사항을 명백히 하여야 하며, 물품사용공무원에 대하여 반납명령을 할 때에는 그 밖에 물품을 인도받을 물품출납공무원을 명백히 하여야 한다. 물품관리관은 반납명령을 한 물품을 물품출납공무원으로 하여금 보관하게 하고자 할 때에는 그 물품을 반납하게 된 물품운용관에게는 물품의 인도명령을, 물품을 보관하게 될 물품출납공무원에게는 물품의 수입명령을 하여야 한다.

물품관리관은 반납명령을 한 물품을 다른 물품운용관으로 하여금 사용하게 하고자 할 때에는 그 물품을 반납하게 될 물품운용관에게는 물품의 인도명령을, 그 물품을 사용하게 될 물품운용관에게는 물품의 인수명령을 하여야 한다.

물품사용공무원은 당해 물품을 사용할 필요가 없게 된 때에는, 그 뜻을 물품운용관에게 지체없이 통보하여야 하며, 이 경우 물품운용관은 당해 물품을 사용하는 공무원에 대하여 그 반납을 명하여야 한다.

제 4 절 물품의 처분

1 불용의 결정

물품관리관은 그 소관에 속하는 물품 중 사용할 필요가 없거나 사용할 수 없는 물품이 있을 때에는 그 물품에 대하여 불용의 결정을 하여야 한다. 다만 다음의 경우에는 소속 중앙관서의 장의 승인을 받아야 한다.

① 취득단가 500만 원 이상의 물품

② 사용 가능한 물품

물품관리관이 불용의 결정을 하고자 하는 경우에는 다음 각 호의 사항을 명백히 하여야 한다.

① 불용의 결정을 하려는 물품의 물품목록번호, 품명, 품목, 수량 및 가액

② 물품의 구입 연월일 및 상황

③ 물품의 사용 경위

④ 불용의 결정을 하는 이유

⑤ 다른 목적을 위하여 사용할 수 있는지의 확인 여부

⑥ 처분 방법

물품관리관은 불용의 결정을 한 물품 중 매각하는 것이 국가에 불리하거나 부적당하다고 인정되는 때 또는 매각할 수 없는 물품이 있을 때에는 이를 폐기할 수 있다. 다만, 취득단가가 500만 원 이상인 물품의 경우에는 소속 중앙관서의 장의 승인을 받아 폐기할 수 있다.

한편 불용의 결정을 할 수 있는 물품은 다음과 같다.

① 사용할 필요가 없게 된 물품으로서 앞으로도 사용할 전망이 없는 물품

② 정수를 초과하는 물품과 예측할 수 있는 일정 기간의 수요를 초과하여 재고로 보유하고 있는 물품

③ 원장비(原裝備)가 사용 불가능하거나 원장비가 없어진 경우로서 이를

새로이 취득할 필요성이나 가능성이 없는 경우의 그 부속품

④ 규격 또는 모형이 달라져 수리가 곤란하거나 수리하여도 본래의 목적에 사용할 수 없는 물품

⑤ 시설물에서 제기된 물품으로서 활용할 수 없는 물품

⑥ 훼손되거나 마모되어 수리하여도 본래의 목적에 사용할 수 없는 물품

⑦ 수선이 필요한 물품으로서 수선을 하는 것이 비경제적인 물품

⑧ 제1호 내지 제7호에 준하는 사유가 있다고 각 중앙관서의 장이 인정하는 물품

또한 폐기 처분을 할 수 있는 물품의 기준은 다음과 같다.

① 관리 전환, 양여, 매각 등에 의한 처분을 하고자 하여도 처분되지 아니하는 물품

② 변질·부패, 그 밖의 사유로 매각할 수 없다고 인정되는 물품

물품관리관은 물품이 불용품으로 결정된 때에는 장부 등에 불용 결정 연월일, 물품 상태 분류 기준에 의한 물품의 상태 등을 기록하여야 한다.

2 불용품의 처분(관리 전환, 매각, 양여, 폐기 등)

물품관리관이 불용 결정한 물품에 대하여 계약담당 공무원에게 매각에 관한 필요한 조치를 청구하거나 중앙관서의 장이 불용품을 조달청장에게 매각하여 줄 것을 요청하려면 미리 조달청장이 지정하는 정보 처리장치를 이용하여 다른 기관의 물품관리관에게 해당 물품의 사용 의사를 조회하여야 한다. 다만, 내용연수 경과, 수리비 지출 한계 초과 등의 사유로 해당 물품의 사용 의사를 밝힐 기관이 없을 것으로 보이는 경우에는 그러하지 아니한다. 상기의 조회 결과 해당 물품을 사용하려는 기관이 있을 경우에는 해당 기관에 관리 전환하고, 해당 물품을 사용하려는 기관이 없거나 없을 것으로 인정되는 경우에는 교환, 양여, 매각 등 다른 방법으로 처분할 수 있다.

물품관리관은 활용 불가능품으로 분류된 물품을 해체하여 부분품을 활

용하는 것이 원형대로 매각하는 것보다 유리하다고 인정할 때에는 이를 해체(解體)하여 이용 가능한 부분품을 활용하고 잔여품만 매각 또는 폐기(廢棄)하여야 한다.

물품관리관은 불용품을 폐기하거나 해체하고자 할 때에는 불용품 해체·폐기조서를 작성하여야 하며, 이에는 그 폐기 또는 해체에 관련된 자료를 첨부하여야 한다.

모든 물품은 매각을 목적으로 한 물품이거나 불용품이 아니면 이를 매각할 수 없으며, 물품관리관은 매각(賣却)을 목적으로 한 물품으로서 물품수급 관리계획에 정하여진 물품에 대하여는 그 계획의 범위 안에서, 그 밖의 물품에 대하여는 필요할 때마다 계약담당 공무원에게 매각에 관한 필요한 조치를 할 것을 청구하여야 한다.

각 중앙관서의 장은 불용품 중 관리 전환, 양여 또는 매각 등에 의하여 처분이 되지 아니하는 불용품이 있을 때에는 조달청장에게 그 처분을 요청할 수 있다. 다만, 재활용이 가능한 불용품에 대하여는 조달청장에게 무상으로 양여(讓與)할 수 있다.

각 중앙관서의 장은 불용품의 활용을 위하여 필요한 때에는 당해 물품을 지방자치단체, 공공기관의 운영에 관한 법률에 의한 공공기관, 교육·연구기관, 국가보훈단체, 기타 비영리단체에 무상으로 양여할 수 있는데 이를 살펴보면 다음과 같다.

① 국가 또는 지방자치단체가 기금 또는 경비의 2분의 1 이상을 출연하거나 보조하는 법인

② 국가·지방자치단체 또는 공공기관이 자본금의 2분의 1 이상을 출자하는 법인

③ 정부 위탁업무 또는 비영리공익사업을 수행하는 법인 또는 단체

또한 각 중앙관서의 장이 지방자치단체 등에 무상으로 양여할 수 있는 물품은 다음과 같다.

① 관리 전환되지 아니하거나 관리 전환될 가능성이 없는 물품

② 매각되지 아니하거나 매각될 가능성이 없는 물품

③ 매각하는 것이 국가에 불리하거나 매각비용이 매각대금을 초과하는

물품

④ 다른 법률에 따라 국가가 사용하거나 보유할 수 없는 물품

각 중앙관서의 장은 정부 위탁업무나 비영리 공익사업을 수행하는 법인 또는 단체 중 외국 법인 또는 단체에 불용품을 양여하는 경우에는 조달청장과 협의하여야 한다.

각 중앙관서의 장이 불용품 중 관리 전환, 양여 또는 매각 등에 의하여 처분이 되지 아니하는 불용품을 조달청장에게 처분 요청한 경우, 불용품을 매각한 때에는 그 매각대금을 당해 중앙관서의 세입으로 납부하여야 하며, 조달청장에게 불용품의 처분을 요청한 중앙관서의 장은 당해 불용품이 매각된 때에는 대통령령이 정하는 바에 따라 이에 소요되는 업무비 및 조작수수료를 지급하여야 한다. 그리고 무상으로 양여받은 불용품을 매각한 경우 그 매각대금에서 대통령령이 정하는 비용을 공제한 금액은 이를 정부기업예산법에 의한 조달특별회계의 세입으로 한다.

조달청장이 상기의 불용품을 매각하고자 할 때에는 일반경쟁입찰에 의하거나 물품관리법 제39조(매각 특례)에 따라 예정가격에 의한 경매로 처리할 수 있으며, 만약, 경매에서 신청자가 없거나 매각이 결정되지 아니한 때에는 조달청장이 정한 예정가격으로 수의계약에 의하여 매각할 수 있다. 다만, 취득단가가 10만 원 이하이며 총액이 500만 원 이하인 불용품은 처음부터 수의계약에 의하여 매각할 수 있다.

상기의 불용품을 매각하는 경우 예정가격은 거래 실례가격 또는 부동산가격 공시 및 감정평가에 관한 법률에 따른 감정평가업자의 감정평가가격을 기준으로 하여 조달청장이 이를 정한다. 다만, 감정비용이 예정가격을 초과할 것으로 예상되거나 감정평가 업자의 감정이 곤란한 불용품에 관하여는 계약 대상자 또는 제3자로부터 견적서를 받아 예정가격을 책정할 수 있다.

또한 조달청장은 불용품 처분을 요청받거나 무상으로 양여받은 불용품에 대하여는 국가를 당사자로 하는 계약에 관한 법률에 불구하고 관리, 수리 또는 처분할 수 있으며, 이 경우 처분시는 수의계약에 의할 수 있으며, 조달청장이 재활용품을 직접 처분한 경우에는 처분대금 전액을, 재활용사업자로 하여금 재활용품을 처분하게 한 경우에는 처분대금 중 당해 재활용

사업자에게 지급한 대가를 제외한 금액을 정부기업예산법에 의한 조달특별회계의 세입으로 한다.

상기의 재활용품은 다음 각 호의 구분에 따라 분류하여야 한다.

① 원형 그대로 판매할 수 있는 물품

② 수리하여 판매할 수 있는 물품

③ 해체하여 이용 가능한 부분품은 활용하고 잔여품은 판매 또는 폐기하여야 하는 물품

④ 폐기하여야 하는 물품

물품은 대부(貸付)를 목적으로 한 물품이거나 대부하여도 국가의 사업 또는 사무에 지장이 없다고 인정되는 물품이 아니면 이를 대부할 수 없으며, 물품을 대부한 때에는 대통령령이 정하는 요율에 따라 대부료를 징수한다. 다만, 대통령령이 정하는 기관·단체에 대하여는 그 대부료를 면제할 수 있다.

대부하는 물품의 대부료는 당해 중앙관서의 장이 정하되, 그 평가액의 연 6퍼센트에 상당하는 금액 이상으로 하여야 하며, 평가액은 당해 물품의 장부가격과 내용 연수 등을 참작하여 각 중앙관서의 장이 정한다. 대부료를 면제할 수 있는 기관 및 단체는 국가, 지방자치단체, 공공기관의 운영에 관한 법률에 의한 공공기관과 다음 각 호의 법인 또는 단체로 한다.

① 국가 또는 지방자치단체가 기금 또는 경비의 2분의 1 이상을 출연하거나 보조하는 법인

② 국가·지방자치단체 또는 공공기관의 운영에 관한 법률에 따른 공공기관이 자본금의 2분의 1 이상을 출자하는 법인

③ 정부 위탁업무나 비영리공익사업을 수행하는 법인 또는 단체

물품관리관은 불용품이 처분된 때에는 장부 등에 다음의 사항을 기록하여야 한다.

① 처분의 구분(관리 전환, 매각, 양여, 대부, 해체, 폐기 등)

② 처분 연월일

③ 처분 금액(매각대금, 대부료 등)

④ 해체에 의하여 취득한 부분품의 명세표

3 물품의 자연감모, 손망실 처리 및 검사

물품의 장기 보관이나 운송, 기타 불가피한 사유로 인하여 생기는 감모는 자연감모(自然減耗)로 하여 이를 정리할 수 있으며, 자연감모로 정리할 수 있는 물품은 다음과 같다.

① 곡물・소금

② 기타 각 중앙관서의 장이 정하는 물품

각 중앙관서의 장은 그 소관에 속하는 물품에 자연감모가 생긴 때에는 당해 물품명과 자연감모율을 고시하여야 하며, 자연감모 발생통보서를 작성하여 감사원에 통보하여야 한다.

물품출납공무원과 물품운용관은 그가 보관하고 있거나 국가의 사무 또는 사업의 목적과 용도에 따라 사용하게 하고 있는 물품이 망실 또는 훼손된 때에는 지체없이 그 사실을 물품관리관에게 보고하여야 하며, 계약담당공무원도 그가 체결한 계약에 의하여 처분한 물품을 장래에 반환받을 것을 내용으로 하거나 조건으로 한 경우에 그 물품이 망실 또는 훼손된 때에는 지체없이 그 사실을 물품관리관에게 통지하여야 한다.

물품관리관은 물품의 망실로 인한 보고나 통지에 의하여 그 관리하는 물품이 망실 또는 훼손된 사실이 확인된 때, 물품의 관리에 관한 사무에 종사하는 공무원이 법의 규정에 위반하여 물품의 관리행위를 한 때 또는 법령의 규정에 따라 물품의 관리행위를 하지 아니함으로써 국가에 손실을 끼친 사실이 있다고 인정될 때에는 지체없이 그 사실을 소속 중앙관서의 장에게 보고하여야 한다.

각 중앙관서의 장은 물품관리관으로부터 보고나 통지를 받은 때에는 회계 관계 직원 등의 책임에 관한 법률에 따라 지체없이 그 사실을 기획재정부 장관, 조달청장 및 감사원에 통지하고, 회계 관계 직원 등의 책임에 관한 법률 시행령에 의한 기관별, 직위별 위임한도액의 범위 안에서 동 시행령에 의한 변상 기준에 의하여 변상명령을 할 수 있으며, 각 중앙관서의 장은 보고나 통지를 받은 물품에 대하여 손망실처리(損亡失處理)를 한 때에는 그 결과를 기획재정부 장관, 조달청장 및 감사원에 통지하여야 한다.

회계 관계 직원 등의 책임에 관한 법률에 의하여 변상명령을 받은 물품관리공무원은 그 책임을 면할 사유가 있는 때에는 그 이유를 명백히 한 서류에 이를 증명하는 서류를 첨부하여 감사원에 송부하고 그 판정을 구할 수 있으며, 감사원에 송부하는 서류는 소속 중앙관서의 장을 거쳐야 한다. 그러나 물품관리공무원이 받은 변상명령은 감사원에 판정을 구한 경우에도 그 효력이 정지되지 아니한다.

각 중앙관서의 장은 검사공무원을 지명하여 정기적으로 물품의 관리에 관한 검사(檢査)를 하여야 하며, 검사는 정기검사와 수시검사로 구분하여 행하되 정기검사는 매 회계연도 말을 기준으로 하고, 수시검사는 물품관리관, 물품출납공무원 또는 물품운용관이 교체된 때에 행한다.

검사는 물품관리 행위가 적법한 것인지의 여부에 관하여 물품 및 표준서식에 의하여 행하며, 검사가 물품출납공무원 또는 물품운용관의 소관 사항인 경우 각 중앙관서의 장은 그가 소속된 물품관리관 또는 그 물품관리관이 지명하는 공무원을 검사공무원으로 지정하여야 한다.

각 중앙관서의 장은 필요하다고 인정할 때에는 수시로 검사공무원을 지정하여 그로 하여금 물품관리관·물품출납공무원 또는 물품운용관이 관리하는 물품의 관리 현황과 그 표준 서식에 대하여 검사를 하게 할 수 있으며, 검사공무원은 검사서 2통을 작성하여 1통은 그 검사를 받은 물품관리관·물품출납공무원 또는 물품운용관에게 교부하고, 다른 1통은 소속 중앙관서의 장에게 제출하여야 한다.

검사를 할 때에는 검사를 받는 물품관리관·물품출납공무원 또는 물품운용관이 참여하여야 하며, 당해 공무원이 사고로 인하여 그 검사에 참여할 수 없을 때에는 그 대리인 또는 각 중앙관서의 장(물품출납공무원 또는 물품운용관에 대한 검사인 때에는 물품관리관)이 지명하는 공무원이 참여하여야 한다.

물품관리법 제49조 및 동법 시행령 제51조에 의거 다음 각 호의 물품에 대하여는 물품관리법의 내용을 일반적으로 적용하지 아니할 수 있다.

① 국가의 사무 또는 사업의 집행에 필요한 서류
② 수표 용지
③ 법령에 의하여 몰수하거나 국가에 귀속된 물품
④ 국가의 사무 또는 사업의 집행에 필요한 물품으로서 법령에 의하여 국가기관이 점유하여 보관하고 있는 물품
⑤ 국고금관리법에 의한 관서운영경비로 취득한 물품으로서 사용에 비례하여 소모되는 물품과 그 밖에 조달청장이 정하여 고시하는 소모품
⑥ 공직자윤리법에 의하여 국고에 귀속된 선물
⑦ 서화, 예술작품
⑧ 도서, 박물관 보존물품
⑨ 불용품 중 역사적·학술적 보존가치가 있다고 중앙관서의 장이 인정하여 보관하는 물품
⑩ 조달청장이 재활용하기 위하여 무상으로 관리 전환받은 불용품
⑪ 동·식물 등 특수물품
⑫ 소프트웨어
⑬ 리스물품

조달청장은 상기의 제⑦호, 제⑫호 및 제⑬호의 규정에 의한 물품에 관하여는 그 관리 방법을 따로 정하여 각 중앙관서의 장에게 통보할 수 있으며, 각 중앙관서의 장은 상기의 물품에 관하여 다른 법령 또는 조달청장이 관리 방법을 따로 정하여 통보한 경우를 제외하고는 그 물품의 특성을 참작하여 당해 물품의 효율적이고 적정한 관리에 필요한 사항을 정하여 이를 관리하여야 한다.

P·a·r·t

06

재산관리

Chapter 01

국유재산의 개요

제 1 절 국유재산의 개념

일반적으로 국가가 소유한 모든 재산을 국유재산으로 볼 수 있지만 여기서는 국유재산법의 적용을 받는 부동산, 즉 모든 재산에서 물품관리법의 적용을 받는 물품과 현금을 제외한 재산을 의미한다. 따라서 여기서 국유재산(國有財産)이라 함은 다음 각 호의 재산으로서 국가 부담이나 기부채납 또는 법령이나 조약에 따라 국유(國有)로 된 것을 말한다.

① 부동산과 그 종물

② 선박, 부표, 부잔교, 부선거 및 항공기와 그들의 종물

③ 정부기업 또는 정부시설에서 사용하는 중요한 기계와 기구

④ 지상권·지역권, 광업권 기타 이에 준하는 권리

⑤ 자본시장과 금융투자업에 관한 법률 제4조에 따른 증권(채무증권, 지분증권, 수익증권, 투자계약증권, 파생결합증권, 증권예탁증권)

⑥ 특허권, 저작권, 상표권, 디자인권, 실용신안권, 그 밖에 이에 준하는 권리

상기 제③호의 "정부기업"이라 함은 정부기업예산법 제2조의 규정에 의한 정부기업을 말하며, "기계와 기구"라 함은 기관차, 전차, 객차, 화차 및

기동차 등 궤도 차량을 말한다. 기계와 기구는 당해 기업 또는 시설의 폐지와 함께 포괄적으로 용도 폐지된 것은 그 기업 또는 시설이 폐지된 후에도 국유재산으로 한다.

제 2 절 국유재산의 구분과 종류

국유재산은 그 용도에 따라 행정재산과 일반재산으로 구분하며, 이를 구체적으로 살펴보면 다음과 같다.

행정재산(行政財産)이라 함은 국가가 직접 사무용, 사업용, 공공용 또는 기업용으로 사용하는 재산으로서 그 종류는 다음과 같다.

① 공용재산 - 국가가 직접 사무용·사업용 또는 공무원의 주거용으로 사용하거나 대통령령으로 정하는 기한까지 사용하기로 결정한 재산

② 공공용 재산 - 국가가 직접 공공용으로 사용하거나 대통령령으로 정하는 기한까지 사용하기로 결정한 재산

③ 기업용 재산 - 정부기업이 직접 사무용·사업용 또는 그 기업에 종사하는 직원의 주거용으로 사용하거나 대통령령으로 정하는 기한까지 사용하기로 결정한 재산

④ 보존용 재산 - 법령이나 그 밖의 필요에 따라 국가가 보존하는 재산

상기의 행정재산 각 호에서 "대통령령으로 정하는 기한"이란 국가가 행정재산으로 사용하기로 결정한 날로부터 5년이 되는 날을 말하며, 상기의 제4호에서 "그 밖의 필요에 따라 국가가 보존하는 재산"이란 국가가 사용할 필요가 있다고 인정되어 총괄청인 기획재정부 장관이 보존하기로 결정한 재산을 말한다. 행정재산의 사용 여부는 총괄청이 관리청인 소속 중앙관서의 장의 의견을 들어 결정한다.

일반재산(一般財産)이라 함은 행정재산 외의 모든 국유재산을 말한다.

제 3 절 국유재산의 관리

누구든지 국유재산을 정당한 사유 없이 사용 또는 수익하지 못하며, 국유재산은 민법 제245조의 규정에 불구하고 시효 취득의 대상이 되지 아니한다. 다만, 일반재산의 경우는 그러하지 아니하다. 모든 국유재산을 관리할 때 기획재정부 장관은 국유재산에 관한 사무를 총괄하는 총괄청(總括廳)이 되며, 각 중앙관서의 장은 그 소관에 속하는 국유재산을 관리하는 관리청(管理廳)이 된다.

사권(私權)이 설정된 재산은 그 사권이 소멸된 후가 아니면 국유재산으로 취득하지 못한다. 다만, 판결에 따라 취득하는 경우에는 그러하지 아니하다. 또한 국유재산에는 사권을 설정할 수 없으나 일반재산에 대하여 다른 법률 또는 판결에 따라 사권(私權)을 설정하는 경우 또는 일반재산의 사용 및 이용에 지장이 없고 재산의 활용가치를 높일 수 있는 경우로서 관리청 등이 필요하다고 인정하는 경우에는 그러하지 아니하다.

1 소유자 없는 부동산의 취득

총괄청 또는 관리청은 소유자 없는 부동산을 국유재산으로 취득하며, 무주의 부동산을 국유재산으로 취득하려면 다음의 내용을 6월 이상의 기간을 정하여 공고하되, 관보와 일간신문지에 게재하고 당해 부동산의 소재지를 관할하는 시 · 군 · 자치구의 게시판에 14일 이상 게시하여야 한다.

① 부동산의 표시

② 공고 후 6월이 경과할 때까지 당해 부동산에 대하여 정당한 권리를 주장하는 자의 신고가 없는 경우에는 이를 국유재산으로 취득한다는 뜻

총괄청 또는 관리청은 소유자 없는 부동산을 취득하고자 하는 때에는 제

2항의 규정에 의한 기간 내에 이의가 없는 경우에 한하여 동항의 규정에 의한 공고를 하였음을 입증하는 서류를 첨부하여 측량·수로조사 및 지적에 관한 법률에 따른 지적 소관청에 소유자 등록을 신청할 수 있다.

소유자 없는 부동산을 취득한 국유재산은 다음의 경우를 제외하고는 그 취득일부터 10년간은 이를 처분하여서는 아니 된다.

① 해당 국유재산이 공익사업을 위한 토지 등의 취득 및 보상에 관한 법률에 따른 공익사업에 필요하게 된 경우

② 해당 국유재산을 매각하여야 하는 불가피한 사유가 있는 경우로서 법 제9조 제4항 제3호에 따른 기준에서 정한 경우

2 기부채납

총괄청 및 관리청은 국유재산법상 국유재산에 해당되는 재산을 국가에 기부(寄附)하고자 하는 자가 있는 때에는 다음 각 호의 사항을 기재한 기부서를 받아서 이를 채납(採納)할 수 있다. 대표자에 의하여 기부하는 경우에는 대표자임을 증명하는 서류와 각 기부자의 주소, 성명 및 기부재산을 기재한 명세서를 기부서에 첨부하여야 한다.

① 기부할 재산의 표시

② 기부자의 성명 및 주소

③ 기부의 목적

④ 기부할 재산의 가격

⑤ 소유권을 증명할 수 있는 서류

⑥ 측량·수로조사 및 지적에 관한 법률 제2조 제19호에 따른 공유지연명부, 대지권등록부, 경계점좌표등록부

⑦ 그 밖에 기부할 재산의 건축물 현황도 등 필요한 도면

총괄청 및 관리청은 국가에 기부하고자 하는 재산이 국가가 관리하기 곤란하거나 필요하지 아니하는 것인 경우 또는 기부에 조건이 붙은 경우에는 이를 채납하여서는 아니 된다. 다만, 다음 각 호의 1에 해당하는 경우는 기

부에 조건이 붙은 것으로 보지 아니한다.

① 행정재산으로 기부하는 재산에 대하여 기부자, 그 상속인, 그 밖의 포괄승계인에게 무상으로 사용 허가하여 줄 것을 조건으로 그 재산을 기부하는 경우

② 행정재산의 용도를 폐지하는 경우 그 용도에 사용될 대체시설을 제공한 자, 그 상속인, 그 밖의 포괄승계인이 그 부담한 비용의 범위에서 법 제55조 제1항 제3호에 따라 용도 폐지된 재산을 양여할 것을 조건으로 그 대체시설을 기부하는 경우

3 국유재산의 관리계획 작성

총괄청이나 관리청은 국유재산을 취득한 후 그 소관에 속하게 된 날부터 60일 이내에 법 제14조 제1항에 따른 등기·등록, 명의 개서, 그 밖에 권리보전에 필요한 조치를 하여야 하며, 등기·등록이나 명의 개서가 필요한 국유재산인 경우 그 권리자의 명의는 국(國)으로 하되 소관 중앙관서의 명칭을 함께 적어야 한다.

당해 관리청은 소관청임을 증명하는 다음 각 호의 서류를 구비하여야 한다.

① 관리청이 다른 관리청의 소관에 속하는 국유재산의 관리 전환을 받거나 소관 국유재산을 다른 관리청에 관리 전환을 하려는 경우에 해당 관리청과의 협의서

② 협의가 성립되지 아니할 때 해당 재산의 관리 상황 및 활용 계획 그리고 국가의 정책 목적 달성을 위한 우선 순위를 고려하여 총괄청이 소관 관리청을 결정하는 경우에 그 결정서

③ 관리청이 없거나 분명하지 아니한 국유재산에 대하여 총괄청이 관리청을 지정하는 경우의 그 지정서

총괄청은 다음 연도의 국유재산의 관리와 처분에 관한 계획의 작성을 위한 지침을 매년 6월 30일까지 관리청 등에 통보하여야 하며, 관리청 등은

그 소관에 속하는 예산이나 사업의 예정과 상기의 작성 지침에 따라 국유재산의 관리 및 처분에 관한 다음 연도의 계획을 작성하여 매년 12월 31일까지 총괄청에 제출하여야 한다.

총괄청은 이 계획을 종합 조정하여 국유재산 관리계획을 수립하고 국무회의의 심의를 거쳐 대통령의 승인을 받아 이를 확정하게 되며, 이 계획을 해당 연도 2월 말일까지 국회에 제출하고 관리청에 통보하여야 한다. 또한 국유재산 관리계획을 변경한 경우에도 지체없이 국회에 제출하고 관리청에 통보하여야 한다. 이 국유재산 관리계획에는 다음 각 호의 사항을 포함하여야 한다.

① 국유재산을 효율적으로 관리하기 위한 중장기적인 국유재산 정책 방향
② 국유재산 관리·처분의 총괄적인 사항
③ 국유재산 관리·처분의 기준에 관한 사항
④ 관리·처분의 대상이 되는 국유재산 명세의 총계
⑤ 그 밖에 국유재산 관리·처분에 관한 중요한 사항

관리청은 국유재산 관리계획에 따라 총괄청과 협의하여 국유재산을 관리 또는 처분하고, 당해 연도 내에 집행하지 못한 관리계획은 다음 연도에 한하여 이월, 집행할 수 있으며, 매년의 국유재산 관리계획 집행 상황을 다음 연도 1월 31일까지 총괄청과 감사원에 보고하여야 한다.

국유재산에 관한 사무에 종사하는 직원은 그 처리하는 국유재산을 취득하거나 자기의 소유 재산과 교환하지 못하며, 이를 위반한 행위는 무효로 한다. 다만, 당해 관리청의 허가를 받은 때에는 그러하지 아니하다.

총괄청 및 관리청은 국유재산 중 자본시장과 금융투자업에 관한 법률 제4조에 따른 증권(채무증권, 지분증권, 수익증권, 투자계약증권, 파생결합증권, 증권예탁증권)은 한국은행 또는 대통령령이 정하는 금융기관(이하 "한국은행 등"이라 한다)으로 하여금 보관·취급하게 하여야 한다.

한국은행 등은 증권 등의 보관·취급에 관한 장부를 비치하고 주식 등의 수급을 기록하여야 하며, 주식 등의 수급에 관한 보고서 및 계산서를 작성하여 총괄청과 감사원에 제출하되, 감사원에 제출하는 수급계산서에는 증

거서류를 붙여야 한다. 또한 주식 등의 수급에 관하여 감사원의 검사를 받아야 하며, 주식 등의 보관·취급 또는 수급과 관련하여 국가에 손해를 끼친 경우에는 민법과 상법에 따라 그 손해를 배상할 책임을 진다.

4 총괄청

총괄청은 국유재산의 관리와 처분의 적정을 기하기 위하여 관리청에 대하여 그 소관에 속하는 국유재산의 관리 상황에 관한 보고 또는 자료의 제출을 요구할 수 있으며, 소속 공무원으로 하여금 그 관리 상황을 감사하게 하거나 기타 필요한 조치를 할 수 있다.

총괄청은 관리청에 대하여 그 소관에 속하는 국유재산의 용도를 폐지 또는 변경할 것을 요구할 수 있으며, 그 국유재산을 다른 관리청 또는 회계에 이관(이하 "관리 전환"이라 한다)하게 하거나 총괄청에 인계하게 할 수 있다. 관리 전환을 결정받으려는 관리청은 다음 각 호의 사항을 포함한 서류를 총괄청에 제출하여야 한다.

① 재산의 표시
② 현재의 관리청 및 인수할 관리청의 명칭과 관리 전환을 받으려는 사유
③ 협의가 성립되지 아니한 사유
④ 활용 계획
⑤ 유상관리 전환을 받으려는 경우에는 평정가격과 그 평정조서
⑥ 등기부 등본 및 측량·수로조사 및 지적에 관한 법률 제2조 제19호에 따른 지적공부

총괄청은 관리청이 없거나 분명하지 아니한 국유재산에 대하여 그 관리청을 지정하여야 하며, 관리청이 용도를 폐지함으로써 일반재산으로 된 국유재산에 대하여 필요하다고 인정하는 때에는 그 처리 방법을 지정하거나 이를 인계받아 직접 처리할 수 있다.

관리청이 없거나 분명하지 아니한 국유재산의 소관청을 지정받고자 할 때에는 다음 각 호의 서류를 구비하여 총괄청에 제출하여야 한다.

① 재산의 표시

② 사용 목적 또는 활용 계획

③ 각 관리청에 해당 재산의 소관 여부를 조회한 서류

④ 관리청이 없거나 분명하지 아니한지 여부를 조사한 서류

만약 2 이상의 관리청이 서로 소관청임을 주장하는 재산의 소관청을 지정받고자 할 때에는 재산을 표시한 서류 및 당해 재산이 자기의 소관임을 증명 또는 소명하는 자료와 다음 각 호의 사항을 기재한 서류를 총괄청에 제출하여야 한다.

① 재산의 표시

② 경합하는 관리청의 명칭

③ 해당 재산이 해당 관리청의 소관임을 증명하거나 소명하는 자료

④ 관리권 취득 경위, 관리 연혁 및 현재의 관리 실태

⑤ 활용 계획

⑥ 등기부 등본 및 측량·수로조사 및 지적에 관한 법률 제2조 제19호에 따른 지적공부

총괄청은 국유재산의 총괄에 관한 사무의 일부를 관리청 또는 지방자치단체의 장에게 위임하거나 정부출자기업체 또는 특별법에 의하여 설립된 법인에게 위탁할 수 있다. 이 때에는 그 뜻을 감사원과 당해 지방자치단체, 정부출자기업체 또는 특별법에 의하여 설립된 법인을 감독하는 중앙관서의 장에게 통지하여야 한다.

총괄청은 국유재산의 관리 상황을 감사하는 경우에는 미리 감사 계획을 수립하여 이를 관리청, 지방자치단체의 장, 정부출자기업체의 장 또는 특별법에 의하여 설립된 법인에게 통지한다.

국유재산의 관리와 처분에 관한 사항을 심의하기 위하여 총괄청에 국유재산정책심의위원회를 두며, 위원회는 위원장을 포함한 15명 이내의 위원으로 구성한다. 위원회의 위원장은 기획재정부 장관이 지명하는 기획재정부 차관과 위원 중에서 호선된 민간위원 1명이 공동으로 되고, 위원은 관계중앙행정기관의 소속 공무원과 국유재산 분야에 학식과 경험이 풍부한 자 중에서 기획재정부 장관이 임명 또는 위촉한다. 이 위원회의 심의 사항은

다음과 같다.

① 국유재산의 중요 정책 방향에 관한 사항

② 국유재산과 관련한 법령 및 제도의 개폐에 관한 사항

③ 국유재산 관리계획의 수립 및 변경에 관한 중요 사항

④ 총괄청의 관리 전환 결정 및 직권 용도 폐지에 관한 사항

⑤ 일반재산의 개발에 관한 사항

⑥ 현물출자에 관한 중요 사항

⑦ 그 밖에 국유재산의 관리·처분 업무와 관련하여 총괄청이 중요하다고 인정한 사항

Chapter 02

행정재산

제 1 절 관리사무의 위임

행정재산은 처분하지 못하며 사권(私權)을 설정하지 못한다. 다만, 관리청은 다음 각 호에 해당하는 경우 교환 또는 양여할 수 있다.

① 공유 또는 사유재산과 교환하여 그 교환받은 재산을 행정재산으로 관리하려는 경우

② 직접 공용 또는 공공용으로 사용하기 위하여 필요로 하는 지방자치단체에 양여하는 경우

상기의 제1호에 의하여 교환하는 경우에는 국유재산법 제54조 제2항 내지 제4항의 규정을 준용하고, 상기 제2호에 의하여 양여하는 경우에는 국유재산법 제55조 제2항, 제3항의 규정을 준용한다.

관리청은 소속 공무원을 그 소관에 속하는 행정재산의 관리에 관한 사무를 위임할 수 있으며, 그 위임을 받은 공무원의 사무의 일부를 분장하는 공무원을 둘 수 있고, 그 내용을 감사원에 통지하여야 한다.

관리청은 다른 관리청의 소속 공무원에게 그 소관에 속하는 행정재산의 관리에 관한 사무를 위임할 수 있는데, 이 때에는 위임받을 공무원 및 관직과 위임할 사무의 범위에 관하여 미리 당해 관리청의 의견을 들어 위임하

고, 그 뜻을 감사원에 통지하여야 한다.

관리청은 그 소관에 속하는 행정재산의 관리에 관한 사무의 일부를 지방자치단체의 장 또는 그 소속 공무원에게 위임할 수 있는데, 이 때에는 위임받을 공무원 및 관직과 위임할 사무의 범위에 관하여 미리 당해 지방자치단체를 감독하는 중앙관서의 장의 의견을 들어 위임하고, 그 뜻을 감사원에 통지하여야 한다. 국유재산 관리사무의 위임은 관리청이 당해 기관에 설치된 관직을 지정함으로써 이에 갈음할 수 있다.

제 2 절 국유재산의 관리위탁

관리청은 행정재산을 효율적으로 관리하기 위하여 필요한 경우에는 국가기관 외의 자에게 당해 재산의 관리를 위탁(이하 "관리위탁"이라 한다)할 수 있으며, 관리위탁(管理委託)을 받은 자는 미리 당해 관리청의 승인을 얻어 수탁재산의 일부를 사용·수익하거나 다른 사람으로 하여금 사용·수익하게 할 수 있다. 국유재산의 관리위탁 기간은 5년 이내로 하되, 이를 갱신할 수 있다. 이 경우 갱신 기간은 갱신할 때마다 5년 이내로 한다.

국유재산을 관리위탁할 때 당해 재산의 관리를 위하여 특별한 기술과 능력이 필요한 경우에는 그 기술과 능력을 갖추는 등 당해 재산을 관리하기에 적합한 자에게 관리위탁하여야 한다.

국유재산의 관리위탁은 다음 각 호의 사항을 명시한 한 계약서에 의하여야 한다.

① 재산의 표시
② 관리 수탁자의 성명 및 주소
③ 관리위탁 기간
④ 관리 수탁자의 권리 및 의무와 업무 범위
⑤ 위탁료·사용료 등 관리위탁에 따른 수입 및 지출에 관한 사항

관리위탁재산의 수탁자는 선량한 관리자로서의 주의 의무를 다하여 공

익 목적에 맞게 수탁재산을 관리하여야 하며, 수탁재산에 손해가 발생한 경우에는 지체없이 당해 재산의 관리청에 다음 사항을 명백히 하여 보고하여야 한다.

① 손해가 발생된 재산

② 손해의 발생 원인

③ 손해의 내용과 그 추정액

관리위탁재산의 수탁자는 수탁재산의 원형이 변경되는 대규모의 수리 또는 보수를 하고자 할 때에는 당해 재산의 관리청의 승인을 얻어야 한다. 다만, 긴급을 요하는 경우에는 필요한 최소한의 조치를 한 후 지체없이 그 내용을 관리청에 보고하여야 한다.

수탁재산을 사용·수익하는 자로부터 받는 사용료는 국유재산법시행령에서 정한 사용료율과 평가 방법에 의하여 산출된 금액을 기준으로 하되, 예상 수익을 참작하여 결정하며, 관리청은 1년을 단위로 수탁자에게 지급할 각종 지출이 수탁자로부터 받을 각종 수입을 초과하는 경우에는 그 차액을 수탁자에게 지급하여야 하고, 각종 수입이 각종 지출을 초과하는 경우에는 그 차액을 국고에 납입하게 하여야 한다.

국유재산의 수탁자는 수탁재산의 연간 관리 상황을 다음 연도 1월 31일까지 당해 재산의 관리청에 보고하여야 하며, 위탁재산의 관리청은 필요하다고 인정되는 경우에는 위탁재산의 관리 상황을 확인·조사하거나 수탁자로 하여금 이를 보고하게 할 수 있다.

제 3 절 국유재산의 사용·수익

1 사용·수익 허가

관리위탁 재산의 수탁자가 수탁재산의 일부를 사용·수익(使用·收益)하거나 다른 사람으로 하여금 사용·수익하게 하고자 하는 경우에는 관리위탁 기간 내에서 이를 하여야 하며, 이를 위하여 관리청의 승인을 얻고자 할 때에는 다음 각 호의 사항을 명백히 하여야 한다.

① 사용·수익자의 성명과 주소
② 사용·수익재산의 범위
③ 사용·수익의 목적, 방법 및 기간
④ 예상 수입액

행정재산은 그 용도 또는 목적에 장애가 되지 아니하는 범위 안에서 그 사용 또는 수익을 허가할 수 있으며, 행정재산의 사용·수익의 허가를 할 수 있는 경우는 다음 각 호와 같다.

① 공용·공공용·기업용 재산 - 그 용도나 목적에 장애가 되지 아니하는 범위
② 보존용 재산 - 보존 목적의 수행에 필요한 범위

상기의 사용 허가를 받은 자는 그 재산을 다른 사람에게 사용·수익하게 하여서는 아니 된다. 다만, 기부를 받은 재산에 대하여 사용 허가를 받은 자가 그 재산의 기부자이거나 그 상속인, 그 밖의 포괄승계인인 경우에는 관리청의 승인을 받아 다른 사람에게 사용·수익하게 할 수 있다. 그러나 단서의 경우에 관리청은 사용·수익이 그 용도나 목적에 장애가 되거나 원상회복이 어렵다고 인정되면 승인하여서는 아니 된다.

행정재산의 사용·수익 허가를 하는 경우에는 경쟁의 방법으로 사용·수익자를 결정하여야 한다.

다만, 다음 각 호의 1에 해당하는 경우에는 수의(隨意)의 방법으로 사용·수익자를 결정할 수 있다.

① 주거용으로 사용 허가를 하는 경우
② 경작용으로 실경작자에게 사용 허가를 하는 경우
③ 외교상 또는 국방상의 이유로 사용·수익 행위를 비밀리에 할 필요가 있는 경우
④ 천재지변이나 그 밖의 부득이한 사유가 발생하여 재해 복구나 구호의 목적으로 사용 허가를 하는 경우

⑤ 법 제34조 제1항 또는 다른 법률에 따라 사용료 면제의 대상이 되는 자에게 사용 허가를 하는 경우
⑥ 국가와 재산을 공유하는 자에게 국가의 지분에 해당하는 부분에 대하여 사용 허가를 하는 경우
⑦ 두 번에 걸쳐 유효한 입찰이 성립되지 아니한 경우
⑧ 그 밖에 재산의 위치・형태・용도 등이나 계약의 목적・성질 등으로 보아 경쟁입찰에 부치기 곤란하다고 인정되는 경우

상기의 경쟁의 방법으로 사용・수익자를 결정하고자 하는 경우에는 당해 재산의 사용료 예정가격 등 경쟁입찰(지명경쟁입찰 및 제한경쟁입찰을 포함한다)에 부치고자 하는 사항을 공고하고 사용・수익 허가 신청자에게 공고한 내용을 통지하여야 하며, 일반경쟁입찰을 두 번 실시하여도 낙찰되지 아니한 재산에 대하여는 세 번째 입찰부터 최초 사용료 예정가격의 100분의 20을 최저한도로 하여 매회 100분의 10의 금액만큼 그 예정가격을 낮추는 방법으로 조정할 수 있다.

경쟁입찰에 부치는 경우에는 총괄청이 지정・고시하는 정보처리 장치를 이용하여 입찰공고 및 개찰・낙찰 선언을 하여야 한다. 이 경우 관리청은 필요하다고 인정되는 때에는 일간신문 등에 게재하는 방법을 병행할 수 있다.

경쟁입찰시 공고를 하고자 할 때에는 대상 재산의 용도 또는 목적에 따라 다음 각 호의 사항을 구체적으로 밝혀야 한다.

① 사용 허가의 대상 재산 및 허가 기간에 관한 사항
② 입찰・개찰의 장소 및 일시에 관한 사항
③ 입찰 참가자의 자격에 관한 사항
④ 입찰보증금과 국고 귀속에 관한 사항
⑤ 입찰 무효에 관한 사항
⑥ 사용료의 예정가격 및 결정 방법에 관한 사항
⑦ 사용 허가 기간 만료시 갱신 여부에 관한 사항
⑧ 사용 허가 갱신 시 사용 허가 기간 및 사용료 결정 방법에 관한 사항
⑨ 그 밖에 입찰에 필요한 사항

사용·수익의 허가를 받은 자는 그 허가받은 재산상에 건물, 기타의 영구시설물을 축조하지 못한다. 다만, 관리청이 그 행정 또는 보존 목적의 수행에 필요하다고 인정하는 시설물의 기부를 전제로 한 축조는 그러하지 아니하다.

사용·수익의 허가를 받은 자는 허가 기간이 종료되거나 사용·수익 허가가 취소 또는 철회된 경우에는 당해 재산을 원상대로 반환하여야 한다. 다만, 관리청이 미리 원상의 변경을 승인한 경우에는 변경된 상태로 반환할 수 있다.

행정재산의 사용·수익 허가 기간은 5년 이내로 한다. 다만, 행정재산의 목적으로 기부채납한 재산에 대하여 기부자 또는 그 상속인, 기타의 포괄승계자에게 사용·수익을 허가하는 경우에는 사용료의 총액이 기부를 채납한 재산의 가액에 달하는 기간 이내로 한다.

허가 기간이 종료된 재산에 대하여 수의의 방법에 의하여 사용·수익 허가를 할 수 있는 경우에 한하여 종전의 허가 기간을 갱신할 수 있다. 이 경우 갱신 기간은 갱신할 때마다 상기의 규정에 의한 기간을 초과할 수 없다.

관리청은 그 소관에 속하는 국유재산에 관하여 사용허가부를 비치하고, 이에 다음 각 호의 사항을 기재하여야 한다.

① 재산의 표시
② 사용 목적
③ 사용 허가받은 자의 성명 및 주소
④ 허가 조건
⑤ 사용 허가 기간
⑥ 사용료
⑦ 허가일
⑧ 기부받은 재산에 대하여 사용 허가를 받은 자가 법 제30조 제2항 단서에 따라 관리청의 승인을 받아 다른 사람에게 해당 재산을 사용·수익하게 한 경우에는 그에 관한 사항

2 사용료 산출 방법

경쟁입찰로 사용 허가를 하는 경우 첫해의 사용료는 최고 입찰가로 결정하고, 2차 연도 이후 기간(사용 허가를 갱신하지 아니한 사용 허가 기간 중으로 한정한다)의 사용료는 다음의 계산식에 따라 산출한다.

[(입찰로 결정된 첫해의 사용료) × (국유재산법시행령 제29조 제2항에 따라 산출한 해당 연도의 재산가액) ÷ (입찰 당시의 재산가액)]

행정재산의 사용 · 수익을 허가한 때에는 다음의 요율과 산출 방법에 의하여 매년 사용료를 징수한다. 연간 사용료는 해당 재산가액에 1천분의 50 이상의 요율을 곱한 금액으로 하되, 월할 또는 일할 계산할 수 있다. 다만, 다음 각 호의 어느 하나에 해당하는 경우에는 해당 재산의 가액에 해당 요율을 곱한 금액으로 한다.

① 경작용인 경우: 1천분의 10 이상

② 주거용인 경우: 1천분의 20 이상(국민기초생활보장법 제2조 제2호에 따른 수급자가 주거용으로 사용하는 경우: 1천분의 10 이상)

③ 행정 목적의 수행에 사용하는 경우: 1천분의 25 이상

④ 공무원의 후생 목적으로 사용하는 경우: 1천분의 40 이상

상기의 규정에 따라 사용료를 계산할 때 해당 재산가액은 다음 각 호의 방법으로 산출한다. 이 경우 제1호 및 제2호 단서에 따른 재산가액은 허가기간 동안 연도마다 결정하고, 제2호 본문에 따른 재산가액은 감정평가일부터 3년 이내에만 적용할 수 있다. 다만 경작용으로 사용 허가하는 경우의 사용료는 제1항 제1호에 따라 산출한 사용료와 최근 공시된 해당 시 · 도의 농가별 단위 면적당 농업 총수입(서울특별시 · 인천광역시는 경기도, 대전광역시는 충청남도, 광주광역시는 전라남도, 대구광역시는 경상북도, 부산광역시 · 울산광역시는 경상남도의 통계를 각각 적용한다)의 10분의 1에 해당하는 금액 중 적은 금액으로 할 수 있다.

① 토지: 사용료 산출을 위한 재산가액 결정 당시의 개별 공시지가(부동산 가격공시 및 감정평가에 관한 법률 제11조에 따른 해당 토지의 개별 공시지가로 하며, 해당 토지의 개별 공시지가가 없으면 같은 법 제9조에 따른 공시지가를 기준으로 하여 산출한 금액을 말한다)를 적용한다.

② 토지 외의 재산 또는 집합건물의 구분소유권(대지사용권을 포함한다) : 하나의 감정평가법인의 평가액으로 한다. 다만, 건물을 10제곱미터 이하의 소규모 면적으로 사용 허가하는 경우에는 지방세법에 따른 시가표준액에 따른다.

건물을 사용 허가하는 경우 그 사용료는 건물가액과 부지가액을 더한 금액을 기준으로 산출하되, 건물가액과 부지가액은 다음 각 호의 계산식에 따라 산출된 면적을 기준으로 해당 재산의 가액을 계산한다.

① 건물면적: 사용 허가받은 자의 건물 전용면적+해당 건물의 총공용면적×(사용 허가받은 자의 건물 전용면적÷해당 건물의 총전용면적)

② 부지면적: 사용 허가받은 자의 부지 전용면적+해당 부지의 총공용면적×(사용 허가받은 자의 건물 전용면적÷해당 건물의 총전용면적)

상기의 규정에 의한 사용료는 이를 공개하여야 하며, 그 사용료 미만으로 응찰한 입찰서는 이를 무효로 한다.

국유재산의 사용료는 선납하여야 하며, 사용료의 납부 기한은 사용·수익 허가를 한 날부터 60일 이내로 하되, 사용·수익을 시작하기 전으로 한다. 다만, 부득이한 사유로 기한 내에 납부하기가 곤란하다고 인정되는 때에는 관리청은 그 납부 기한을 따로 정할 수 있다.

사용료는 분할 납부하게 할 수 있으며, 이 경우에는 사용료가 100만 원을 초과하는 경우에 한하여 연 4회 이내에서 분할 납부하게 할 수 있다. 이 경우 잔액에 대하여는 시중은행의 1년 만기 정기예금의 평균 수신 금리를 고려하여 총괄청이 고시하는 이자율을 적용하여 산출한 이자를 붙여야 하고, 연간 사용료가 1,000만 원 이상인 경우에는 사용·수익을 허가(허가 기간을 갱신하는 경우를 포함한다)할 때에 사용·수익 허가를 받는 자로 하여금 연간 사용료의 100분의 50에 해당하는 금액의 범위 안에서 보증금을 예치하게 하거나 이행보증 조치를 하도록 하여야 한다.

보존용 재산의 사용·수익을 허가하는 경우에 재산의 유지·보존을 위하여 특히 관리비가 소요되는 때에는 사용료에서 그 관리비 상당액을 공제하여 징수할 수 있으며, 당해 보존용 재산이 훼손된 때에는 공제된 관리비 상당액을 추징한다.

관리청은 동일인(상속인 그 밖의 포괄승계자는 피승계인과 동일인으로 본다)이 동일한 행정재산을 1년을 초과하여 계속 점유하거나 사용·수익하는 경우 당해 연도의 연간 사용료가 전년도의 연간 사용료보다 5퍼센트(경작용이거나 주거용일 때, 그 외는 9퍼센트) 이상 증가한 때에는 대통령령이 정하는 바에 따라 그 사용료를 조정할 수 있으며, 이는 다른 법률에 의한 사용료 또는 점용료의 납부 대상인 행정재산이 용도 폐지 등의 사유로 인하여 이 법에 의한 사용료 납부 대상으로 된 경우 그 사용료의 산출에 관하여 이를 준용한다.

3 사용료의 면제

행정재산의 사용·수익을 허가할 때 다음 각 호에 해당하는 경우에는 대통령령이 정하는 바에 의하여 그 사용료를 면제(免除)할 수 있다.

① 행정재산으로 할 목적으로 기부를 받은 재산에 대하여 기부자나 그 상속인, 그 밖의 포괄승계인에게 사용 허가하는 경우
② 행정재산을 직접 공용·공공용 또는 비영리 공익사업용으로 사용하려는 지방자치단체에 사용 허가하는 경우
③ 행정재산을 직접 비영리 공익사업용으로 사용하려는 대통령령으로 정하는 공공단체에 사용 허가하는 경우

상기 제1호에 의한 사용료의 면제는 사용료 총액이 기부채납한 재산의 가액에 달할 때까지로 할 수 있으나 20년을 넘을 수 없으며, 건물 기타 시설물의 기부를 채납한 경우에는 그 건물, 기타 시설물의 부지 사용료를 사용료 총액에 합산한다.

기부채납한 재산의 가액, 그 사용료 계산의 기준이 되는 재산의 가액과 사용료 총액에 합산할 부지 사용료 계산의 기준이 되는 부지의 가액은 국유재산법시행령 제29조 제2항의 규정을 준용하여 산출하되, 최초의 사용·수익 허가 당시를 기준으로 하여 결정한다.

상기 제3호에서 대통령령이 정하는 공공단체는 행정 목적을 수행하는 다음 각 호의 법인에 한한다.

① 법령에 따라 정부가 자본금의 전액을 출자하는 법인

② 법령에 따라 정부가 기본 재산의 전액을 출연하는 법인

사용·수익 허가를 받은 행정재산을 천재·지변이나 재난 및 안전관리 기본법 제3조 제1호의 규정에 의한 재난에 의하여 사용하지 못하게 되는 경우에는 그 사용하지 못한 기간에 대한 사용료를 면제할 수 있다.

4 사용·수익의 취소와 철회

관리청은 행정재산의 사용·수익 허가를 받은 자가 다음 각 호에 해당하는 경우에는 그 허가를 취소(取消) 또는 철회(撤回)할 수 있다.

① 거짓 진술을 하거나 부실한 증명서류를 제시하거나 그 밖에 부정한 방법으로 사용 허가를 받은 경우

② 사용 허가받은 재산을 국유재산법 제30조 제2항을 위반하여 다른 사람에게 사용·수익하게 한 경우

③ 해당 재산의 보존을 게을리하였거나 그 사용 목적을 위배한 경우

④ 납부 기한까지 사용료를 납부하지 아니하거나 국유재산법 제32조 제2항 후단에 따른 보증금 예치나 이행보증 조치를 하지 아니한 경우

⑤ 관리청의 승인 없이 사용 허가를 받은 재산의 원래 상태를 변경한 경우

관리청은 사용·수익을 허가한 행정재산을 국가 또는 지방자치단체가 직접 공용 또는 공공용으로 사용하기 위하여 필요로 하게 된 때에는 그 허가를 철회할 수 있으며, 그 철회로 인하여 당해 허가를 받은 자에게 손해가 발생한 때에는 그 재산을 사용할 기관은 대통령령이 정하는 바에 의하여

이를 보상한다.

관리청은 사용·수익 허가를 취소하거나 철회한 경우 그 재산이 기부를 채납한 재산으로서 기부를 채납한 재산에 대하여 사용·수익의 허가를 받은 자가 당해 재산의 기부자이거나 그 사용·수익권의 상속인, 기타 포괄승계자인 경우에는 관리청의 승인을 얻어 다른 사람으로 하여금 이를 사용·수익하는 자가 있는 때에는 그 사용·수익자에게 취소 또는 철회 사실을 통지하여야 한다.

사용·수익 허가의 철회로 인한 보상액은 다음 각 호와 같다.

① 사용 허가 철회 당시를 기준으로 아직 남은 허가 기간에 해당하는 시설비 또는 시설의 이전(수목의 이식을 포함한다)에 필요한 경비

② 사용 허가 철회에 따라 시설을 이전하거나 새로운 시설을 설치하게 되는 경우 그 기간 동안 영업을 할 수 없게 됨으로써 발생하는 손실에 대한 평가액

관리청은 행정재산의 사용·수익 허가를 취소 또는 철회하고자 하는 경우에는 청문을 실시하여야 한다.

5 가산금 및 용도 폐지

행정재산의 사용·수익 허가를 받은 자가 그 행정재산의 관리를 소홀히 하여 재산상의 손해를 발생하게 한 때에는 사용료 이외에 대통령령이 정하는 바에 의하여 그 사용료를 넘지 아니하는 범위 안에서 가산금(加算金)을 징수할 수 있으며, 이는 사용·수익 허가를 하는 때에 정하여야 한다.

가산금은 당해 관리청 또는 위임 또는 위탁을 받은 자가 징수하며, 가산금을 징수하는 때에는 그 금액·납부 기한, 납부 장소 및 가산금의 산출 근거를 명시하여 문서로 고지하여야 하고, 납부 기한은 통지일로부터 60일 내로 한다. 가산금을 기한 내에 납부하지 아니한 때에는 지체없이 체납처분에 필요한 조치를 하여야 한다.

또한 관리청은 다음 각 호의 경우에는 지체없이 그 용도를 폐지하여야

한다.

① 행정 목적으로 사용되지 아니하게 된 경우

② 행정재산으로 사용하기로 결정한 날부터 5년이 지난 날까지 행정재산으로 사용되지 아니한 경우

③ 국유재산법 제57조에 따라 개발하기 위하여 필요한 경우

관리청은 용도 폐지를 한 때에는 당해 재산을 지체없이 총괄청에 인계하여야 한다. 다만, 국유재산법 제8조 제3항 각 호의 1에 해당하는 재산의 경우는 그러하지 아니하다.

제 4 절 관리 전환

관리청이 다른 관리청의 소관에 속하는 국유재산의 관리 전환을 받고자 할 때에는 당해 관리청과 협의하여야 하며, 이 경우에는 당해 재산을 이관하는 관리청은 이관받는 관리청에 대하여 이를 관리 전환을 하기로 결정한 문서를 교부하고, 그 재산에 관한 기록을 이관하여야 한다. 다만, 협의가 성립되지 아니하는 때에는 총괄청이 결정한다.

서로 다른 회계·기금 간에 국유재산을 관리 전환하거나 그 사용을 승인하는 경우에는 유상으로 하여야 한다. 다만, 다음 각 호의 어느 하나에 해당하는 경우에는 무상으로 할 수 있다.

① 직접 도로, 하천, 항만, 공항, 철도, 공유수면, 그 밖의 공공용으로 사용하기 위하여 필요한 경우

② 다음 각 목의 어느 하나에 해당하는 사유로 관리청 간에 무상으로 관리 전환하기로 합의하는 경우

㉮ 관리 전환하려는 국유재산의 감정평가에 드는 비용이 해당 재산의 가액(價額)에 비하여 과다할 것으로 예상되는 경우

㉯ 상호 교환의 형식으로 관리 전환하는 경우로서 유상으로 관리 전환하는 데에 드는 예산을 확보하기가 곤란한 경우

서로 다른 회계 간에 국유재산을 관리전환하는 데 당해 재산가액의 결정에 관하여는 동법 시행령 제43조와 제44조의 규정을 준용하며, 이 경우 예정가격은 유상 관리 전환에서는 부동산 가격 공시 및 감정평가에 관한 법률에 의한 감정평가법인 중 1개 감정평가법인이 평가한 가액으로 하고, 무상 관리 전환에서는 국유재산의 대장에 기록된 가격으로 한다.

Chapter 03 일반재산

제 1 절 일반재산의 관리 · 처분

일반재산은 대부, 매각, 교환, 양여 또는 개발할 수 있으며, 일반재산은 관리계획에 따라 관리 · 처분한다. 다만, 다음 각 호에 해당하는 재산은 그 관리청이 관리 · 처분한다.

① 기업예산회계법 제3조의 규정에 의한 특별회계 및 기타 다른 법률에 의하여 설치된 특별회계 또는 예산회계법 제7조의 규정에 의한 기금에 속하는 재산

② 관리환 · 교환 또는 양여의 목적으로 용도를 폐지한 재산

③ 선박 · 부표 · 부잔교 · 부선거 및 항공기와 그 종물

④ 공항 · 항만 또는 공업단지 내의 재산으로서 그 시설 운영에 필요한 재산

⑤ 규정에 의하여 용도 폐지된 재산으로서 총괄청이 그 관리청으로 하여금 관리 · 처분하게 하도록 지정한 재산

그러나 관리청은 그 소관에 속하는 국유재산에 관하여 등기 · 등록, 기타 권리 보전에 필요한 조치를 한 후가 아니면 이를 처분할 수 없으며, 만약 필요한 조치를 하지 아니한 국유재산을 처분하고자 할 때에는 총괄청으로

부터 관리청지정서 또는 재정서를 교부받아야 한다.

총괄청은 일반재산을 행정재산으로 전환하여 관리할 수 있으며, 이 때에는 관리청은 그 행정재산의 용도에 관하여 의견을 제시할 수 있고, 그 용도의 폐지를 총괄청에 요청할 수 있다.

총괄청은 대통령령으로 정하는 바에 따라 일반재산의 관리·처분에 관한 사무의 일부를 총괄청 소속 공무원, 관리청 또는 그 소속 공무원, 지방자치단체의 장 또는 그 소속 공무원에게 위임하거나 정부출자기업체, 금융기관, 투자매매업자·투자중개업자 또는 특별법에 따라 설립된 법인으로서 대통령령으로 정하는 자에게 위탁할 수 있다. 다만, 다음 각 호에 해당하는 재산의 경우에는 한국자산관리공사 또는 한국토지주택공사에 관리·처분을 위탁할 수 있다.

① 국세물납에 따라 취득한 일반재산 중 총괄청이 지정하는 재산
② 국유재산법 제79조에 따른 청산법인의 청산이 종결됨에 따라 국가에 현물 증여되는 재산
③ 국유재산법 제59조에 따라 개발하려는 재산(법 제42조 제3항에 따라 관리청이 소관 일반재산을 개발하기 위하여 위탁하는 경우를 포함)
④ 그 밖에 재산의 특성상 시·도지사가 직접 관리·처분하기 곤란하다고 인정하여 총괄청이 지정하는 재산

일반재산의 관리·처분에 관한 사무를 위임받은 자는 그 대부료, 매각대금, 신탁수입 또는 변상금을 징수한 날로부터 10일 내에 국고에 납입하여야 하며, 당해 사무의 집행시에 이를 위임 또는 위탁한 총괄청 또는 관리청의 감독을 받는다. 이 경우 총괄청 또는 관리청은 위임 또는 위탁받은 자가 당해 사무를 부적절하게 집행하고 있다고 인정되는 때에는 그 위임 또는 위탁을 철회할 수 있다.

총괄청은 증권의 처분을 관리청이나 다음 각 호의 어느 하나에 해당하는 자에게 위탁할 수 있다.

① 해당 증권을 발행한 법인
② 은행법에 따른 금융기관
③ 자본시장과 금융투자업에 관한 법률에 따른 투자매매업자, 투자중개

업자 및 집합투자업자
④ 예금보험공사
⑤ 중소기업은행
⑥ 한국산업은행
⑦ 한국수출입은행
⑧ 한국은행

제 2 절 계약의 방법

일반재산을 처분하는 계약을 체결할 경우에는 그 뜻을 공고하여 일반경쟁에 부쳐야 한다. 다만, 계약의 목적·성질·규모 등을 고려하여 필요하다고 인정되면 대통령령으로 정하는 바에 따라 참가자의 자격을 제한하거나 참가자를 지명하여 경쟁에 부치거나 수의계약으로 할 수 있으며, 증권인 경우에는 대통령령으로 정하는 방법에 따를 수 있다.

일반재산은 다음 각 호의 경우에는 지명경쟁 또는 제한경쟁에 부쳐 이를 처분할 수 있다.

① 토지의 용도 등을 고려할 때 해당 재산에 인접한 토지의 소유자를 지명하여 경쟁에 부칠 필요가 있는 경우
② 농경지의 경우에 특별자치도지사·시장·군수 또는 구청장(자치구의 구청장을 말한다)이 인정하는 실경작자를 지명하거나 이들을 입찰에 참가할 수 있는 자로 제한하여 경쟁에 부칠 필요가 있는 경우
③ 국유재산법 제49조에 따라 용도를 지정하여 매각하는 경우
④ 다음의 각 호에 따른 수의계약 신청이 경합하는 경우
㉮ 정부출자기업체의 주주 등 출자자에게 해당 기업체의 지분증권을 매각하는 경우
㉯ 금융기관, 보험회사, 자본시장과 금융투자업에 관한 법률에 따른 투자매매업자, 투자중개업자 및 집합투자업자에게 증권을 매각하

거나 그 매각을 위탁 또는 대행하게 하는 경우

㉰ 법률에 따라 설치된 기금을 관리·운용하는 법인에 지분증권을 매각하는 경우

㉱ 정부출자기업체의 지분증권을 해당 기업체의 경영 효율을 높이기 위하여 해당 기업체의 업무와 관련이 있는 법인·조합 또는 단체로서 기획재정부 장관이 고시하는 법인·조합 또는 단체에 매각하는 경우

또한 일반재산은 다음 각 호의 경우에는 수의계약에 의하여 이를 처분할 수 있다.

① 외교상 또는 국방상의 이유로 비밀리에 처분할 필요가 있는 경우

② 천재지변이나 그 밖의 부득이한 사유가 발생하여 재해 복구나 구호의 목적으로 재산을 처분하는 경우

③ 해당 재산을 양여받거나 무상으로 대부받을 수 있는 자에게 그 재산을 매각하는 경우

④ 지방자치단체 또는 공공기관의 운영에 관한 법률 제4조에 따른 공공기관이 직접 사용할 재산을 처분하는 경우

⑤ 인구 분산을 위한 정착사업에 필요하여 재산을 처분하는 경우

⑥ 정부출자기업체의 주주 등 출자자에게 해당 기업체의 지분증권을 매각하는 경우

⑦ 다음 각 목의 어느 하나에 해당하는 자에게 증권을 매각하거나 그 매각을 위탁 또는 대행하게 하는 경우

㉮ 자본시장과 금융투자업에 관한 법률에 따른 투자매매업자, 투자중개업자 및 집합투자업자

㉯ 은행법 제2조 제1항 제2호에 따른 금융기관

㉰ 보험업법에 따른 보험회사

⑧ 법률에 따라 설치된 기금을 관리·운용하는 법인에 지분증권을 매각하는 경우

⑨ 정부출자기업체의 지분증권을 해당 기업체의 경영 효율을 높이기 위하여 해당 기업체의 업무와 관련이 있는 법인·조합 또는 단체로서

기획재정부 장관이 고시하는 법인·조합 또는 단체에 매각하는 경우

⑩ 근로자복지기본법에 따른 우리사주조합에 가입한 자에게 정부출자기업체의 지분증권을 매각하는 경우

⑪ 두 번에 걸쳐 유효한 입찰이 성립되지 아니하거나 뚜렷하게 국가에 유리한 가격으로 계약할 수 있는 경우

⑫ 재산의 위치·형태·용도 등이나 계약의 목적·성질 등으로 보아 경쟁에 부치기 곤란한 경우

상기의 우리사주조합원에게 지분증권을 수의계약으로 매각하는 경우 우리사주조합원이 이미 소유한 지분증권과 수의계약으로 취득할 지분증권의 합계는 해당 정부출자기업체의 지분증권 발행 총수의 100분의 20을 초과하지 아니하여야 한다.

경쟁입찰, 지명경쟁 및 제한경쟁에 부치는 경우에는 총괄청이 지정·고시하는 정보 처리장치를 이용하여 입찰공고, 개찰, 낙찰 선언을 한다. 이 경우 관리청은 필요하다고 인정하는 경우 일간신문 등에 게재하는 방법을 병행할 수 있다.

증권을 제외한 일반재산을 처분할 때에는 시가를 고려하여 해당 재산의 예정가격을 결정하여야 한다. 이 경우 예정가격의 결정 방법은 다음 각 호와 같다.

① 대장가격이 3천만 원 이상인 경우(제2호의 경우는 제외한다) - 두 개의 감정평가법인의 평가액을 산술 평균한 금액

② 대장가격이 3천만 원 미만인 경우나 지방자치단체 또는 공공기관에 처분하는 경우 - 하나의 감정평가법인의 평가액

상기의 감정평가법인의 평가액은 평가일부터 1년이 지나면 적용할 수 없으며 예정가격은 공개하여야 한다. 관리청은 증권을 제외한 일반재산에 대하여 일반경쟁입찰을 두 번 실시하여도 낙찰되지 아니한 재산에 대해서는 세 번째 입찰부터 최초 매각 예정가격의 100분의 80(다음 각 호의 어느 하나에 해당하는 경우에는 100분의 50을 말한다)을 최저한도로 하여 매회 100분의 10의 금액만큼 그 예정가격을 낮출 수 있다.

① 국가가 활용할 가치가 없는 재산으로서 법 제9조 제4항 제3호에 따른

기준에서 정한 일반재산을 매각하는 경우

② 국유재산법시행령 제38조 제1항 각 호 외의 부분 단서에 따라 한국자산관리공사에 위탁한 증권을 매각하는 경우

일반재산을 국유재산법 제45조에 따라 개척·매립·간척 또는 조림하거나 그 밖에 정당한 사유로 점유하고 개량한 자에게 해당 재산을 매각하는 경우에는 매각 당시의 개량한 상태의 가격에서 개량비 상당액을 뺀 금액을 매각대금으로 한다. 다만, 매각을 위한 평가일 현재 개량하지 아니한 상태의 가액이 개량비 상당액을 빼고 남은 금액을 초과하는 경우에는 그 가액 이상으로 매각대금을 결정하여야 한다.

경쟁입찰공고, 지명경쟁입찰공고 또는 제한경쟁입찰공고를 하고자 하는 때에는 다음 각 호의 사항을 명백히 하여야 한다.

① 처분의 대상 재산에 관한 사항

② 입찰·개찰의 장소 및 일시에 관한 사항

③ 입찰 참가자의 자격에 관한 사항

④ 입찰보증금과 국고 귀속에 관한 사항

⑤ 입찰 무효에 관한 사항

⑥ 매각 예정가격 및 매각대금 결정 방법에 관한 사항

⑦ 그 밖에 입찰에 필요한 사항

상장법인이 발행한 주권을 처분할 때에는 그 예정가격은 다음 각 호의 어느 하나에 해당하는 가격 이상으로 한다.

① 평가 기준일 전 1년 이내의 최근에 거래된 30일간의 증권시장에서의 최종 시세가액을 가중 산술 평균하여 산출한 가액으로 하되, 거래 실적이 있는 날이 30일 미만일 때에는 거래된 날의 증권시장의 최종 시세가액을 가중 산술 평균한 가액과 국유재산법시행령 제44조 제1항의 방법에 따른 가액을 고려하여 산출한 가격. 다만, 경쟁입찰의 방법으로 처분하거나 자본시장과 금융투자업에 관한 법률 제9조 제9항에 따른 매출의 방법으로 처분하는 경우에는 평가 기준일 전 1년 이내의 최근에 거래된 30일간(거래 실적이 있는 날이 30일 미만인 경우에는 거래된 날)의 증권시장에서의 최종 시세가액을 가중 산술 평균한 가

액과 제44조 제1항의 방법에 따른 가액을 고려하여 산출한 가격으로 할 수 있다.

② 국유재산법시행령 제41조 제3호에 따라 공개 매수에 응모하는 경우에는 그 공개 매수 가격

③ 국유재산법시행령 제41조 제4호에 따라 주식매수청구권을 행사하는 경우에는 자본시장과 금융투자업에 관한 법률 제165조의 5에 따라 산출한 가격

④ 국유재산법시행령 제41조 제5호에 따라 매각가격을 특정할 수 있는 경우에는 그 가격

상기 이외의 상장증권은 평가 기준일 전 1년 이내의 최근에 거래된 증권시장에서의 시세가격 및 수익률 등을 고려하여 산출한 가격 이상으로 하며, 상기의 규정에도 불구하고 상장증권을 증권시장 또는 기획재정부 장관이 가격 결정의 공정성이 있다고 인정하여 고시하는 시장을 통하여 매각할 때에는 예정가격 없이 그 시장에서 형성되는 시세가격에 따른다.

또한 비상장법인이 발행한 지분증권을 처분할 때에는 그 예정가격은 기획재정부령으로 정하는 산출 방식에 따라 비상장법인의 자산가치, 수익가치 및 상대가치를 고려하여 산출한 가격 이상으로 한다. 다만, 기획재정부령으로 정하는 경우에는 수익가치나 상대가치를 고려하지 아니할 수 있다.

총괄청이나 관리청등은 증권의 처분가격을 산출할 때 필요하면 다음 각 호의 평가기관에 의뢰하여 그 평가액을 고려할 수 있다.

① 감정평가법인

② 신용정보의 이용 및 보호에 관한 법률에 따른 신용평가회사

③ 공인회계사법에 따른 회계법인

제 3 절 대부, 매각 및 양여 예약

일반재산은 개척, 매립, 간척 또는 조림사업을 시행하기 위하여 그 사업

의 완성을 조건으로 대부, 매각 또는 양여를 예약할 수 있으며, 예약 기간은 계약일로부터 10년 이내로 정하여야 한다. 다만, 천재·지변, 기타 부득이한 사유가 있는 경우에 한하여 당해 관리청은 총괄청과 협의하여 5년 이내의 범위 안에서 예약 기간을 연장할 수 있다. 예약을 한 자는 계약일로부터 1년 내에 그 사업에 착수하여야 한다.

예약 상대방은 당해 사업 기간 중 예약된 재산 또는 사업의 기성 부분을 무상으로 사용하거나 수익할 수 있으며, 예약 상대방이 지정된 기한 내에 사업에 착수하지 아니하거나 그 사업을 완성할 수 없다고 인정되는 때에는 당해 예약을 해제 또는 해지할 수 있고, 이 경우에 사업의 일부가 이미 완성한 때에는 공익상 지장이 없다고 인정되는 경우에 한하여 그 기성 부분의 전부 또는 일부를 예약 상대방에게 대부·매각 또는 양여할 수 있다.

관리청 및 일반재산의 관리·처분에 관한 사무를 위임 또는 위탁받은 자가 당해 재산의 매각 또는 양여를 예약하고자 할 때에는 총괄청과 협의하여야 한다.

1 대 부

일반재산의 대부 기간은 다음 각 호의 기간 이내로 한다.

① 조림을 목적으로 하는 토지와 그 정착물: 10년

② 제1호 이외의 토지와 그 정착물: 5년

③ 그 밖의 재산: 1년

상기의 대부 기간이 끝난 재산에 대하여 다음 각 호의 경우를 제외하고는 그 대부 기간을 초과하지 아니하는 범위에서 종전의 대부계약을 갱신할 수 있다. 다만, 수의계약의 방법으로 대부할 수 있는 경우가 아니면 1회만 갱신할 수 있다. 갱신을 받으려는 자는 대부 기간이 끝나기 1개월 전에 관리청 등에 신청하여야 한다.

① 대부재산을 국가나 지방자치단체가 법 제6조 제2항 각 호의 용도로 사용하기 위하여 필요한 경우

② 국유재산법 제36조 제1항 각 호의 어느 하나에 해당하는 경우
③ 대부계약 조건을 위반한 경우

2 매 각

일반재산은 다음 각 호의 어느 하나에 해당하는 경우에 매각할 수 있다.
① 다른 법률에 따라 특정 사업을 위하여 불가피한 경우
② 문화시설·공원 등 공공 사용을 목적으로 하여 대통령령으로 정하는 공익사업을 위하여 필요한 경우
③ 특별회계나 기금 소관 재산으로 그 회계나 기금의 설치 목적을 고려하여 대통령령으로 정한 경우
④ 재산의 위치·규모·형태나 정책 목적 등을 고려할 때 국가가 보존·관리하는 것이 적합하지 아니하거나 활용할 가치가 없는 경우

상기의 제2호에서 "대통령령으로 정하는 공익사업"이란 공익사업을 위한 토지 등의 취득 및 보상에 관한 법률 제4조에 해당하는 사업이나 이와 유사한 공익 목적의 사업을 말하며, 제3호에서 "대통령령으로 정한 경우"란 특별회계의 세입 또는 기금의 재원으로 할 수 있는 재산으로서 그 특별회계 또는 그 기금의 운용과 관련한 계획에 따라 매각할 필요가 있는 경우를 말한다.

일반재산의 매각대금은 계약 체결일로부터 60일 내에 일시에 전액을 납부하여야 한다. 다만, 다음 각 호의 경우에는 납부 기간을 연장할 수 있다.
① 천재지변이나 재난 및 안전관리기본법 제3조 제1호에 따른 재난으로 매수인에게 책임을 물을 수 없는 사고가 발생한 경우
② 국가의 필요에 따라 국가가 매각재산을 일정 기간 계속하여 점유·사용할 목적으로 재산 인도일과 매각대금의 납부 기간을 계약 시에 따로 정하는 경우

일반재산의 매각대금을 한꺼번에 납부하도록 하는 것이 곤란하다고 인정되어 상기의 1호와 2호의 경우에는 매각 대금 잔금에 1년 만기 정기예금

금리 수준을 고려한 고시 이자율을 적용하여 산출한 이자를 붙여 20년 이내에 걸쳐 나누어 내게 할 수 있다.

일반재산의 매각대금이 1천만 원을 초과하는 경우에는 그 매각대금을 3년 이내의 기간에 걸쳐 나누어 내게 할 수 있으며, 다음 각 호의 경우에는 매각대금을 5년 이내의 기간에 걸쳐 분할 납부하게 할 수 있다.

① 지방자치단체가 직접 공용 또는 공공용으로 사용하려는 재산을 해당 지방자치단체에 매각하는 경우

② 국유재산법시행령 제33조에 따른 공공단체가 직접 비영리공익사업용으로 사용하려는 재산을 해당 공공단체에 매각하는 경우

③ 1989년 1월 24일 이전부터 사유건물로 점유·사용되고 있는 토지와 종전의 특정 건축물 정리에 관한 특별조치법(법률 제3533호로 제정된 것, 법률 제6253호로 제정된 것, 법률 제7698호로 제정된 것을 말한다)에 따라 준공 인가를 받은 건물로 점유·사용되고 있는 토지를 해당 점유·사용자에게 매각하는 경우

④ 도시 및 주거환경정비법 제2조 제2호 나목에 따른 주택재개발사업을 시행하기 위한 정비구역에 있는 토지로서 시·도지사가 같은 법에 따라 주택재개발사업의 시행을 위하여 정하는 기준에 해당하는 사유건물로 점유·사용되고 있는 토지를 주택재개발사업 시행 인가 당시의 점유·사용자로부터 같은 법 제10조에 따라 그 권리·의무를 승계한 자에게 매각하는 경우(해당 토지가 같은 법 제2조 제4호에 따른 정비기반시설의 설치 예정지에 해당되어 그 토지의 점유·사용자로부터 같은 법 제10조에 따라 권리·의무를 승계한 자에게 그 정비구역의 다른 국유지를 매각하는 경우를 포함한다)

⑤ 전통시장 및 상점가 육성을 위한 특별법 제31조에 따른 시장정비사업 시행구역의 토지 중 사유건물로 점유·사용되고 있는 토지를 그 점유·사용자에게 매각하는 경우

⑥ 벤처기업 육성에 관한 특별조치법 제19조 제1항에 따라 벤처기업 집적시설의 개발 또는 설치와 그 운영을 위하여 필요한 토지를 벤처기업 집적시설의 설치·운영자에게 매각하는 경우

⑦ 산업기술단지 지원에 관한 특례법 제10조 제1항에 따른 산업기술단지의 조성에 필요한 토지를 사업 시행자에게 매각하는 경우
⑧ 국가가 매각재산을 일정 기간 계속하여 점유·사용하는 경우

한편, 다음 각 호의 경우에는 일반재산의 매각대금을 10년 이내의 기간에 걸쳐 분할 납부하게 할 수 있다.

① 농지법 제30조에 따른 농업진흥지역의 농지 중 군지역 및 도농 복합형태의 시의 읍·면지역에 위치한 1만 제곱미터 이하의 농지를 실경작자에게 매각하는 경우
② 도시개발법 제3조에 따른 도시개발구역에 있는 토지로서 도시개발사업에 필요한 토지를 해당 사업의 시행자(같은 법 제11조 제1항 제7호에 따른 수도권 외의 지역으로 이전하는 법인만 해당한다)에게 매각하는 경우
③ 지방자치단체가 산업입지 및 개발에 관한 법률에 따른 산업단지의 조성에 사용하려는 재산을 해당 지방자치단체에 매각하는 경우

또한 다음 각 호의 어느 하나에 해당하는 경우에는 일반재산의 매각대금을 20년 이내의 기간에 걸쳐 분할 납부하게 할 수 있다.

① 도시 및 주거환경정비법 제2조 제2호 나목에 따른 주택재개발사업을 시행하기 위한 정비구역에 있는 토지로서 제2항 제4호에 따른 사유건물로 점유·사용되고 있는 토지를 주택재개발사업 시행 인가 당시의 점유·사용자에게 매각하는 경우(해당 토지가 같은 법 제2조 제4호에 따른 정비기반시설의 설치 예정지에 해당되어 그 토지의 점유·사용자에게 그 정비구역의 다른 국유지를 매각하는 경우를 포함한다)
② 다음 각 목의 어느 하나에 해당하는 경우로서 국무회의의 심의를 거쳐 대통령의 승인을 받은 경우
  ㉮ 일반재산의 매각이 인구의 분산을 위한 정착사업에 필요하다고 인정되는 경우
  ㉯ 천재지변이나 재난 및 안전관리기본법 제3조 제1호에 따른 재난으

로 인하여 일반재산의 매각이 부득이하다고 인정되는 경우

일반재산을 매각한 경우에 다음 각 호에 해당하는 사유가 있는 때에는 그 계약을 해제할 수 있다.

① 매수자가 매각대금을 체납한 경우
② 매수자가 거짓 진술을 하거나 부실한 증명서류를 제시하거나 그 밖의 부정한 방법으로 매수한 경우
③ 국유재산법 제49조에 따라 용도를 지정하여 매각한 경우에 매수자가 지정된 날짜가 지나도 그 용도에 사용하지 아니하거나 지정된 용도에 제공한 후 지정된 기간에 그 용도를 폐지한 경우

일반재산의 매각계약이 해제된 경우 그 재산에 설치된 건물이나 그 밖의 물건을 관리청이 국유재산법 제44조에 따라 결정한 가격으로 매수할 것을 알린 경우 그 소유자는 정당한 사유 없이 그 매수를 거절하지 못한다.

일반재산을 매수하려는 자는 관리청 등에 신청서를 제출하여야 하며, 매각대금을 나누어 내려는 자는 관리청 등에 분할납부신청서를 매매계약 체결 시까지 제출하여야 한다. 그리고 관리청 등이 일반재산을 매각할 때에는 국유재산 매매계약서를 작성하여야 한다. 다만, 증권을 매각하는 경우에는 국유재산 매매계약서를 다르게 작성하거나 생략할 수 있다.

3 교 환

다음 각 호의 어느 하나에 해당하는 경우에는 일반재산인 토지·건물, 그 밖의 토지의 정착물과 공유 또는 사유재산인 토지·건물, 그 밖의 토지의 정착물을 교환할 수 있다.

① 국가가 직접 행정재산으로 사용하기 위하여 필요한 경우
② 소규모 일반재산을 한 곳에 모아 관리함으로써 재산의 효용성을 높이기 위하여 필요한 경우
③ 일반재산의 가치와 이용도를 높이기 위하여 필요한 경우로서 매각 등 다른 방법으로 해당 재산의 처분이 곤란한 경우

상기의 교환하는 재산은 공유재산과 교환하거나 국유재산법 제9조 제4항 제3호의 기준에서 정하는 부득이한 사유가 있는 경우를 제외하고는 서로 유사한 재산이어야 하며, 교환하는 재산 한쪽의 가격이 다른 쪽의 가격의 4분의 3 미만인 때에는 이를 교환하여서는 아니 된다. 다만, 소규모 일반재산을 한 곳에 모아 관리함으로써 재산의 효용성을 높이기 위하여 필요한 경우에는 교환하는 재산 한쪽의 가격이 다른 쪽의 가격의 2분의 1 이상이면 교환할 수 있다.

교환에서 쌍방의 가격이 동일하지 아니한 때에는 그 차액을 금전으로 대납하여야 하며, 관리청은 일반재산을 교환하고자 할 때에는 그 내용을 감사원에 보고하여야 한다.

관리청 등이 일반재산을 교환할 때에는 국유재산법시행령 제57조 제3항에 따라 다음 각 호의 사항을 명백히 하고, 그 적정 여부를 확인하여야 한다. 이 경우 관리청은 전자정부법 제21조 제1항에 따른 행정정보의 공동 이용을 통하여 해당 재산의 등기부 등본, 건축물대장, 토지대장, 임야대장, 지적도, 임야도를 확인하여야 한다.

① 재산의 표시
② 교환 목적
③ 교환 대상자의 성명 및 주소
④ 평정가격과 그 평정조서
⑤ 교환자금과 그 결제 방법
⑥ 교환 조건
⑦ 등기부 등본 및 지적법 제2조 제1호의 지적공부(법 42조 제1항에 따라 일반재산의 관리·처분에 관한 사무를 위탁받은 자에게 제출하는 경우로 한정한다)
⑧ 교환으로 취득하려는 재산이 환지 예정지인 경우에는 환지 예정지로 확정된 것을 증명하는 서류
⑨ 건축물 현황도 등 필요한 도면
⑩ 교환으로 취득할 재산의 토지이용계획 확인서

4 양 여

일반재산은 다음 각 호의 어느 하나에 해당하는 경우에는 이를 양여할 수 있으며, 양여시에는 양여계약서를 작성하여야 한다.

① 일반재산을 직접 공용이나 공공용으로 사용하려는 지방자치단체에 양여하는 경우
② 지방자치단체나 대통령령으로 정하는 공공단체가 유지·보존비용을 부담한 공공용 재산이 용도 폐지됨으로써 일반재산이 되는 경우에 해당 재산을 그 부담한 비용의 범위에서 해당 지방자치단체나 공공단체에 양여하는 경우
③ 행정재산을 용도 폐지하는 경우 그 용도에 사용될 대체시설을 제공한 자 또는 그 상속인, 그 밖의 포괄승계인에게 그 부담한 비용의 범위에서 용도 폐지된 재산을 양여하는 경우
④ 국가가 보존·활용할 필요가 없고 대부·매각이나 교환이 곤란한 재산을 양여하는 경우

상기 제1호의 규정에 의하여 양여를 받은 재산이 10년 내에 양여 목적과 달리 사용되었을 때에는 그 양여를 취소할 수 있다.

총괄청은 국유재산의 효율적인 관리와 처분을 위하여 필요하다고 인정하는 때에는 일정한 범위를 정하여 일반재산을 지방자치단체에 일괄하여 양여할 수 있으며, 이 때에는 총괄청은 당해 지방자치단체에 대하여 그 재산의 관리와 처분에 관한 자료의 제출을 요구하거나 기타 필요한 조치를 하게 할 수 있다.

행정재산의 용도를 폐지한 경우에 그 용도에 사용될 대체시설을 제공한 자 또는 그 상속인, 그 밖의 포괄승계인에게 그 부담한 비용의 범위에서 용도 폐지된 재산을 양여하는 경우에는 대체시설을 제공한 자나 그 상속인, 또는 그 밖의 포괄승계인으로부터 그 대체시설을 기부받은 후가 아니면 양여할 수 없다.

지방자치단체가 국유재산의 일괄양여를 총괄청에 신청하고자 할 때에는 다음 각 호의 사항을 명백히 하여야 한다.

① 재산의 표시

② 양여 목적 또는 양여 사유

③ 활용계획

④ 양여 조건

⑤ 그 밖의 참고 사항

5 개 발

일반재산은 다음 각 호의 사항을 고려하여 개발(건축법 제2조에 따른 건축, 대수선, 리모델링 등을 말한다)하여 대부·분양할 수 있다.

① 재정수입의 증대 등 재정관리의 건전성

② 공공시설의 확보 등 공공의 편익성

③ 주변 환경의 개선 등 지역 발전의 기여도

④ 그 밖에 국가 행정 목적 달성을 위한 필요성

일반재산은 대통령령으로 정하는 바에 따라 부동산 신탁을 취급하는 신탁업자에게 신탁하여 개발할 수 있으며, 관리청이 개발하려는 경우에는 신탁업자의 선정, 신탁 기간, 신탁보수, 자금차입의 한도, 시설물의 용도 등에 대하여 대통령령으로 정하는 바에 따라 총괄청과 협의하여야 한다. 협의된 사항 중 대통령령으로 정하는 중요 사항을 변경하려는 경우에도 또한 같다.

일반재산의 관리·처분에 관한 사무를 위탁받은 자(이하 "수탁자"라 한다)는 위탁받은 일반재산을 개발할 수 있으며, 수탁자가 개발하려는 경우에는 위탁 기간, 위탁보수, 자금 차입의 한도, 시설물의 용도 등에 대하여 대통령령으로 정하는 바에 따라 총괄청이나 관리청의 승인을 받아야 한다. 승인받은 사항 중 대통령령으로 정하는 중요 사항을 변경하려는 경우에도 또한 같다.

6 현물출자

정부는 다음 각 호의 어느 하나에 해당하는 경우에는 일반재산을 현물출자할 수 있다.

① 정부출자기업체를 새로 설립하려는 경우

② 정부출자기업체의 고유 목적사업을 원활히 수행하기 위하여 자본의 확충이 필요한 경우

③ 정부출자기업체의 운영 체제와 경영구조의 개편을 위하여 필요한 경우

정부출자기업체는 현물출자를 받으려는 때에는 다음 각 호의 서류를 붙여 관계 법령에 따라 해당 정부출자기업체의 업무를 관장하는 행정기관의 장에 신청하여야 한다.

① 현물출자의 필요성

② 출자재산의 규모와 명세

③ 출자재산의 가격평가서

④ 재무제표 및 경영 현황

⑤ 사업계획서

Chapter 04

국유재산의 정리

제 1 절 재산대장 정비

관리청 등은 국유재산의 구분과 종류에 따라 그 소관에 속하는 국유재산의 대장·등기부등본과 도면을 비치하여야 한다. 이 경우 국유재산의 대장은 전산 자료로 대신할 수 있다.

관리청 등은 매년 그 소관에 속하는 국유재산의 실태를 조사하여 각종 대장을 정비하여야 하며, 총괄청은 관리청별로 국유재산에 관한 총괄부를 비치하여 그 상황을 명백히 하여야 한다. 이 경우 총괄부는 전산 자료로 대신할 수 있다.

관리청 등은 국유재산의 취득, 관리 전환, 처분 및 그 밖의 사유로 증감·이동이 있을 때에는 지체없이 그 내용을 대장에 적고, 부속 도면을 정리하여야 한다. 특별자치도지사·시장·군수 또는 구청장은 국유인 토지 및 임야에 대한 지적 정리를 하였을 때에는 그 사실을 지체없이 해당 관리청 등에 통지하여야 한다.

관리청 등은 그 소관에 속하는 국유재산에 관하여 국유재산관리운용보고서를 작성하여 다음 연도 2월 말일까지 총괄청에 제출하여야 한다. 이 경우 국유재산관리운용보고서에 포함되어야 할 사항은 대통령령으로 정한다. 총괄청은 국유재산관리운용보고서를 통합하여 국유재산관리운용총보고서를 작성하여야 하며, 총괄청은 국유재산관리운용총보고서를 다음 연도 4월 10일까지 감사원에 제출하여 검사를 받아야 한다. 총괄청은 감사원의 검사를 받은 국유재산관리운용총보고서와 감사원의 검사보고서를 다음 연도 5월 31일까지 국회에 제출하여야 한다.

상기의 국유재산관리운용보고서에 포함되어야 할 사항은 다음 각 호와 같다.

① 국유재산의 취득 및 처분 현황
② 연도 말 국유재산의 보유 현황
③ 그 밖에 국유재산의 관리·처분 업무와 관련하여 관리청이 중요하다고 인정하는 사항

국유재산의 가격평가 등 회계 처리는 국가회계법 제11조에 따른 국가회계 기준에서 정하는 바에 따른다.

관리청 등은 국유재산의 특성 및 이용 상태 등을 고려하여 실태조사 대상재산을 선정하고, 해당 국유재산에 대해서는 1년에 한 번 이상 실태조사를 하여야 한다. 이 경우 실태조사할 내용은 다음 각 호와 같다.

① 재산 등기 및 지적 현황
② 주위 환경
③ 이용 현황
④ 그 밖에 재산의 보존·관리 등에 필요한 사항

제 2 절 변상 책임 등

관리청 등은 무단 점유자에 대하여 대통령령으로 정하는 바에 따라 그 재 산에 대한 사용료나 대부료의 100분의 120에 상당하는 변상금을 징수한다. 다만, 다음 각 호의 어느 하나에 해당하는 경우에는 변상금을 징수하지 아니한다.

① 등기부등본이나 그 밖의 공부(公簿)상의 명의인을 정당한 소유자로 믿고 적절한 대가를 지급하고 권리를 취득한 자(취득자의 상속인이나 승계인을 포함한다)의 재산이 취득 후에 국유재산으로 판명되어 국가에 귀속된 경우

② 국가나 지방자치단체가 재해대책 등 불가피한 사유로 일정 기간 국유재산을 점유하게 하거나 사용·수익하게 한 경우

상기의 변상금은 무단 점유를 하게 된 경위(經緯), 무단 점유지의 용도 및 해당 무단 점유자의 경제적 사정 등을 고려하여 대통령령으로 정하는 바에 따라 5년의 범위에서 징수를 미루거나 나누어 내게 할 수 있다. 관리청 등 은 변상금이 100만 원을 초과하는 경우에는 국유재산법 제72조 제2항에 따 라 변상금 잔액에 고시 이자율을 적용하여 산출한 이자를 붙이는 조건으로 3년 이내의 기간에 걸쳐 나누어 내게 할 수 있다. 이 경우 나누어 낼 변상금의 납부 일자와 납부 금액을 함께 통지하여야 한다.

또한 관리청 등은 무단 점유자가 다음 각 호의 어느 하나에 해당하는 경우에는 변상금의 최초 납부 기한부터 1년의 범위에서 그 징수를 미룰 수 있다.

① 재해나 도난으로 재산에 심한 손실을 입은 경우

② 무단 점유자 또는 그 동거 가족의 질병이나 중상해로 장기 치료가 필요한 경우

③ 국민기초생활보장법 제2조 제2호에 따른 수급자인 경우

④ 그 밖에 제1호 및 제2호에 준하는 사유로 인정되는 경우

국유재산의 관리에 관한 사무를 위임받은 자가 고의 또는 중대한 과실로 인하여 그 임무에 위배한 행위를 함으로써 그 재산에 대하여 손해를 끼친 때에는 변상의 책임이 있다.

관리청 등은 국유재산의 사용료, 관리 소홀에 따른 가산금, 대부료, 매각대금, 교환자금 및 변상금(징수를 미루거나 나누어 내는 경우 이자는 제외한다)이 납부 기한까지 납부되지 아니한 경우 대통령령으로 정하는 바에 따라 연체료를 징수할 수 있다. 이 경우 연체료 부과 대상이 되는 연체 기간은 납기일부터 60개월을 초과할 수 없다. 관리청 등은 국유재산의 사용

료, 관리 소홀에 따른 가산금, 대부료, 변상금 및 상기의 연체료가 납부 기한까지 납부되지 아니한 경우에는 다음 각 호의 방법에 따라 국세징수법 제23조와 같은 법의 체납처분에 관한 규정을 준용하여 징수할 수 있다.

① 관리청(일반재산의 경우 제42조 제1항에 따라 관리·처분에 관한 사무를 위임받은 자를 포함한다. 이하 이 호에서 같다)은 직접 또는 관할 세무서장이나 지방자치단체의 장에게 위임하여 징수할 수 있다. 이 경우 관할 세무서장 등은 그 사무를 집행할 때 위임한 관리청의 감독을 받는다.

② 제42조 제1항에 따라 관리·처분에 관한 사무를 위탁받은 자는 관할 세무서장 등에게 징수하게 할 수 있다.

국유재산의 사용료, 관리 소홀에 따른 가산금, 대부료, 매각대금, 교환자금 및 변상금(나누어 내는 경우에 이자는 제외한다)이 납부 기한까지 내지 아니한 경우에는 다음 각 호의 구분에 따른 비율로 계산한 연체료를 붙여 15일 이내의 기한을 정하여 납부를 고지하여야 한다. 이 경우 고지한 기한까지 전단의 금액과 연체료를 내지 아니한 때에는 두 번 이내의 범위에서 다시 납부를 고지하되, 마지막 고지에 의한 납부 기한은 전단에 따른 납부 고지일부터 3개월 이내가 되도록 하여야 하며, 이후 1년에 한 번 이상 독촉을 하여야 한다.

① 연체 기간이 1개월 미만인 경우: 연 12퍼센트
② 연체 기간이 1개월 이상 3개월 미만인 경우: 연 13퍼센트
③ 연체 기간이 3개월 이상 6개월 미만인 경우: 연 14퍼센트
④ 연체 기간이 6개월 이상인 경우: 연 15퍼센트

P·a·r·t

07

채권 · 채무관리

Chapter

01 국가채권관리

제1절 국가채권의 개요

1 국가채권의 개념

일반적으로 채권(債權)이란 어떤 특정인(채권자)이 다른 특정인(채무자)에 대하여 특정한 행위(이행 또는 급부)를 청구할 수 있는 권리를 의미하나(강대성, 2005: 136), 국가채권관리법[1)]에서의 채권이란 금전의 지급을 목적으로 하는 국가의 권리를 말한다. 국가채권관리에 관한 사무는 원칙적으로 법령의 규정과 채권의 발생 원인 및 내용에 따라 재정상 국가의 이익에 적합하도록 처리하여야 한다.

국가의 채권 중 다음 각 호에 열거하는 채권에 대하여는 이 법을 적용하지 아니한다. 다만, 제6호의 채권에 한하여 국가채권관리법 제36조와 제37조의 규정을 적용한다.

① 벌금, 과료, 형사추징금, 과태료 및 이에 준하는 것으로서 대통령령으로 정하는 채권

1) 국가채권관리법 제2조.

② 증권으로 되어 있는 채권

③ 국가의 예금 및 예탁금에 관한 채권

④ 보관금이 될 금전의 지급을 목적으로 하는 채권

⑤ 기부금에 관한 채권

⑥ 국세 및 관세와 이의 징수에 관련된 채권

상기 제3호 "국가의 예금 및 예탁금에 관한 채권"이라 함은 한국은행에 대한 국가의 예금 및 예탁금에 관한 채권을 말한다.

또한 상기 제1호의 "이에 준하는 것으로서 대통령령으로 정하는 채권"은 다음 각 호와 같다.

① 조세범처벌절차법 제9조, 관세법 제311조, 전매범처벌절차법 제9조, 출입국관리법 제94조, 도로교통법 제84조 및 경범죄처벌법 제6조의 규정에 의한 통고처분에 의하여 발생되는 채권

② 형사소송법 제186조 내지 제194조의 규정에 의한 형사소송비용에 속하는 채권

③ 형사소송법 제334조의 규정에 의한 가납 판결에 의하여 발생되는 채권

④ 형사소송법 제151조 및 동법 제177조의 규정에 의하여 비용 배상을 명함으로써 발생되는 채권

⑤ 형사소송법 제102조 및 동법 제103조의 규정에 의하여 보증금의 몰수를 결정함으로써 발생되는 채권

⑥ 소년법 제42조의 규정에 의하여 발생되는 비용에 속하는 채권

⑦ 군법회의법 제142조, 동법 제143조 및 동법 제381조의 규정에 의하여 발생되는 채권

2 국가채권관리의 원칙

채권관리사무의 총괄을 담당하는 기획재정부 장관은 채권관리의 적정을 기하기 위하여 다음 각 호의 사무를 수행한다.

① 채권관리에 관한 제도 정비
② 채권관리사무에 관한 통일적인 기준 설정
③ 채권관리사무의 처리에 관한 조정
④ 채권관리사무에 대한 성과관리

각 중앙관서의 장은 그 소관에 속하는 채권을 관리하고 채권관리관의 사무를 감독하여야 하며, 당해 관서의 채권관리관 중에서 채권의 관리에 관한 사무를 총괄하는 총괄채권관리관을 임명하여야 한다.

총괄채권관리관은 소속 중앙관서의 장이 정하는 바에 의하여 당해 관서의 소관에 속하는 다음 각 호의 사무를 수행한다.

① 채권현재액보고서의 작성
② 채권관리 절차의 정비
③ 채권관리사무의 처리에 관한 조정
④ 채권관리사무에 대한 성과관리(납입 기한이 경과한 미회수 채권에 대한 회수 방안의 수립을 포함한다.)
⑤ 채권관리사무에 대한 감독

각 중앙관서의 장은 그 소관에 속하는 채권의 관리사무를 그 소속 공무원, 다른 중앙관서의 소속 공무원과 지방자치단체의 장 또는 그 소속 공무원에게 위임할 수 있으며, 채권관리사무를 위임받은 공무원이 사고가 있을 때에는 그 사무를 대리할 공무원을 지정할 수 있다. 또한 필요할 때에는 채권관리에 관한 사무를 위임받은 공무원의 사무의 일부를 분장할 공무원을 둘 수 있다.

채권관리관은 현금출납 직무를 겸할 수 없다. 다만, 다음 각 호의 경우는 예외로 한다.

① 재외공관인 경우
② 정원 과소로 인하여 동일인이 당해 직무를 겸하여야 할 부득이한 사유가 있는 관서인 경우

법령의 규정 또는 계약, 기타 행위에 의하여 채권을 발생하게 하였거나 이를 국가에 귀속하게 한 자 또는 그 사실을 안 자는 다음 각 호의 경우에 지체없이 채권관리관에게 채권이 발생하였음을 통지하여야 한다.

① 채권을 발생하게 하거나 이를 국가에 귀속하게 하는 원인이 되는 계약, 기타 행위를 한 경우. 다만 채권의 발생이나 귀속에 대하여 정지조건 또는 불확정 시기가 있을 때에는 그 조건이 성취되거나 기한의 도래를 안 때

② 지출원인행위나 지급원인행위를 한 결과 반납금에 관한 채권이 발생한 것을 안 경우

③ 계약을 체결한 후의 사정으로 당해 계약으로 인한 채권의 발생이나 그 채권이 국가에 귀속된 것을 안 경우

④ 현금·물품 등 국가의 재산을 출납·보관 또는 관리함에 있어서 채권이 발생한 것을 안 경우

상기 채권 발생의 통지는 다음 각 호의 사항을 기재한 문서로 하여야 한다. 다만, 통지할 자가 채권관리관을 겸하는 경우에는 이를 생략할 수 있다.

① 채무자의 성명 및 주소(법인인 경우에는 그 명칭 및 소재지)

② 채권 금액

③ 이행 기한

④ 채권의 발생 원인

⑤ 채권의 발생 연월일

⑥ 채권의 종류

⑦ 이자 및 이자율에 관한 사항

⑧ 연체금에 관한 사항

⑨ 채무자의 재산·사업, 기타 소득 발생처에 관한 사항

⑩ 담보에 관한 사항

⑪ 채권에 붙인 조건

⑫ 기타 각 중앙관서의 장이 정한 사항

상기 사항을 증명하는 서류, 기타 물건이 있을 때에는 이를 첨부하여 송부하여야 하며, 통지한 채권에 이동 또는 변동이 있을 때에는 지체없이 그 사실을 채권관리관에게 통지하여야 한다.

채권관리관은 채권의 관리 사항을 기재할 장부 즉 채권관리부를 비치하고 채권 발생의 통지를 받은 때 또는 채권의 인계를 받은 때에는 그 통지나

인계된 사항을 지체없이 조사·확인하여 이에 기재하여야 한다. 다만, 다음 각 호의 채권에 대하여는 그러하지 아니하다.

① 채권관리관이 그 소관에 속할 채권으로서 법 제11조의 2의 규정에 의하여 채권 발생의 통지를 받고 조사·확인한 결과 당해 채권의 전부가 이미 소멸된 것을 확인한 채권

② 공무원연금법 제66조 및 군인연금법 제38조의 규정에 의한 기여금으로 납입되는 채권

국가채권의 징수 순위는 다른 법률 또는 계약에 특별한 규정이 있는 경우를 제외하고는 다음 각 호의 순으로 한다.

① 체납처분비

② 연체금채권

③ 이자채권

④ 원금채권

제 2 절 국가채권의 행사

1 납입의 고지

채권관리관은 채권의 행사를 위하여 납입고지요청서를 작성하고 이에 계약서, 그 밖의 증거 서류의 사본을 첨부하여 수입징수관에게 채무자에 대한 납입고지를 할 것을 요청하여야 한다. 다만, 채권관리관이 수입징수관을 겸하는 경우 또는 수입에 속하지 아니하는 채권으로서 다른 법률에 특별한 규정이 없는 경우에는 채권관리관이 스스로 당해 채권의 금액, 이행기한, 기타 내용이 법령 또는 계약에 위반된 여부를 조사하여 채무자에게 납입고지를 하여야 한다.

채권관리관이 납입고지의 요청을 하고자 할 때에는 당해 채권의 이행 기

한 20일 전까지, 채권관리관이 스스로 납입고지를 하고자 할 때에는 15일 전까지 하여야 한다. 다만, 채권 확보를 위하여 부득이한 경우에는 당해 채권을 조사·확인한 후 지체없이 납입고지의 요청을 하거나 납입고지를 하여야 한다.

수입징수관은 채권관리관으로부터 납입고지의 요청을 받은 때에는 지체없이 납입고지를 하고 그 사실을 당해 채권관리관에게 통지하여야 한다.

그러나 신고납부에 속하는 채권 및 다음 각 호의 채권은 이를 적용하지 아니한다.

① 채권관리관이 그 소관에 속할 채권으로서 법 제11조의 2의 규정에 의하여 채권 발생의 통지를 받고 조사·확인한 결과 당해 채권의 전부가 이미 소멸된 것을 확인한 채권

② 국가가 지급하는 급여에서 공제하여 징수하는 급여의 반납금

채권관리관이 스스로 납입고지를 하는 경우에는 납입결의서를 작성하여야 하며, 납입결의서를 작성한 후 당해 채권이 수입금에 속하지 아니하는 채권인 경우에는 반납금납입고지서(이하 "납입고지서"라 한다)를 작성하여 채무자에게 송부하여야 한다. 다만, 구두로 하는 납입고지에 의하여 채무자로 하여금 즉시 납입하게 하는 경우에는 그러하지 아니하다.

채권관리관은 납입고지서를 송부한 경우에는 그 내용을 명백히 한 서류를 당해 반납금의 지출사무 담당공무원(지출관 및 출납공무원을 포함)에게 송부하여야 하며, 구두로 하는 납입고지에 의하여 채무자로 하여금 즉시 납입하게 하는 경우에는 그 납부를 받는 현금출납공무원에게 납입 금액, 그 밖에 납입에 관하여 필요한 사항을 통지하여야 한다. 다만, 채권관리관이 지출사무 담당공무원을 겸하는 경우에는 상기의 송부 또한 통지를 생략할 수 있다.

채권관리관은 법령에 의하여 연체금 또는 가산금을 붙이도록 한 채권에 대하여 변제를 받거나 상계(相計)하는 경우에 법령 또는 계약에서 정하는 변제의 충당(상계에 의한 충당을 포함) 순위에 따라 원채권 전액이 충당되고 당해 연체금 또는 가산금의 전부 또는 일부가 미납된 때에는 당해 미납된 연체금 또는 가산금에 대하여 수입징수관에게 납입고지를 할 것을 요청

하여야 한다.

채권관리관은 납입고지서를 송부한 후 당해 채권이 국가의 채무와 상계된 경우에 당해 채권 금액이 상계액을 초과할 때에는 반납금납부서(이하 "납부서"라 한다)를 작성하여 채무자에게 송부하여야 한다. 이 경우에 납부기한은 이미 고지한 납부 기한과 동일한 기한으로 하고 당해 납부서의 앞쪽 빈 칸에 "상계 초과액"을 표시하여야 한다.

채권관리관은 지출사무담당 공무원이 관계 법령에 의하여 상계액의 납입을 하는 경우에, 상계액에 상당한 금액에 대하여 제13조의 규정에 의한 납부서에 당해 지출사무담당 공무원의 직명 및 성명을 기재하고 그 납부서의 앞쪽 빈 칸에 "상계액"이라 표시하여 이를 당해 지출사무담당 공무원에게 송부하여야 한다.

채권관리관은 수입금에 속하지 아니하는 채권에 대하여 채무자로부터 납입고지서 또는 납부서의 망실 또는 훼손의 신고가 있는 때에는 지체없이 당해 납입고지서 또는 납부서에 기재된 사항을 기재한 납부서를 다시 작성하여 이를 채무자에게 송부하여야 한다.

채권관리관은 수입에 속하지 아니하는 채권에 대하여 발행한 납입고지서 또는 납부서에 기재된 내용에 잘못이 있는 것을 발견한 때에는 지체없이 그 사실을 당해 지출사무담당 공무원에게 통지하여 이를 정정하게 하여야 한다.

2 독촉 및 강제이행

채권관리관은 채권의 전부 또는 일부가 고지된 납입 기한(납입고지를 필요로 하지 아니하는 채권은 이행 기한)을 경과하여도 이행되지 아니한 때에는 수입징수관에게 이행의 독촉을 요청하여야 한다. 이 경우에 독촉장은 납입 기한이 경과한 날로부터 7일 이내에 발부하고 독촉에 의한 납입 기한은 독촉장 발부일로부터 15일 이내로 정하여야 한다.

채권관리관이 이행의 독촉을 요청할 때에는 독촉요청서를 수입징수관에게 송부하여야 하며, 채권관리관이 스스로 이행의 독촉을 할 때에는 독촉장을 채무자에게 송부하여야 한다.

각 중앙관서의 장은 채권의 전부 또는 일부가 독촉을 한 후 그 독촉 기한을 경과하여도 이행되지 아니한 때에는 다음 각 호의 조치를 하여야 한다. 다만, 관리정지 조치를 하거나 이행 기한을 연장하는 경우, 국세 징수 또는 국세체납처분의 예에 의하여 징수하는 채권의 경우 및 각 중앙관서의 장이 기획재정부 장관과 협의하여 정하는 경우에는 그러하지 아니하다.

① 담보가 있는 채권(보증인의 보증이 있는 채권을 포함한다)에 대하여는 채권의 내용에 따라 그 담보물을 처분하거나 법무부 장관에게 경매, 기타 담보권 실행의 절차를 요청하는 일 또는 보증인에 대하여 이행을 청구하는 일

② 집행 권원 있는 채권(제3호의 규정에 의하여 집행 권원을 취득한 경우를 포함한다)에 대하여는 법무부 장관에게 강제집행 절차를 요청하는 일

③ 제1호 및 제2호에 해당하지 아니하는 채권(제1호에 해당하는 채권으로서 동호의 조치를 하여도 이행되지 아니한 경우를 포함)에 대하여는 법무부 장관에게 소송절차(비송사건절차를 포함한다)에 의한 이행 청구를 요청하는 일 및 공정증서 작성 등 집행권원 취득절차를 요청하는 일

각 중앙관서의 장은 그 소관에 속하는 채권에 관하여 상기의 규정에 의하여 보증인에 대하여 채무 이행의 청구를 할 때에는 당해 관서의 채권관리관으로 하여금 납부서를 스스로 발부하든지, 수입징수관에게 납부서발부요청서를 보내든지 하여 납입 고지를 하도록 하여야 한다.

채권관리관은 법령의 규정에 의하여 국세체납처분의 예에 의하여 징수하는 채권의 전부 또는 일부가 독촉 기한을 경과하여도 이행되지 아니한 때에는 법령의 규정에 의하여 체납처분을 집행할 수 있는 자에게 체납처분절차를 취할 것을 요청하여야 한다.

채권관리관은 채권에 대하여 법령의 규정 또는 계약의 내용에 의하여 이행 기한을 앞당길 수 있는 사유가 발생한 것을 안 때에는 지체없이 수입징

수관에게 채무자에 대한 납입고지의 조치를 하여야 한다. 다만, 이행 기한을 연장할 수 있는 때에는 그러하지 아니하다.

채권관리관은 다음 각 호의 1에 해당하는 사유가 발생한 것을 안 때에는 관계 법률의 규정에 의하여 그 소관에 속하는 채권에 관한 배당을 요구하거나 채권신고를 하여야 한다.

① 채무자가 강제 집행을 당한 때
② 채무자가 조세, 기타 공과금에 관한 체납처분을 받은 때
③ 채무자의 재산에 관한 경매가 개시된 때
④ 채무자가 파산선고를 받은 때
⑤ 채무자인 법인이 해산한 때
⑥ 채무자의 상속인이 한정 승인을 한 때
⑦ 제4호 내지 제6호에 규정한 이외에 채무자의 총재산에 대하여 청산이 개시된 때

3 담보 확보 및 관리 정지

각 중앙관서의 장은 채권의 보전을 위하여 필요할 때에는 법무부 장관에게 가압류 또는 가처분 절차를 밟을 것을 요청하여야 하며, 채권관리관은 채권의 보전을 위하여 필요할 때에는 채권자 대위권을 행사하기 위한 조치를 하여야 한다.

또한 채권관리관은 채권의 보전을 위하여 법령 또는 계약이 정하는 바에 따라 채무자에게 담보의 제공이나 보증인을 세울 것을 요구하여야 하며, 필요한 때에는 담보의 보충이나 보증인의 변경, 기타 담보의 변경을 요구하여야 하고, 만약 담보의 제공이 있을 때에는 지체없이 그 담보권의 설정에 관하여 등기, 등록, 기타 제3자에 대항할 수 있는 요건을 갖추어야 한다.

채권을 보전하기 위하여 채무자로부터 제공받을 수 있는 담보의 종류는 다음 각 호와 같으며, 법령 또는 계약에 다른 규정이 있는 때에는 그에 의

한다.

① 금전
② 기획재정부 장관이 지정하는 유가증권
③ 토지
④ 등기 또는 등록된 건물·공장재단·광업재단·선박·항공기 또는 건설기계로서 보험에 가입된 자산. 이 경우 보험 기간의 종료일은 담보를 필요로 하는 기간의 종료일보다 30일 이상 뒤인 것이어야 한다.
⑤ 채권관리관이 확실하다고 인정하는 금융기관 또는 보증인의 지급보증서

상기 제2호의 유가증권의 범위는 다음 각 호와 같다.

① 국가 또는 지방자치단체가 발행한 국채 또는 공채증권
② 특별법에 의하여 설립된 법인이 발행한 채권
③ 한국증권거래소에 상장된 사채권
④ 한국증권거래소에 상장된 후 3월이 경과된 주권 또는 출자증권

한편, 상기 규정에 의한 담보의 평가는 다음 각 호에 의한다.

① 상장증권은 담보로 제공하는 날 현재 한국거래소에서 형성된 최종거래가액. 다만, 한국거래소에서 매매된 사실이 없는 것은 최종매입원가법에 의한 평가액으로 한다.
② 토지·건물·공장재단·광업재단·선박·항공기 또는 건설기계는 지방세법에 의한 시가표준액 또는 감정기관이나 그 재산의 감정평가에 관하여 전문적 기술을 가진 자의 평가액으로 한다.

또한, 담보의 제공 방법은 다음 각 호에 의한다.

① 금전, 유가증권 또는 지급보증서를 담보로 제공하고자 하는 자는 이를 채권관리관에게 제출하여야 한다. 다만, 등록된 유가증권의 경우에는 담보 제공의 뜻을 등록하고 그 등록필증을 제출하여야 한다.
② 토지, 건물, 공장재단, 광업재단, 선박, 항공기 또는 건설기계를 담보

로 제공하고자 하는 자는 그 등기필증 또는 등록필증을 채권관리관에게 제시하여야 하며, 채권관리관은 이에 의하여 저당권의 설정을 위한 등기 또는 등록의 절차를 밟아야 한다.

채권관리관은 담보의 제공을 받은 채권이 이행되지 아니한 때에는 당해 담보로 그 채권에 충당하고 나머지가 있는 때에는 채무자에게 반환하여야 하며, 채권에 대하여 국가가 채권자로서 점유하여야 할 담보물(채무자에 속하는 권리를 대위하여 수령한 물건을 포함)이나 채권 또는 채권의 담보에 속하는 사항의 입증에 필요한 서류, 기타 물건을 선량한 관리자의 주의로써 다루고 보존하여야 한다.

상기의 경우에 담보물이 유가증권인 때에는 이에 관계되는 법령이 정하는 바에 의하여 이를 다루어야 하며, 담보물이 물품관리법의 규정을 준용하는 동산인 때에는 물품출납공무원이 이를 보관하며 출납명령은 채권관리관이 행한다.

채권관리관은 채권의 보전이나 추심에 관한 사무의 정지(이하 "관리정지"라 한다)를 하고자 할 때에는 총리령이 정하는 바에 따라 지방행정기관 및 세무서에 대하여 채무자의 소재 및 재산의 유무를 조사·확인하여야 한다. 다만, 그 채권 금액이 10만 원 미만인 경우에는 그러하지 아니하다.

채권관리관은 관리 정지를 하고자 할 때에는 관리 정지 사유, 채무자의 소재지, 재산 상황, 기타 필요한 사항을 기재한 서류를 소속 중앙관서의 장에게 송부하여 승인을 얻어야 한다.

채권관리관은 관리 정지 조치를 하는 경우에는 채권관리부에 "관리 정지"의 표시를 하고 담보에 대한 조치 내용을 기재하여야 하며, 관리 정지 조치를 취소한 때에는 채권관리부에 "관리 정지 취소"의 표시를 하고 그 취소 내용을 기재한 후 관리정지정리부의 기재 사항을 말소하여야 한다.

제 3 절 채권의 소멸, 이행 연기 및 면제

1 채권의 소멸

중앙관서의 장은 채권에 대하여 채무자가 국가의 이익을 해하는 행위를 한 것을 안 때에는 지체없이 법무부 장관에게 그 취소를 법원에 청구할 것을 요청하여야 하며, 채권관리관은 채권이 시효로 소멸할 우려가 있을 때에는 재판상의 청구를 법무부 장관에게 요청하는 등 지체없이 시효 중단을 위한 조치를 하여야 한다.

수입징수관, 법령의 규정에 의하여 변제를 수령하는 자 및 채권 발생의 통지를 하는 자 등은 그 직무상 채권이 소멸한 것을 안 때에는 그 사실을 채권관리관에게 통지하여야 한다.

채권관리관에 대한 채권 소멸에 관한 통지는 다음 각 호에 의한다. 다만, 통지를 할 자가 채권관리관을 겸하는 경우에는 통지를 생략할 수 있다.

① 세입징수관인 경우에는 세입금에 속하는 채권에 대하여 변제의 수령을 한 자로부터 당해 세입금의 영수필 통지를 받은 때

② 수입금출납공무원 및 한국은행인 경우에는 세입금에 속하는 채권 이외의 채권에 관하여 변제의 수령을 한 때

③ 법령의 규정에 의하여 현금(증권에 의한 세입 납부에 관한 법률의 규정에 의하여 현금에 갈음하여 납입된 증권을 포함한다) 이외의 재산을 출납·보관하는 자인 경우에는 당해 법령의 규정에 의하여 변제의 수령을 한 때

④ 국가채권관리법 제11조의 2 제1호의 규정에 의한 계약 기타의 행위를 하여 채권을 발생하게 한 자인 경우에는 그 계약 기타의 행위의 해제 또는 취소를 한 때

채권관리관은 그 소관에 속하는 채권으로서 소멸 시효가 완성된 때에는 채권관리부 및 관리정지정리부에 "시효 완성"의 표시를 하고 그 사유를 기재하여야 하며, 그 채권 금액의 전부가 소멸한 때에는 채권관리부 및 관리정지정리부에 "소멸"의 표시를 하고 그 사유를 기재하여야 한다.

채권관리관은 채권관리부에 기재된 채권이 다음 각 호의 1에 해당하는 경우에는 당해 채권의 전부 또는 일부가 소멸된 것으로 보아 이를 정리하고 채권관리부 및 관리정지정리부에 그 사실을 기재하여야 한다.

① 당해 채권에 대하여 소멸 시효가 완성된 경우
② 채무자인 법인에 대하여 청산 절차가 종결된 경우
③ 채무자가 사망하고 그 채무에 대하여 한정 승인이 있는 경우에 그 상속재산의 가액이 강제 집행을 한 때의 비용 및 다른 우선변제채권의 합계액을 초과하지 아니한다고 인정되는 경우
④ 동일 채무자에 대한 채권액(상계 초과액을 포함한다)이 납입고지서 또는 납부서의 송부에 요하는 비용을 초과하지 아니하는 경우

2 이행 기한 연기 및 면제

채권의 이행 기한은 일정한 기한으로 명시되어야 하며, 이행에 유리하다고 인정될 때에는 다른 법령에 특별한 규정이 없는 한 그 채권 금액을 분할하여 이행 기한을 정할 수 있다.

채권관리관은 채권(국세징수 또는 국세체납처분의 예에 의하여 징수하는 채권, 법령의 규정에 의하여 국가에 납입하는 이익금·잉여금 또는 수입금, 공무원연금법 및 군인연금법에 의한 기여금은 제외한다)으로서 그 채권 또는 채무자가 다음 각 호에 해당할 때에는 소속 중앙관서의 장의 승인을 얻어 그 이행 기한을 연장하는 특약이나 처분(이하 "이행 연기 특약"이라 한다)을 할 수 있으며, 채권관리관이 이행 기한을 연장하고자 할 때에는 그 이행 기간으로부터 5년을 초과할 수 없다.

① 채무자가 무자력할 때

② 채무자가 채무의 전부를 일시에 이행할 수 없고 현재 보유하고 있는 자산 상황에 비추어 이행 기한을 연장하는 것이 징수하는 데 유리하다고 인정될 때
③ 계약에 의한 채권으로서 채무자가 채무의 전부를 일시에 이행할 수 없고 소정의 기한 내에 이행하게 하는 것이 공익상 현저한 지장을 초래할 우려가 있다고 인정될 때
④ 손해배상금 또는 부당 이득에 따른 반환금에 관한 채권으로서 채무자가 채무의 전부를 일시에 이행할 수 없으나 변제에 관하여 특히 성의가 있다고 인정될 때
⑤ 대부금에 속하는 채권으로서 채무자가 대부금의 용도에 따라 제3자에게 대부한 경우에 그 제3자가 제1호 내지 제3호의 1에 해당하는 사유로 당해 제3자에 대한 대부금의 회수가 현저하게 곤란하여 당해 채무자가 그 채무의 전부를 일시에 이행할 수 없다고 인정될 때

채무자가 이행 기한 연기의 특약이나 처분을 받고자 할 때에는 다음 각 호의 사항을 기재한 이행연기 특약신청서(전자문서로 된 신청서를 포함)에 주민등록등본(법인인 경우에는 법인등기부등본)을 첨부하여 채권관리관에게 신청하여야 한다. 다만, 전자정부 구현을 위한 행정 업무 등의 전자화 촉진에 관한 법률에 의한 행정정보의 공동 이용을 통하여 첨부 서류에 대한 정보를 확인할 수 있는 경우에는 그 확인으로 첨부 서류에 갈음할 수 있다.

① 채무자의 성명 및 주소(법인인 경우에는 그 명칭 및 소재지)
② 채권 금액
③ 채권 발생 연월일
④ 채권 발생의 원인
⑤ 당초의 이행 기한과 연기되는 기한
⑥ 채권의 담보에 관한 사항
⑦ 이행 기한 연기의 사유
⑧ 이행 기한의 연기에 따른 담보 및 이자에 관한 사항
⑨ 국가채권관리법시행령 제30조에 규정된 조건을 붙이는 것을 승낙한다는 내용

채권관리관이 소속 중앙관서의 장의 승인을 얻어 이행 연기 특약을 하는 때에는 다음 각 호의 사항을 채무자에게 통지하여야 한다.

① 채권의 종류, 금액, 당초의 이행 기한 및 연기되는 기한

② 국가채권관리법시행령 제30조의 규정에 의한 조건

채권관리관은 이행 기한 후에도 이행 연기의 특약을 할 수 있으며, 이 경우에 이미 발생한 연체금(이행 지체로 인한 손해배상금, 기타 이에 준하는 징수금을 말한다)은 그 특약 전에 미리 징수하여야 한다. 이행 연기 특약을 한 채권에 붙이는 이자율은 이행 연기 특약일 현재의 은행법에 의한 금융기관의 일반자금 대출시의 이자율로 한다.

채권관리관은 이행 연기의 특약을 할 때에는 채무자에 대하여 담보를 제공하게 하고, 그 채권에 대하여 이자를 붙여야 한다. 다만, 다음의 경우에는 채무자에 대하여는 담보의 제공이나 이자를 면제할 수 있다.

이행 연기의 특약을 하는 채권에 대하여 담보의 제공을 면제받을 수 있는 채무자는 다음 각 호와 같다.

① 동일인에 대한 국가채권의 합계액이 30만 원 미만인 경우의 당해 채무자

② 채무자의 고의 또는 중대한 과실에 의하지 아니한 부당이득 반환금채권에 대하여 이행 연기의 특약을 하는 경우의 당해 채무자

③ 담보로 제공할 물건이 없고, 보증인을 세울 수 없는 경우의 당해 채무자

④ 담보를 제공하게 하는 것이 공익사업 수행에 현저히 지장을 초래할 우려가 있는 경우의 당해 채무자

이행 연기의 특약을 하는 채권에 대한 연납 이자를 면제받을 수 있는 채무자는 다음 각 호와 같다.

① 무자력한 채무자

② 연납 이자의 합계액이 1천 원 미만인 경우의 당해 채무자

채권관리관은 이행 연기의 특약(화해로 인하여 이행 기한이 연장된 경우 및 다른 법률의 규정에 의하여 이에 준하는 조치를 한 경우를 포함한다)을 한 채권에 대하여 당초의 이행 기한(당초의 이행 기한 후에 이행 연기의 특약을 한 때에는 그 최초에 이행 연기의 특약을 한 날)으로부터 10년을 경과

하여도 채무자가 자력을 회복하지 못하고 장래 변제할 가능성이 없을 때에는 소속 중앙관서의 장의 승인을 얻어 당해 채무(연체금 및 이자를 포함)를 면제할 수 있다.

한편 각 중앙관서의 장은 외국 또는 국제기구를 채무자로 하는 채권에 대하여 채무자의 경제 상황과 재산 상황, 채무자와의 경제 협력 및 국제 관계 등을 고려할 때 그 채권 회수가 곤란하다고 인정되는 경우에는 기획재정부 장관과 협의하여 당해 채무의 전부 또는 일부를 면제할 수 있다. 이 경우 국무회의의 심의를 거쳐 대통령의 승인을 얻어야 한다.

정부가 이와같이 채무의 전부 또는 일부를 면제하는 경우에는 미리 국회의 의결을 얻어야 한다. 다만, 미리 국회의 의결을 얻는 것이 어렵다고 인정되는 2개 이상의 채권국 간의 합의에 따른 채무 면제에 대하여는 그러하지 아니하다. 이 경우 정부는 채무 면제 결과를 지체없이 국회에 보고하여야 한다.

채무(연체금 채무를 포함)의 면제를 받고자 하는 채무자는 면제신청서(전자문서로 된 신청서를 포함)에 주민등록등본(법인인 경우에는 법인등기부등본)을 첨부하여 채권관리관에게 제출하여야 한다. 다만, 전자정부법 제36조 제1항에 의한 행정정보의 공동 이용을 통하여 신청인의 주민등록표등본(법인인 경우에는 법인등기부 등본)을 확인하여야 하며, 신청인이 개인인 경우 확인에 동의하지 아니하면 이를 제출하도록 하여야 한다.

채권관리관은 채무자로부터 채무의 면제 신청을 받은 때에는 지방행정기관 및 세무서에 대하여 재산의 유무를 조사·확인하여야 한다. 다만, 그 채권 금액이 10만 원 미만인 경우에는 그러하지 아니하다.

채권관리관이 재산의 유무를 조사·확인한 결과 면제 요건에 해당되어 채무를 면제하고자 할 때에는 면제사유서, 채무자의 재산 상황에 대한 조사서, 당해 신청서 사본, 기타 필요한 서류를 소속 중앙관서의 장에게 송부하여 승인을 얻어야 한다.

채권관리관은 이행 기한 내에 변제되지 아니한 채권(이자를 붙인 채권이나 다른 법령에 연체금에 관한 규정이 있는 채권은 제외한다)의 금액이 1만 원 미만일 때에는 연체금을 붙이지 아니할 수 있으며, 국립학교의 수업료 및 다음 각 호에 해당하는 채권에 대하여는 원금의 전부에 상당한 금액이 변제된 때에는 그 때까지 붙은 연체금의 전부 또는 일부를 면제할 수 있다.

① 국가가 설치한 교육시설에서 징수하는 수업료 또는 기숙사 사용료
② 국가가 설치한 의료시설에서 환자로부터 징수하는 제비용
③ 채무자의 고의 또는 중대한 과실에 의하지 아니한 부당이득반환금

Chapter 02

국가채무관리

제 1 절 국가채무의 개요

1 국가채무의 개념

일반적으로 채무(債務)는 특정한 사람에게 특정한 행위(이행 또는 급부)를 해야 할 의무를 의미하고 있으나, 정부는 국가채무의 산출 기준으로 국제 기준인 IMF 기준을 사용하고 있으며, IMF 기준(GFS, 정부재정 통계)에 의하면, 국가채무란 정부가 직접적인 상환 의무를 부담하는 채무로서 확정채무를 의미(recognized, fixed-term direct government debt)한다.[1) 우리 나라의 경우 채무의 유형에는 국채, 차입금, 국고채무부담행위, 지방채, 지방교육채 등이 있다. 여기서 국채에는 국고채권, 국민주택채권, 외평기금채권, 공공용지보상채권, 재정증권, 출자재정증권 등이 있다.

IMF 기준에 따른 국가채무의 정의는 다음과 같다.

"Only the recognized direct financial obligations of the government which are serviced through interest payment and/or redemption should

1) 재정경제부, 국가채무관리 효율화 방안, 2005. 10.

be included in debt."

한편, 국가채무와 유사 개념을 살펴보면 다음과 같다.

① 보증채무와 공적 연금 등의 잠재채무(contingent liabilities)

⇒ 확정채무가 발생되지 않고, 규모가 미확정인 우발채무는 국가채무에서 제외된다.

② 통안증권(monetary stabilization bond)

⇒ 현금, 통안증권 등 통화정책 수행을 위한 중앙은행(통화 당국)의 채무는 국가채무에서 제외된다.

③ 공기업 및 공공금융기관 채무

⇒ 공기업(public enterprises)과 공공금융기관(financial institution)의 채무도 국가채무에서 제외된다.

따라서 국가채무는 일반 정부(중앙정부+지방정부)가 직접적인 상환 의무를 부담하는 확정채무로서 채무 통계는 내부간 거래를 제외한 통합재정 기준으로 작성한다.

그러므로 보증채무는 이행 청구를 받기 전까지 국가채무가 아니며, 공적 연금, 사회보장 제도의 우발채무 및 보험수리적 부채(잠재적 채무 또는 준비금 부족액)도 국가채무가 아니고, 통화 당국의 채무도 국가채무가 아니다. 또한 공기업 및 정부의 공공금융 활동은 정부의 범위에서 제외되고, 따라서 공기업 등의 채무는 국가채무가 아니다.

2009년부터 국가회계법에 따른 발생주의 회계제도 도입으로 국가자산과 국가부채에 대한 정보가 일목요연하게 산출될 예정으로 국가부채 산출시 현행 국가채무 개념과 혼란을 방지하고, 이용자에게 충분한 정보 제공을

〈표 7-1〉 국가채무와 국가부채의 차이

구분	국가채무	국가부채
근거 법령	국가재정법	국가회계법
인식 기준	현금주의	발생주의
포괄 범위	일반회계, 특별회계, 중앙관서의 장이 관리하는 기금	일반회계, 특별회계, 모든 기금
분류 기준	국채, 차입금, 국고채무부담행위	유동부채, 고정부채, 기타 부채

위하여 향후 국가회계법에 의한 국가 재무제표에 차이 내역 명세서를 첨부할 계획이다.

국가채무와 국가부채의 차이를 살펴보면 <표 7-1>과 같다.

2 국가채무의 종류

1) 국 채

현재 국채로는 국고채, 국민주택채, 외화표시 외국환평형기금채권(이하 외평채) 등 세 가지 종류로 발행되고 있으며, 원화표시 외평채는 2003년 11월부터 국고채로 통합하여 발행하고 있다. 국고채는 국가의 재정정책 수행에 필요한 자금을 조달하기 위하여 공공자금관리기금의 부담으로 발행하는 채권을 말한다. 서민의 주거생활 안정을 목적으로 하는 국민주택기금의 주요 재원이다. 국민주택기금은 국민주택채권의 발행 등을 통하여 조성된 재원을 바탕으로 임대주택 건설, 전세자금 대출 지원 등의 기능을 수행하고 있다. 외화표시 외평채는 1998년 외환 위기 이후 외환 보유액 확충을 위하여 처음 발행되었으며, 현재는 민간기업이 국제 금융시장에서 발행하는 채

〈표 7-2〉 국채 종류별 발행 조건 및 발행 방법

종류	발행 조건		발행 방법	발행 목적	소관 기금	근거 법령
	이율(%)	만기				
국고채	시장 금리	3~20년	경쟁입찰	재정 자금 조달	공공자금관리기금(기획재정부)	국채법, 공공자금관리기금법
제1종 국민주택채	3%	5년	첨가 소화	주택건설 촉진 재원 조달	국민주택기금(국토해양부)	주택법
제2종 국민주택채	0%	10년	경쟁입찰			
외평채	시장 금리	10~20년	경쟁입찰	외환시장 안정 등	외국환평형기금(기획재정부)	외국환거래법

권의 기준 금리 역할을 수행하고, 외국인 투자자 저변을 확대하기 위한 목적으로 발행하고 있다. 국채 종류별 발행 조건 및 발행 방법을 살펴보면 <표 7-2>와 같다.

2) 차입금

정부가 민간 및 해외로부터 채권 발행 이외의 방법으로 차입하는 자금으로서 한국은행, 민간기금에서 차입하는 국내차입금과 국제기구, 외국 정부로부터 차입하는 해외차입금으로 구별된다.

3) 국고채무부담행위

국가재정법 제25조에 의거하여 국가가 예산의 확보 없이 채무를 지는 행위를 의미하며, 국회의 사전 의결을 받은 범위 내에서 국고채무부담행위가 가능하다. 국회의 사전 의결은 채무를 부담할 권한만을 부여받은 것으로 실제 지출에 대하여는 차년도 이후 예산안으로 국회의 의결이 필요한 것이다.

3 국가채무 현황과 전망

1) 국가채무 현황

국가채무는 1970년대 이후 지속적으로 증가하는 추세이며 특히 1997년 외환 위기 이후 급격히 증가하고 있다. 국가채무의 증가 원인은 시기별로 상이한데 1990년대 후반은 일반회계 적자국채 발행 및 해외차입금 증가가 주요인이었다. 특히 최근 5년간(2003~2008년) 국가채무는 143.3조 원 증가하였는데 이는 외환시장 안정(60.5조 원), 공적자금의 국채 전환(34.8조 원), 일반회계 적자보전(33.6조 원), 서민주거 안정용(8.4조 원) 등의 목적으로 국채 발행이 증가하였기 때문이다. GDP 대비 국가채무 비율 변동 현황을 살펴보면 <표 7-3>과 같다.

그래도 우리 나라의 국가채무는 규모나 내용면에서 다른 선진국에 비하여 상대적으로 양호한 수준이라고 평가한다.

〈표 7-3〉 연도별 GDP 대비 국가채무 비율 변동 현황

(단위: 조 원, %)

연도	국가채무(A)	국내총생산(GDP) (B)	국가채무 비율(A/B, %)
1990	24.5	186.7	13.1
1991	27.7	226.0	12.2
1992	31.0	257.5	12.0
1993	32.8	290.7	11.3
1994	34.4	340.2	10.1
1995	35.6	398.8	8.9
1996	45.6	448.6	10.2
1997	60.3	491.1	12.3
1998	80.4	484.1	16.6
1999	98.6	529.5	18.6
2000	111.4	603.2	18.5
2001	122.1	651.4	18.7
2002	133.6	720.5	18.5
2003	165.7	767.1	21.6
2004	203.1	826.9	24.6
2005	248.0	865.2	28.7
2006	282.8	908.7	31.1
2007	298.9	975.0	30.7
2008	309.0	1023.9	30.2

주 1) 경상가격 기준
2) 1996년부터 지방정부 순채무 포함
3) 2000년부터 신계열 국내총생산 적용

① OECD 평균인 76.4%(2004년 말 기준)에 비하여 낮은 수준이고,

② 2005년 세계경쟁력 보고서(WEF)에 따르면, 우리 나라의 국가채무 수준은 세계 117개국 중에서 11위를 기록하였으며, 스위스 IMD는 우리 나라의 경쟁력을 상향 조정(35위→29위, 2005년 5월)하였다.

2) 2007, 2008 회계연도 국가채무 차입 및 상환 실적

2007년 국가채무 잔액은 298.9조 원으로 전년 대비 16.1조 원이 증가하였

〈표 7-4〉 2007, 2008 회계연도 차입 및 상환 실적

(단위: 조 원)

구분		총계 (GDP 대비, %)	중앙정부	국채	차입금	국고채무 부담행위	지방정부 순채무
2006년	잔액	282.8	273.2	264.3	6.4	2.5	9.6
2007년	차입		60.6	56.8	1.2	2.6	
	상환		44.7	40.7	2.0	2.1	
	잔액	298.9	289.1	280.5	5.7	2.9	9.8
2008년	차입		67.0	60.5	3.9	2.6	
	상환		58.2	51.7	4.3	2.3	
	잔액	309.0	297.9	289.4	5.3	3.2	11.0

주 1) 2008년 결산 수치는 지방정부 결산 최종 수치를 반영함에 따라 당초 잠정수치 308.3조 원에서 0.7조 원 증가한 309.0조 원으로 최종 확정하여 반영함.
2) 항목별 합계 및 차감 금액은 소수점 이하 단수 조정으로 상이할 수 있음.
3) 2010 회계연도 예산안 국회 제출 서류 중 국가채무 관리계획에서 발췌하였음.

고 2008년 국가채무는 309.0조 원으로 전년 대비 10.1조 원 증가하였다. 구체적인 차입 및 상환 실적을 살펴보면 <표 7-4>와 같다.

3) 2009 회계연도 이후 국가채무 차입 및 상환 전망

2009년 말 국가채무는 365.1조 원 수준으로 추정되며 이는 2008년 결산 대비 56.1조 원이 증가되었다. 2009에서 2013 회계연도까지 차입 및 상환 추정액을 <표 7-5>와 같이 전망해 본다.

〈표 7-5〉 2009~2013 회계연도 차입 및 상환 추정액

(단위: 조 원)

구분		총계	중앙정부	국채	차입금	국고채무 부담행위	지방정부 순채무
2009년	차입		114.4	108.2	3.5	2.7	
	상환		59.1	53.7	3.2	2.2	
	잔액	365.1	353.2	343.9	5.6	3.7	11.9
2010년	차입		98.7	93.9	2.3	2.5	
	상환		57.4	52.1	2.9	2.4	

	잔액	407.1	394.5	385.7	5.0	3.9	12.6
2011년	차입		92.7	88.3	2.0	2.4	
	상환		53.6	48.4	2.8	2.4	
	잔액	446.7	433.6	425.5	4.2	3.9	13.1
2012년	차입		71.3	66.8	2.1	2.4	
	상환		43.9	38.8	2.6	2.5	
	잔액	474.7	461.1	453.5	3.7	3.9	13.7
2013년	차입		68.1	63.7	2.0	2.4	
	상환		49.7	44.7	2.5	2.5	
	잔액	493.4	479.5	472.5	3.2	3.8	13.9

주 1) 항목별 합계 및 차감 금액은 소수점 이하 단수 조정으로 상이할 수 있음.
2) 지방정부 채무는 행정안전부와 교육과학기술부 전망자료 활용.
3) 2010 회계연도 정부 예산안 국회 제출 서류 중 국가채무 관리계획에서 발췌.

제 2 절 국가채무관리 효율화 방안

1 국가채무 관리계획 수립 시행

2006년 10월 4일 제정되어 2007년 1월 1일부터 시행된 국가재정법에서 재정의 건전성 유지와 국가채무의 체계적인 관리의 필요성을 따라 매년 국회에 제출하는 예산안에 국가채무 관리계획서를 함께 내도록 하였다.

국가재정법 제91조에서 기획재정부 장관은 국가의 회계 또는 기금이 부담하는 금전채무에 대하여 매년 다음 각 호의 사항이 포함된 국가채무 관리계획을 수립하도록 하였다.

① 전전년도 및 전년도 국채 또는 차입금의 차입 및 상환 실적

② 당해 회계연도의 국채 발행 또는 차입금 등에 대한 추정액

③ 해당 회계연도부터 5회계연도 이상의 기간에 대한 국채 발행 계획 또는 차입 계획과 그에 따른 국채 또는 차입금의 상환 계획

④ 해당 회계연도부터 5회계연도 이상의 기간에 대한 채무의 증감 전망과 근거 및 관리 계획
⑤ 그 밖에 대통령령이 정하는 사항

상기의 규정에 따른 금전채무는 다음 각 호의 어느 하나에 해당하는 채무를 말한다.

① 국가의 회계 또는 기금(재원의 조성 및 운용 방식 등에 따라 실질적으로 국가의 회계 또는 기금으로 보기 어려운 회계 또는 기금으로서 대통령령이 정하는 회계 또는 기금을 제외한다. 이하 이 항에서 같다)이 발행한 채권
② 국가의 회계 또는 기금의 차입금
③ 국가의 회계 또는 기금의 국고채무부담행위
④ 그 밖에 제1호 및 제2호에 준하는 채무로서 대통령령이 정하는 채무

한편 상기의 규정에도 불구하고 다음 각 호의 어느 하나에 해당하는 채무는 국가채무에 포함하지 아니한다.

① 국고금관리법 제32조 제1항의 규정에 따른 재정증권 또는 한국은행으로부터의 일시차입금
② 상기의 제1호에 해당하는 채권 중 국가의 회계 또는 기금이 인수 또는 매입하여 보유하고 있는 채권
③ 상기의 제2호에 해당하는 차입금 중 국가의 다른 회계 또는 기금으로부터의 차입금

또한 국가재정법 제92조에서 국가가 보증채무를 부담하고자 하는 때에는 미리 국회의 동의를 얻도록 하였고, 기획재정부 장관은 매년 국가보증채무의 부담 및 관리에 관한 국가보증채무 관리계획을 작성하도록 하였으며, 보증채무의 관리 및 국가보증채무 관리계획의 작성 등에 관한 사항은 대통령령으로 규정하고 있다.

3 국가채무 관리 방안

1) 국가채무 관리 목표

국가채무관리의 목표를 살펴보면 다음과 같다.

① 재정의 지속가능성(fiscal sustainability) 유지

② 정부의 재정정책 수행을 위한 자금을 안정적으로 확보하면서 중장기 차입비용 최소화

③ 국채시장의 효율적 발전 도모

IMF의 국가채무관리의 가이드라인

⇒ The main object of public debt management is to ensure that the government's financing needs and its payment obligations are met at the lowest possible cost over the medium to long run, consistent with prudent degree of risk.

한편, 국가채무에 영향을 미치는 요인을 살펴보면 다음과 같다.

① 경제 운용 기조에 따라 국가채무 수준 변동

- 내수, 수출시장 등 거시경제 여건에 대한 정부의 경제 운용 방향에 따라 국가채무 변동
- 특히, 재정정책의 기조(확장 또는 긴축)는 재정수지의 변동을 유발하고, 국가채무 수준에 직접적으로 영향

⇒ 재정의 자동안정화 기능(automatic stabilizer) 및 재량적 재정정책(discretionary fiscal policy)에 따라 시차를 두고 국가채무 수준이 변동

② 국가채무의 만기 등 조정

- 장·단기 국채의 발행 비율, 통화 간 구성 비율의 적정한 조합으로, 시장 위험을 최소화

2) 국가채무 수준관리

국가채무 수준관리는 국가채무 규모를 재정의 지속가능성이 담보되는 적정한 수준에서 관리하는 것을 의미한다. 우리 나라 국가채무는 2008년 말 기준으로 GDP 대비 30.2%로 국제 수준[2]에 비해 낮은 수준이다. 하지만 우리 나라는 소규모 개방경제라는 특성과 향후 저출산·고령화 사회 및 통일 비용 등 미래 재정 수요를 감안할 때 안정적인 수준에서 국가채무를 관리할 필요가 있다.

지난 5년간(2003~2008) 국가채무는 143.3조 원 증가하였는데 이 중 적자성 채무는 72.5조 원이다. 증가분의 대부분은 외환시장 안정, 공적자금 국채 전환, 일반회계 적자 보전, 서민 주거 안정 등의 목적으로 사용하였다.

경제 위기 극복을 위하여 당분간 재정의 적극적인 역할이 불가피하나 중장기 재정건전성을 유지할 수 있도록 하는 총량관리 계획으로는

① '낮은 세율, 넓은 세원' 기조를 유지하면서 세입 기반 확충 노력을 강화한다.

② 강력하고 실효성 있는 세출구조 조정을 추진하여 지출 증가율을 최대한 억제한다.

또한 국가채무의 부문별 관리계획으로는

① 적자성 채무와 금융성 채무를 구분하여 관리한다. 적자성 채무는 향후 조세 등 실질적인 국민 부담으로 상환하여야 하므로 발행 규모 및 상환 일정을 관리하여 적정 수준 유지 노력을 강화하며, 금융성 채무는 외화자산, 대출금 등의 형태로 대응자산을 보유한 채무로 재정의 추가 부담을 최소화하면서 채무 상환이 가능하도록 대응자산 관리 노력을 강화한다.

② 적자성 채무 주요 항목별 관리 방안으로서 일반회계 적자국채는 경제 위기 극복을 위하여 일시적으로 확대될 수밖에 없으나 국가채무를 적정 수준에서 안정적으로 관리하기 위하여 연간 증가 규모를 일정 수

---

2) OECD Economic Outlook No.85(2009. 6월)에 의하며 프랑스 78.1%, 독일 69.0%, 일본 172.1%, 영국 57.0%, 미국 71.1%, OECD 평균 78.7%이다.

준 이하로 관리한다. 공적 자금 국채전환분은 2002년 공적자금 상환 계획에 따라 일반회계 출연금 등을 통하여 2027년까지 차질 없이 상환한다.

③ 금융성 채무 주요 항목별 관리 방안으로서 외환시장 안정용 국채는 2003년 원화표시 외평채가 국고채로 통합 발행됨에 따라 외화외평채와 국고채로 구성되며, 외환시장 안정 및 적정 외환 보유고 유지와 국가채무 관리 측면을 고려하여 외평채 발행 규모를 적정 수준으로 관리하며, 서민 주거 안정용 국채는 국민주택채권과 국고채로 구성되며, 대출금 형태의 대응자산 및 보유 여유자금이 만기관리 등을 통하여 채권 상환에 차질이 없도록 관리하는 계획이다.

3) 국가채무 관련 재무위험관리

재무위험관리는 재정자금의 조달 상황과 관련하여 정부가 부담하는 위험을 최소화하기 위하여 국가채무 포트폴리오를 적정하게 구성, 조정하는 것을 의미한다. 따라서 국가채무가 증가함에 따라 국가채무 관련 재무위험(financial risk)도 증가하는 것이다.

국가채무 관련 재무위험의 종류를 살펴보면 다음과 같다.

① 시장위험(Market Risk): 이자율, 환율, 인플레이션율 등의 시장가격 변동이 자금 조달 비용에 미치는 변화와 관련된 위험을 말한다.

② 차환위험(Refinancing Risk): 차환이 원활히 이루어지지 않아 높은 금리로 발행되거나 차환이 불가능하게 될 위험을 말한다.

③ 기타 재무위험: 신용위험, 유동성 위험 등을 말한다.

먼저 국가채무에 대한 재무위험을 분석해 보자.

① 국가채무 포트폴리오 규모 및 구성을 살펴보면 다음과 같다.

㉮ 종류별 국가채무 현황을 보면 2008년 말 국가채무 중 국채가 97.1%, 차입금이 1.8%, 국고채무부담행위가 1.1%를 차지하여 2007년과 유사한 수준이며, 연도별 국가채무 현황을 살펴보면 <표 7-6>과 같다.

㉯ 통화별 국가채무 현황을 보면 2008년 말 현재 외화표시 채무는

〈표 7-6〉 종류별 국가사무 현황 및 구성비

(단위: 조 원)

구분	2004년	2005년	2006년	2007년	2008년
국가채	196.1 (100.0%)	238.8 (100.0%)	273.2 (100.0%)	289.1 (100.0%)	297.9 (100.0%)
- 국채	182.9 (93.3%)	229.0 (95.9%)	264.3 (96.7%)	280.5 (97.0%)	289.4 (97.1%)
- 차입금	10.7 (5.5%)	7.6 (3.2%)	6.4 (2.4%)	5.7 (2.0%)	5.3 (1.8%)
- 국고채무부담행위	2.5 (1.3%)	2.1 (0.9%)	2.5 (0.9%)	2.9 (1.0%)	3.2 (1.1%)

〈표 7-7〉 연도별 국가채무 이자비용

(단위: 조 원)

구분	2004년	2005년	2006년	2007년	2008년
국가채무이자	9.0	9.9	11.4	13.0	13.4
- 국채이자	8.5	9.5	11.1	12.5	13.0
- 차입금이자	0.6	0.5	0.4	0.5	0.3

9.2조 원으로 전체의 약 3.1%이다. 이는 외화표시 외평채가 5.2조 원, 해외차입금이 3.8조 원, 국고채무부담행위가 0.2조 원이다. 외화표시 외평채는 달러화 69.2%, 유로화 30.8%로 구성되어 있다.

② 2008년 말 국가채무의 이자비용은 13.4조 원으로 전년 대비 0.4조 원 증가하였다. 국가채무 절대 규모가 증가함에 따라 국가채무 관련 이자비용도 지속적을 증가하고 있으며, 이자는 재정자금 조달 과정에서 발생하는 불가피한 비용이라는 측면이 있지만 향후 국채시장을 더욱 발전시켜 안정적 수준으로 관리하여야 할 것이다.

상기와 같이 국가채무에 대한 재무위험을 분석해 본 결과 이에 대한 정부의 효율적인 관리 계획을 살펴보면 다음과 같다.

① 국고채의 만기 분산

국고채 발행 물량 증대에 따라 차환 물량이 증가할 뿐만 아니라 만기가 일시에 집중되는 문제도 발생하므로 국고채 만기를 분산 관리할 필요성이 증대되고 있다. 특히 국고채의 통합 발행으로 특정 월(3, 6, 9, 12월)에 만기가 집중되어 있다. 이러한 만기 집중 문제를 완화하기 위하여 정부는 국고채 평균 만기의 장기화와 조기 환매(buyback), 국고채 교환 제도, 통합 발행월 조정 등을 추진하고 있다.

㉮ 국고채 만기의 장기화

장기 국고채 발행을 확대하여 매년도 국고채 차환 발행 규모를 줄이고 이를 통하여 상환 부담을 시기적으로 분산시키며, 국고채 평균 만기가 길지 않고 최근 10년 이상의 장기 국고채 발행 비중을 점진적으로 확대하고 있는 추세이므로 국고채 평균 만기는 증가하게 될 것이다.

㉯ 조기 상환

특정시점에 만기가 집중된 국고채를 조기 상환하여야 한다. 조기 환매 과정에서 기존 국채가 신규 국채로 전환되면서 국채시장의 유동성이 제고되는 효과가 발생하고 있다.

㉰ 국고채 교환제도

만기 집중도가 높은 국채를 교환해 줌으로써 만기 분산이 가능하고, 유동성이 낮은 구(舊) 국고채가 유동성이 높은 신(新) 국고채로 대체됨으로써 국채 거래가 활성화된다.

② 국고채 투자상품 다양화 및 수요기관 확충

재정자금 조달 기반을 확대하고 안정적 자금 조달이 가능하도록 국고채 투자상품 다양화 및 외국인 투자자 등 국고채 수요 기반을 확충할 필요가 있다.

㉮ 투자상품 다양화

2006년에는 20년물 국고채를 도입하였고, 2007년에는 물가연동 국고채를 도입하였으며, 2008년에는 10년물 국채 선물을 상장하여 장기채 투자자에 위험헷지 수단을 제공하였다. 또한 변동금리부 국고채[3] 및 금리 스왑 거래

---

3) 변동금리부 국고채는 지급이자 금리가 기준금리(CD 또는 국고채 유통금리)에 연계되어 이자지급 주기마다 변동되는 국고채를 말한다.

를 할 수 있도록 제도를 정비하였다.

㉯ 국고채 수요 기반 확충

외국인 투자자의 한국 국채시장에 대한 인지도 향상을 위하여 해외시장 투자설명회를 개최하는 등 국고채 수요 기반을 확충한다.

부 록

국가회계법

[법률 제10289호, 2010. 5.17, 일부 개정]

제1장 총 칙

제1조(목적) 이 법은 국가회계와 이와 관계되는 기본적인 사항을 정하여 국가회계를 투명하게 처리하고, 재정에 관한 유용하고 적정한 정보를 생산·제공하는 것을 목적으로 한다.

제2조(정의) 이 법에서 사용하는 용어의 정의는 다음과 같다.

1. "중앙관서의 장"이란 다음 각 목의 어느 하나에 해당하는 자를 말한다.
   가. '헌법'이나 '정부조직법', 그 밖의 법률에 따라 설치된 중앙행정기관의 장
   나. 국회사무총장, 법원행정처장, 헌법재판소사무처장 및 중앙선거관리위원회 사무총장
2. "기금관리 주체"란 법률에 따라 기금(제3조 제2호의 기금을 말한다. 이하 이 호에서 같다)을 관리·운용하는 자(기금의 관리 업무나 운용 업무를 위탁받은 자를 제외한다)를 말한다.
3. 삭제 <2008.12.31>

제3조(적용 범위) 이 법은 다음 각 호의 회계 및 기금에 대하여 적용한다.

1. '국가재정법' 제4조에 따른 일반회계 및 특별회계
2. '국가재정법' 제5조 제1항에 따라 설치된 기금(이하 "기금"이라 한다)

제4조(국가회계의 원칙) 국가회계는 다음 각 호의 원칙에 따라 처리되어야 한다.

1. 국가회계는 신뢰할 수 있도록 객관적인 자료와 증빙에 의하여 공정하게 처리되어야 한다.
2. 국가회계는 재정활동의 내용과 그 성과를 쉽게 파악할 수 있도록 충분한 정보를 제공하고, 간단·명료하게 처리되어야 한다.
3. 삭제 <2008.12.31>

第5條(회계연도) 국가의 회계연도는 매년 1월 1일에 시작하여 12월 31일에 종료한다.

第6條(국가회계에 관한 사무의 관장 등) ① 기획재정부 장관은 국가회계에 관한 사무를 총괄하고, 중앙관서의 장과 기금관리 주체는 그 소관의 회계에 관한 사무를 관리한다. <개정 2008.2.29>

② 중앙관서의 장은 제1항에 따른 사무에 관한 법령을 제정·개정 또는 폐지하려는 때에는 기획재정부 장관 및 감사원과 협의하여야 한다. <개정 2008.2.29>

第7條(회계책임관의 임명 등) ① 중앙관서의 장은 그 소관에 속하는 회계 업무를 총괄적으로 수행하도록 하기 위하여 회계책임관을 임명하여야 한다.

② 회계책임관은 다음 각 호의 업무를 수행한다.

1. 제24조에 따른 내부통제 등 회계 업무에 관한 사항
2. 회계·결산 및 분석에 관한 사항
3. 제1호 및 제2호의 업무와 관련된 공무원에 대한 지도·감독
4. 그 밖에 회계 업무의 수행에 관하여 대통령령으로 정하는 사항

③ 회계책임관의 임명은 중앙관서의 장이 소속 관서에 설치된 직위를 지정하는 것으로 갈음할 수 있다.

第8條(국가회계제도심의위원회의 설치 등) ① 국가회계 업무의 수행과 관련하여 다음 각 호의 사항을 심의하기 위하여 기획재정부에 국가회계제도심의위원회(이하 이 조에서 "위원회"라 한다)를 둔다.

1. 국가회계제도와 그 운영
2. 국가회계의 처리 또는 결산 관련 법령의 제정·개정 및 폐지
3. 국가와 지방자치단체 및 공공기관('공공기관의 운영에 관한 법률' 제4조부터 제6조까지의 규정에 따라 지정·고시된 공공기관을 말한다) 간 회계제도의 연계
4. 그 밖에 국가회계제도의 운영에 관한 사항으로서 대통령령으로 정하는 사항

② 위원회는 위원장 1인을 포함한 15인 이내의 위원으로 구성한다.

③ 위원회의 위원장은 기획재정부 장관이 지명하는 기획재정부 차관이 되고, 위원은 감사원, 행정안전부 등 관계 부처 3급 공무원 또는 고위공무원단에 속하는 일반직 공무원과 회계 업무에 관한 학식과 경험이 풍부한 사람 중에서 기획재정부 장관이 임명 또는 위촉한다.

④ 그 밖에 위원회의 조직과 운영 등에 관하여 필요한 사항은 대통령령으로 정한다. [전문 개정 2008.12.31]

제9조 삭제 <2008.12.31>

제10조(다른 법률과의 관계) 이 법은 일반회계·특별회계 및 기금의 회계 및 결산에 관하여 다른 법률에 우선하여 적용한다.

[전문 개정 2008.12.31]

제2장 회계 처리의 기준

제11조(국가회계 기준) ① 국가의 재정활동에서 발생하는 경제적 거래 등을 발생 사실에 따라 복식부기 방식으로 회계 처리하는 데에 필요한 기준(이하 "국가회계 기준"이라 한다)은 기획재정부령으로 정한다. <개정 2008.12.31>

② 국가회계 기준은 회계 업무 처리의 적정을 기하고 재정 상태 및 재정 운영의 내용을 명백히 하기 위하여 객관성과 통일성이 확보될 수 있도록 하여야 한다.

③ 삭제 <2008.12.31>

④ 기획재정부 장관은 국가회계 기준에 관한 업무를 대통령령으로 정하는 바에 따라 전문성을 갖춘 기관 또는 단체에 위탁할 수 있다. <개정 2008.2.29>

제12조 삭제 <2008.12.31>

제3장 결 산

제13조(결산의 수행) ① 중앙관서의 장은 회계연도마다 제14조·제15조 및 제15조의2에 따라 그 소관에 속하는 일반회계·특별회계 및 기금을 통합한 결산보고서(이하 "중앙관서결산보고서"라 한다)를 작성하여야 한다.

② 중앙관서의 장이 아닌 기금관리 주체는 회계연도마다 제14조·제15조 및 제15조의 2(세입세출결산에 관한 부분은 제외한다)에 따라 기금에 관한 결산보고서(이하 "기금결산보고서"라 한다)를 작성하여 소관 중앙관서의 장에게 제출하여야 한다. 이 경우 기금 운용 규모 등을 고려하여 대통령령으로 정하는 기준에 해당하는 기금은 기금결산보고서에 '공인회계사법' 제23조에 따른 회계법인의

감사보고서를 첨부하여야 한다.

③ 기획재정부 장관은 회계연도마다 중앙관서결산보고서를 통합하여 국가의 결산보고서(이하 "국가결산보고서"라 한다)를 작성한 후 국무회의의 심의를 거쳐 대통령의 승인을 받아야 한다.

④ 제2항 후단에 따른 회계감사의 방법·절차 등에 관하여 필요한 사항은 대통령령으로 정한다.

[전문 개정 2008.12.31]

제14조(결산보고서의 구성) 결산보고서는 다음 각 호의 서류로 구성된다.

1. 결산 개요
2. 세입세출결산(중앙관서결산보고서 및 국가결산보고서의 경우에는 기금의 수입지출결산을 포함하고, 기금결산보고서의 경우에는 기금의 수입지출결산을 말한다)
3. 재무제표
   가. 재정상태표
   나. 재정운영표
   다. 순자산변동표
4. 성과보고서

[전문 개정 2008.12.31]

제15조(결산보고서의 작성) ① 제14조 제1호에 따른 결산 개요는 결산의 내용을 요약하여 예산 및 기금의 집행 결과, 재정의 운영 내용과 재무 상태를 분명하게 파악할 수 있도록 작성하여야 한다.

② 제14조 제2호에 따른 세입세출결산은 세입세출예산 또는 기금운용계획과 같은 구분에 따라 그 집행 결과를 종합하여 작성하여야 한다. 이 경우 구체적인 작성사항은 대통령령으로 정한다.

③ 제14조 제3호에 따른 재무제표는 국가회계 기준에 따라 작성하여야 한다.

④ 제14조 제4호에 따른 성과보고서는 '국가재정법' 제8조에 따른 성과계획서에서 정한 성과목표와 그에 대한 실적을 대비하여 작성하여야 한다.

[전문 개정 2008.12.31]

제15조의 2(결산보고서의 부속서류) ① 제14조 제2호에 따른 세입세출결산(기금의

수입지출결산은 제외한다)에는 다음 각 호의 서류가 첨부되어야 한다.

1. 계속비 결산명세서
2. 총액계상 사업집행명세서
3. 수입대체경비 사용명세서
4. 이월명세서
5. 명시이월비 집행명세서
6. 정부기업특별회계 회전자금운용명세서
7. 성인지(性認知) 결산서
8. 예비금 사용명세서
9. '국가재정법' 제53조제2항에 따른 현물출자명세서
10. '국고금관리법' 제32조 제1항에 따른 재정증권의 발행 및 한국은행 일시차입금의 운용명세서
11. 그 밖에 대통령령으로 정하는 서류

② 기금의 수입지출결산에는 다음 각 호의 서류가 첨부되어야 한다. <개정 2010.5.17>

1. 재원조성 실적표
2. 성인지 기금결산서
3. 그 밖에 대통령령으로 정하는 서류

③ 국가결산보고서의 세입세출결산에는 제1항 및 제2항에 따른 서류 외에 다음 각 호의 서류가 첨부되어야 한다.

1. 통합재정수지표
2. 통합계정자금 운용 및 수익금사용명세서

④ 제14조 제3호에 따른 재무제표에는 다음 각 호의 서류가 첨부되어야 한다.

1. 국가채무관리보고서
2. '국가채권관리법' 제36조에 따른 국가채권현재액보고서
3. 그 밖에 대통령령으로 정하는 서류

⑤ 제1항 제7호에 따른 성인지 결산서 및 제2항 제2호에 따른 성인지 기금결산서의 작성에 관한 구체적인 사항은 대통령령으로 정한다. <개정 2010.5.17>

[본조 신설 2008.12.31]

제16조(예비비 사용명세서의 작성) ① 중앙관서의 장은 예비비로 사용한 금액의 명세서를 작성하여야 한다.

② 기획재정부 장관은 제1항에 따른 예비비 사용명세서를 통합하여 예비비로 사용한 금액의 총괄명세서를 작성하여야 한다.

[전문 개정 2008.12.31]

제17조 삭제 <2008.12.31>

제18조 삭제 <2008.12.31>

제19조 삭제 <2008.12.31>

제20조 삭제 <2008.12.31>

제21조 삭제 <2008.12.31>

제22조 삭제 <2008.12.31>

제23조 삭제 <2008.12.31>

제4장 보 칙

제24조(내부통제) ① 중앙관서의 장은 회계 처리의 적정 여부와 결산보고서의 신뢰성을 평가하기 위하여 회계책임관으로 하여금 이에 관한 사항을 관리·감독하는 등 내부통제를 하게 하여야 한다. <개정 2008.12.31>

② 중앙관서의 장은 제1항에 따른 내부통제를 위하여 필요한 절차와 방법을 정하여야 한다.

③ 제2항에 따른 절차와 방법에 관한 기본적인 사항은 기획재정부 장관이 감사원과 협의하여 정한다. <개정 2008.2.29>

제25조(회계장부의 비치) 중앙관서의 장과 기금관리 주체는 대통령령으로 정하는 바에 따라 회계장부를 비치하고, 필요한 사항을 기록·관리하여야 한다.

제26조(회계 처리 및 결산보고서 작성에 대한 감독) ① 기획재정부 장관은 국가회계 업무를 적정하게 관리하기 위하여 필요한 경우에는 대통령령으로 정하는 바에 따라 소속 공무원으로 하여금 회계 처리 및 결산보고서 작성에 관한 실지 지도 및 조사를 하게 할 수 있다.

② 기획재정부 장관은 결산보고서를 적정하게 작성하도록 결산에 관한 지침을 작

성하여 각 중앙관서의 장에게 통보할 수 있다.

③ 기획재정부 장관은 국가결산보고서의 작성을 위하여 필요한 자료를 관계 중앙관서의 장에게 요구할 수 있다.

[전문 개정 2008.12.31]

제27조(회계 관계 공무원 등의 교육) 기획재정부 장관은 국가회계 업무 수행의 전문성을 향상시키기 위하여 대통령령으로 정하는 바에 따라 회계 관계 공무원 등에 대한 교육을 실시할 수 있다. <개정 2008.2.29>

제28조(회계 관계 공무원 등의 책임) 회계 관계 공무원 등의 책임에 관하여는 다른 법률로 정하는 바에 따른다.

부칙 <제8636호, 2007.10.17>

제1조(시행일) 이 법은 2009년 1월 1일부터 시행한다. 다만, 부칙 제2조는 공포한 날부터 시행한다.

제2조(국가회계제도 개선실무위원회의 설치) ① 이 법의 시행으로 도입되는 복식부기·발생주의 회계제도를 조기에 정착시키고 새로운 국가회계 제도를 정립시키기 위하여 국가회계제도 개선실무위원회(이하 이 조에서 "실무위원회"라 한다)를 설치하여 운영한다.

② 실무위원회는 다음 각 호의 위원으로 구성한다.

1. 재정경제부 장관이 지정하는 재정경제부 차관 1인
2. 감사원의 3급 공무원 또는 고위감사공무원단에 속하는 공무원 중에서 감사원장이 지정하는 자 1인
3. 기획예산처의 3급 공무원 또는 고위공무원단에 속하는 공무원 중에서 기획예산처 장관이 지정하는 자 1인
4. 행정자치부의 3급 공무원 또는 고위공무원단에 속하는 공무원 중에서 행정안전부 장관이 지정하는 자 1인
5. 공인회계사 자격을 가진 자로서 회계 관련 단체에서 추천을 받아 재정경제부 장관이 위촉하는 자 1인
6. 정부 또는 공공기관의 회계 관련 업무에 10년 이상 근무한 경험이 있었던 자

로서 재정경제부 장관이 위촉하는 자 1인

7. 대학에서 회계학 또는 재정학 등을 전공하고 대학 또는 공인된 연구기관에서 부교수 이상 또는 이에 상당하는 직에 10년 이상 있는 자로서 재정경제부 장관이 위촉하는 자 6인 이내

③ 실무위원회의 위원장은 다음 각 호의 자가 공동으로 된다.

1. 제2항 제1호의 자
2. 제2항 제5호부터 제7호까지의 규정에 따른 위원 중에서 호선하는 자 1인

④ 위원장은 각자 위원회를 대표하며 위원회의 소집 등 업무를 총괄한다.

⑤ 실무위원회는 그 업무를 효율적으로 추진하기 위하여 중앙관서의 장 및 기금관리 주체 소속의 회계 관계 직원 등으로 구성되는 실무추진반을 운영할 수 있다.

⑥ 중앙관서의 장과 기금관리 주체는 이 법에 따른 국가회계 업무를 차질 없이 수행하기 위하여 소관 회계 업무와 관련되는 자료와 회계 처리에 관한 의견 등을 실무위원회 및 실무추진반에 제공하여 국가회계 제도에 반영될 수 있도록 하여야 한다.

⑦ 정부는 실무위원회의 원활한 업무 수행을 위하여 필요한 경비를 예산의 범위에서 지원할 수 있다.

⑧ 실무위원회의 운영 및 업무와 관련하여 필요한 사항은 실무위원회의 의결을 거쳐 위원장이 정한다.

⑨ 실무위원회는 2008년 12월 31일까지 존속한다.

제3조(재무보고서의 작성 및 제출에 관한 적용례) 이 법에 따른 재무보고서의 작성 및 제출은 2009회계연도 결산부터 적용한다.

제4조(다른 법률의 개정) ① 신행정수도 후속 대책을 위한 연기·공주지역 행정중심복합도시 건설을 위한 특별법 일부를 다음과 같이 개정한다.

제44조 제3항을 다음과 같이 한다.

③ 건설청장은 '국가재정법' 또는 '국가회계법'을 적용하는 경우 '국가재정법' 제6조 제2항 또는 '국가회계법' 제2조 제1호에 따른 중앙관서의 장으로 본다.

② 회계 관계 직원 등의 책임에 관한 법률 일부를 다음과 같이 개정한다.

제2조 제1호 중 "'국가재정법'·국고금관리법 등"을 "'국가재정법'·'국가회계법'·'국고금관리법' 등"으로 하고, 같은 호 카목 및 타목을 각각 타목 및 파목으로 하며,

같은 호에 카목을 다음과 같이 신설하고, 같은 호 파목(종전의 타목) 중 "카목"을 "타목"으로 한다.

카. 회계책임관

부칙(정부조직법) <제8852호, 2008.2.29>

제1조(시행일) 이 법은 공포한 날부터 시행한다. 다만, 제31조 제1항의 개정 규정 중 "식품산업 진흥"에 관한 부분은 2008년 6월 28일부터 시행하고, 부칙 제6조에 따라 개정되는 법률 중 이 법의 시행 전에 공포되었으나 시행일이 도래하지 아니한 법률을 개정한 부분은 각각 해당 법률의 시행일부터 시행한다.

제2조부터 제5조까지 생략

제6조(다른 법률의 개정) ①부터 ⑩까지 생략

⑪ 국가회계법 일부를 다음과 같이 개정한다.

제6조 제1항·제2항, 제8조 제1항 각 호 외의 부분, 제9조 제1항·제2항, 제11조 제4항, 제18조 제2항, 제19조 제1항·제2항, 제20조, 제22조 제1항, 제24조 제3항, 제26조 및 제27조 중 "재정경제부 장관"을 각각 "기획재정부 장관"으로 한다.

제8조 제1항 각 호 외의 부분 중 "재정경제부"를 "기획재정부"로 한다.

제19조 제2항 중 "기획예산처 장관 및 감사원"을 "감사원"으로 한다.

제11조 제1항 중 "재정경제부령"을 "기획재정부령"으로 한다.

⑫부터 ⑺⑹⓪까지 생략

제7조 생략

부칙 <제9279호, 2008.12.31>

① (시행일) 이 법은 2009년 1월 1일부터 시행한다.

② (결산보고서의 작성에 관한 적용례) 제13조부터 제15조까지 및 제15조의 2의 개정 규정은 2009회계연도 결산부터 적용한다. 다만, 제15조의 2 제1항 제7호 및 제5항의 개정 규정은 2010회계연도 결산부터 적용한다.

부칙 <제10289호, 2010. 5.17>

① (시행일) 이 법은 공포한 날부터 시행한다.

② (성인지 기금결산서 첨부 등에 관한 적용례) 제15조의 2 제2항과 제5항의 개정 규정은 2011회계연도 성인지 기금결산서부터 적용한다.

참고 문헌

국내 문헌

강대성(2005). 『법과 생활』. 서울: 삼영사.
곽윤직(1992). 『채권각론』. 서울: 박영사.
기획재정부(2008). "2008년도 국가채무 관리계획."
———(2009). 『국가회계실무처리지침』.
———(2010). "국가회계제도 선진화 3개년 추진계획."
———(2010). "2010년도 예산안 심의자료 및 부속서류."
———(2010). "통합재무제표 작성지침."
김남진(1994). 『행정법 II』. 서울: 법문사.
김도창(1992). 『일반행정법론(하)』. 서울: 청운사.
김동건 외(1992). 『주요국의 재정정책』. 서울: 대영문화사.
김성태(1999). 『정부정책론과 전자정부론』. 서울: 법문사.
김연수 외(2005). 『회계원리』. 서울: 박영사.
김용우 외(2004). 『정부회계원리』. 서울: 대영문화사.
박윤흔(1994). 『최신행정법강의(하)』. 서울: 국민서관.
백완기(1992). 『행정학』. 서울: 박영사.
서울대학교(1997). 『회계학핸드북』. 서울: 서울대학교출판부.
석종현(1993). 『일반행정법(하)』. 서울: 삼영사.
신무섭(2001). 『재무행정학』. 서울: 대영문화사.
심병구(1993). 『예산관리론』. 서울: 박영사.
심정근(1983). 『정부예산론』. 서울: 법문사.
유종해(1992). 『현대행정학』. 서울: 박영사.
유훈(1991). 『행정학원론』. 서울: 법문사.
윤영진(2003). 『새재무행정학』. 서울: 대영문화사.
이관우(1995). 『조사분석방법론』. 서울: 형설출판사.

이상규(1994). 『신행정법론 하』. 서울: 법문사.
이윤식(2001). 『행정정보체제론』. 서울: 법영사.
이종두(2006). 『사무관리론』. 서울: 대영문화사.
이종수 외(2005). 『새행정학』. 서울: 대영문화사.
이종익(1992). 『재무행정론』. 서울: 박영사.
재정경제부(2005). "국가채무관리 효율화 방안."
정호주(2003). 『회계원리』. 서울: 도서출판 파스칼.
차병권(1973). 『재정학개론』. 서울: 박영사.
최창호(2004). 『새행정학』. 서울: 삼영사.
한상도(1995). 『사무관리실무』. 서울: 컴퓨터.
홍정선(1995). 『행정법원론(상)』. 서울: 박영사.
황학(2002). 『작업관리론』. 서울: 영지문화사.

http://www.moleg.go.kr
http://www.mopas.go.kr
http://www.mosf.go.kr

국외 문헌

Berne, R. & Schramm, R.(1986). *The Financial Analysis of Governments*. Englewood Cliffs. New Jersey: Prentice-Hall.

Buck, A. E.(1934). *The Budget in Governments of Today*. New York: Macmillan.

Burkhead, J.(1956). *Government Budgeting*. New York: John Wiley and Sons, Inc.

Burkhead, J. & Miner, J.(1971). *Public Expenditure*. Chicago: Aldine Atherton.

Drucker, P. F.(1967). *The Practice of Management*. New York: Harper and Brothers.

Kreitner, R. & Kinicki, A.(1995). *Organizational Behavior*, 3rd. Richard Irwin.

Miller, D. W. & Starr, M. K.(1969). *Executive Decisions and Operations Research*, N. J. : Prentice-Hall.

Smith, H. D.(1945). *The Management of Your Government*. New York: McGraw Hill.

Stourm, R.(1917). *The Budget*, translated in English by Thaddus Plozinski, New York: D. Appleton and Co.

Taylor, F. W.(1967). *The Principles of Scientific Management*. New York: Norton.

White, L. D.(1958). *Introduction to the Study of Public Administration*. 4th ed. New York: Macmillan.

Wildavsky, A.(1964). *The Politics of the Budgetary Process*. Boston: Little, Brown and Co.

찾아보기

ㄱ

ㄴ

ㄷ

ㄹ

ㅁ

ㅂ

ㅅ

ㅇ

ㅈ

ㅊ

ㅋ

ㅌ

ㅍ

ㅎ

저자 소개

이종두(李鍾斗)

〈약력〉

충북대학교 대학원 행정학과(행정학 박사)
충청북도교육청 기획감사담당관실
충북대학교 법과대학 행정실장, 총장 비서실장
지방행정연수원, 충남지방공무원교육원, 단재교육연수원 출강
이노메디주식회사 대표이사
한국지방자치경영연구소 수석연구원
한국농촌경영대학 교학실장
학교법인 예인학원 사무국장
재단법인 중부직업전문학교 교장
영동대학교 경찰행정학과 겸임교수

〈주요 논문 및 저서〉

『행정사무관리』. 대영문화사
『사무관리론』. 대영문화사
『정부회계론』. 대영문화사.
"한국 공무원의 행정문화와 행정참여"
"문서사무관리의 실태와 개선 방안"
"조직문화와 직무만족의 관련성에 관한 연구"
"한국 직위분류제의 문제점과 발전 방안"
"지방공무원 교육훈련제도에 관한 발전 방안"
"지방공무원 근무성적평정제도의 개선 방안" 외 다수

이론과 실무

정부회계와 관리

펴낸날 / 제1판 제1쇄 2010년 11월 30일

지은이 / 이종두

펴낸이 / 임춘환

펴낸곳 / 도서출판 대영문화사

주소 / 서울 용산구 청파동 1가 178-2 ㊠ 140-869

등록 / 1975년 12월 26일 제3-16호

전화 / (02)716-3883, (02)714-3062

팩시밀리 / (02)703-3839

우체국 온라인 / 011353-02-009106

ISBN 978-89-7644-350-2

〔값 17,000원〕